ISBN 978-0-282-44166-1
PIBN 10516670

Mgr LE NORDEZ

JEANNE D'ARC

RACONTÉE · PAR · L'IMAGE · D'APRÈS · LES · SCULPTEURS · LES · GRAVEURS · ET · LES · PEINTRES

LE SOMMEIL DE JEANNE D'ARC A JARGEAU
D'après le tableau de Joy.

AVANT-PROPOS

JEANNE À LA TÊTE DE L'ARMÉE
Statuette en bronze du XVe siècle.

De tous les organes des sens, a dit Bossuet, les yeux sont ceux qui étendent le plus nos connaissances. »

On pourrait ajouter que c'est aussi par les yeux que nous sommes à même de nous rendre le plus rapidement compte des choses.

D'un regard jeté sur une image, nous connaissons l'objet qu'elle représente; pour nous faire entendre sa nature, il eût fallu qu'on nous le définît longuement, qu'on nous en fît une description minutieuse. L'image est au style écrit ce que le geste est à la parole : elle dit tout d'un trait.

Représenter c'est décrire.

Les hommes de notre temps pensent ainsi, et « l'illustration » est aujourd'hui pour notre époque pressée qui veut se faire vite et sans peine une idée des choses, ce que Montaigne en son temps disait de l'opinion : « la reine et empérière du monde ».

AVANT-PROPOS.

C'est la pensée qui a inspiré la publication de ce volume.

Adonné depuis douze ans à l'étude de la vie de Jeanne d'Arc, et désireux d'étendre son culte populaire, je formais dès longtemps le dessein de la faire connaître, en réunissant en un même ouvrage les principales œuvres que lui ont consacrées les arts de la Peinture, de la Sculpture, de la Gravure et du Dessin. Je suis heureux que ce vœu s'accomplisse aujourd'hui.

Il sera touchant de voir les artistes de notre pays, les plus connus depuis quatre siècles, apporter tour à tour à la Vierge de Vaucouleurs l'hommage de leur admiration et de leur talent.

JEANNE LA PUCELLE
Fragment d'une statue du XVe siècle.
(*Musée du Trocadéro.*)

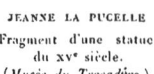

Avec nous, on pourra, au cours des siècles qui nous séparent de la vie et du martyre de Jeanne, selon le génie de chaque artiste et de chaque époque, suivre l'étude patiente de nos sculpteurs et de nos peintres, leur recherche pieuse de cette figure de Jeanne, à la fois douce et forte, simple et sublime, de cet idéal fait de choses diverses et même opposées dont la foule attend encore, et peut-être attendra longtemps, sinon toujours, la parfaite et définitive réalité.

Beau rêve et noble ardeur, à la flamme desquels s'entretiendra notre culte pour la Pucelle, avec notre désir de la voir comme elle fut!

On m'a demandé de donner le texte de cet ouvrage. Je n'ai pas cru pouvoir me dérober.

Ces pages ne seront pas une œuvre d'érudition pure; encore moins seront-elles œuvre de polémique ou même de simple discussion.

Conçues dans l'esprit de cette publication, je voudrais que, comme une guirlande, elles courussent entre ces diverses gravures et que, par leur brève et claire simplicité, elles eussent, dans l'enseignement qu'elles pourront donner, quelque chose de la rapidité de l'impression que cause l'image.

Ce sera moins le récit détaillé de la vie de Jeanne d'Arc que l'âme même de cette vie rendue visible.

AVANT-PROPOS.

Je chercherai à montrer ici Jeanne d'Arc telle qu'elle fut en sa vie, « telle que la mort nous l'a faite », la montrer telle que l'imagine l'ingénuité du sentiment populaire, sans contredire à l'idée qu'en ont ceux qui l'ont judicieusement étudiée à la clarté des recherches historiques.

Puissé-je, en ces pages, concourir à ajouter encore quelques rayons à la pure lumière qui l'illumine aux yeux de tous et contribuer à hâter le jour où, saluée à la fois par les lettres, les arts et la science, ayant reçu de l'Église la couronne qu'elle réserve à ceux qui furent purifiés ici-bas[1], et de la foule l'hommage singulier dont celle-ci dispose quand la « voix du peuple » est vraiment la « voix de Dieu », Jeanne réunira tous les fils de la France dans le commun hommage qu'ils lui rendront. Puisse cette heure bientôt sonner!

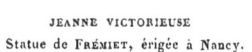

JEANNE VICTORIEUSE
Statue de FRÉMIET, érigée à Nancy.

Parlant à tous mes concitoyens d'une femme dont la gloire est le patrimoine de tous les Français, je ne veux servir aucun parti.

Il faut que mon labeur s'inspire des seules vues et des seuls desseins dont Jeanne inspira le sien.

Elle a servi, sans jamais les séparer, la Religion et la Patrie; celles-ci seront mes seules clientes.

Serviteur également dévoué de ces deux causes sacrées, j'écrirai en Français qui a l'honneur d'être Évêque, en Évêque qui se souviendra toujours qu'il est Français.

1. Nous déclarons qu'ici, comme dans tout le cours de cet ouvrage, quand nous saluons la haute vertu de Jeanne d'Arc, nous n'entendons en rien devancer les décisions de l'Église à son endroit.

AVANT-PROPOS.

J'ai dans ce travail rencontré le concours dévoué et précieux d'un homme de bien doublé d'un artiste que son talent sobre et sûr autant que son érudition avaient préparé à ce travail. Je veux parler de M. A. Prunaire. C'est à ses laborieuses et intelligentes recherches que nous devons cette longue suite de gravures, en grand nombre inédites, dont nos bibliothèques publiques ou les collections privées possédaient seules l'original et que désormais tous pourront connaître et admirer.

Que M. Prunaire reçoive ici le témoignage qui lui est dû et la gratitude qu'il nous est doux de lui exprimer publiquement.

† Albert, Évêque d'Arca, Aux. de Verdun.

Le Mont d'Huberville, près Montebourg, le 9 Août 1897.

LA PUCELLE
D'après une plaque en émail du XVIe siècle.
(*Collection Haldat du Lys.*)

LES VOIX DE JEANNE
D'après le tableau de PIERRE LAGARDE.

I

DOMREMY

LES PARENTS DE JEANNE ET SA MAISON
SON ENFANCE — SES VOIX

LA SAINTE DE LA PATRIE
Buste d'É. CHATROUSSE.

JEANNE D'ARC naquit à Domremy, le 6 janvier 1412.

C'est en ce jour que tombe la fête de l'Épiphanie : le peuple l'appelle plus volontiers le jour des Rois.

De très vieille date, nos pères l'ont célébrée, plus encore peut-être au foyer qu'au temple. Elle est populaire entre toutes les fêtes et semble réunir en un même culte la famille, la patrie et la religion.

Ce jour-là, chez les pauvres comme chez les riches, la fève traditionnelle, ministre du sort, désignait un roi ou une reine. Royauté d'un jour, s'évanouissant sitôt après l'avènement, mais sereine et sans deuil.

Ce fut donc en ce même jour, — non de par le sort, qui n'est qu'un de ces mots vains dont se leurrent notre ignorance ou nos

« JEANNE PARLAIT A DIEU »
D'après un dessin de DUBOIS-MÉNANT.

passions, mais de par un dessein de Dieu, — que la grande famille française reçut pour reine la petite « Jeannette ». Hélas! le sceptre devait lui peser durement et sa couronne était de singulières épines; mais son règne, en retour, devait n'être pas éphémère, les bienfaits devaient s'en poursuivre à travers les âges, et le nôtre a, plus que tout autre, lieu de le bénir.

Quelques vieux auteurs ont dit que maint prodige entoura cette naissance. Les coqs du village de Domremy, ces oiseaux aimés de la vieille Gaule et de notre France, auraient chanté clair et fort la venue en ce monde de la future Pucelle d'Orléans.

Pourquoi n'y pas croire?

Les hommes, la chose est visible, ont le goût du merveilleux. Ils n'admettent guère qu'un grand homme ne l'ait pas été dès le berceau et qu'il soit né comme naît le vulgaire. Ce fut la source de plus d'une de nos légendes.

Il ne s'ensuit pas que les légendes soient à dédaigner. Elles ont parfois sous le dehors du rêve et de la fantaisie une réalité plus saisissante que celle des froides annales. Elles ne sont ni le corps, ni la lettre de l'histoire; n'en sont-elles pas souvent l'âme même et l'esprit?

Le sage, dit-on, rit rarement et sobrement; mais s'il est bon, comme le doit être un sage, il sourit volontiers. Dans le calme de ce sourire on le retrouve tout entier avec sa force et sa bonté, non seulement la sagesse austère de ses pensées, mais aussi la sereine miséricorde de ses jugements sur les hommes et les choses.

La légende est le sourire de l'histoire.

Aussi bien n'est-ce pas notre coutume de d'étendre à ce qui nous entoure, ce que nous sommes et ce que nous ressentons, joies et tristesses? — Instinctivement nous tendons à façonner l'univers conformément à ce que nous sommes et nous étendons volontiers à tout ce qui est, nos joies et nos douleurs. On aime, en la présente conjoncture, à s'imaginer que la nature

LA MAISON OÙ NAQUIT JEANNE A DOMREMY (ÉTAT ACTUEL)
D'après une photographie.

s'émut du grand événement qui s'accomplit pour notre France, en ce jour où naquit l'enfant prédestinée qui devait rendre à notre patrie, avec l'intégrité de son territoire, la gloire depuis trop longtemps absente de ses armes et l'indépendance de ses fils opprimés par l'étranger.

Qu'il chante donc, le coq gaulois, et qu'il salue, à l'aurore de ce jour de réparation et de relèvement, cette fleur nouvellement éclose, la plus pure et la plus noble des filles du sang de France!

Nous savons peu de chose touchant la famille de Jeanne d'Arc, et ce n'est guère que par induction que l'on peut s'en faire une idée.

Il semble bien toutefois que son père, Jacques d'Arc, et sa mère, Isabelle Romée, furent de condition moyenne.

Ils eurent la bonne fortune, — la meilleure, — de n'être ni riches, ni pauvres.

ENTRÉE DE LA MAISON DE JEANNE D'ARC A DOMREMY (ÉTAT ACTUEL)
D'après une photographie.

Née de famille riche, Jeanne d'Arc se fût peut-être, comme tant d'autres âmes de choix, endormie dans le bien-être qui entourait son enfance. Elle n'eût pu, comme il convenait et comme il en fut pour elle, entendre le cri de détresse de tant de Français en proie aux souffrances de la guerre civile et de la misère.

« Quand un homme dort, dit Bossuet, il s'imagine que tout le monde dort. » Quand un homme, quand un enfant surtout vit dans l'abondance, il n'est que trop enclin à estimer que le bien-être est universel et que tous sont à l'aise quand il y est lui-même. C'est un écueil dont peu de riches se gardent.

La pauvreté n'eût peut-être pas moins entravé Jeanne d'Arc.

Le pauvre a besoin de tous : il a donc autant de maîtres que de gens en mesure de le secourir. L'humilité de sa condition l'oblige à s'incliner devant ceux qui possèdent, et trop souvent son caractère et son esprit s'inclinent avec son front. L'enfant pauvre s'accoutume à la dépendance et à la crainte. Ses jeunes années ainsi passées ne le préparent que bien médiocrement à la dignité de la vie, à l'élévation des pensées et à cette noblesse d'attitude qui n'est pas l'orgueil, mais sans laquelle les desseins sublimes et les héroïques résolutions n'entrent que difficilement dans une âme.

JEANNETTE AUX CHAMPS
D'après le tableau de Mme Demont-Breton.

Jeanne d'Arc ne subit pas ce dommage et, fille de paysans modestes mais non indigents, elle apprit à être débonnaire avec les petits et digne avec les grands.

On le vit bien plus tard quand elle parut à la cour.

Quel fut le caractère des parents de Jeanne d'Arc? Il est assez malaisé de le conjecturer.

On aimerait voir près d'une telle enfant un entourage digne d'elle, une société familiale capable de la préparer, sans le savoir et par une naturelle direction de ses sentiments, à l'avenir qui l'attend, aux choses étranges et grandes qui formeront son épopée.

En fut-il ainsi?...

Jacques d'Arc semble n'avoir que bien médiocrement entendu la grandeur d'âme de sa fille, l'héroïsme de ses desseins et la mystérieuse dignité de sa mission.

C'est lui qui, ayant soupçonné Jeanne de vouloir aller en France, ordonna aux frères de celle-ci de la noyer dans la Meuse plutôt que de la laisser quitter Domremy.

Il ajouta que, s'ils ne le faisaient, il le ferait lui-même.

ÉGLISE DE DOMREMY (ÉTAT ACTUEL)
D'après une photographie [1].

Un tel propos peut montrer en Jacques d'Arc une énergie que l'antiquité païenne eût admirée. On n'y retrouve rien d'une âme noblement inquiète des grandes choses qui se passent en son enfant, rien non plus de cette sollicitude haute et sacrée qui s'impose à l'esprit d'un père à l'endroit de l'avenir de sa fille, quand l'adolescence de celle-ci est marquée des signes qui marquèrent celle de Jeanne d'Arc.

Un dessein comme celui dont Jeanne, malgré elle, laissait transpirer quelque chose, ne naît pas naturellement dans l'esprit d'une enfant. La grandeur du projet, l'audace ingénue qu'il révèle, l'étrangeté même du rêve, à supposer que rêve il y ait, convient la raison d'un père à se recueillir devant un spectacle aussi inattendu.

On ne peut pas compter trancher le nœud d'un tel mystère par une

1. A l'époque de Jeanne d'Arc, le chœur de l'église de Domremy occupait la place du portail actuel, et réciproquement.

défense utile, ni même pour un acte de simple autorité, fût-ce l'autorité paternelle.

Il est à craindre que le père de Jeanne n'ait pas été à la hauteur de sa tâche. Elle était du reste si rude, qu'il n'y a pas lieu de s'en étonner et qu'il convient de le juger avec une suprême miséricorde.

Jeanne trouva-t-elle du moins dans le cœur de sa mère un asile contre l'inintelligence de son père et les défiances de ses frères? Au cours de son jugement à Rouen elle rendit à Isabelle Romée un témoignage fort honorable et que nombre de mères devraient être jalouses de mériter de leurs enfants : « Je n'ai, dit-elle, tenu ma créance d'autres que de ma mère. »

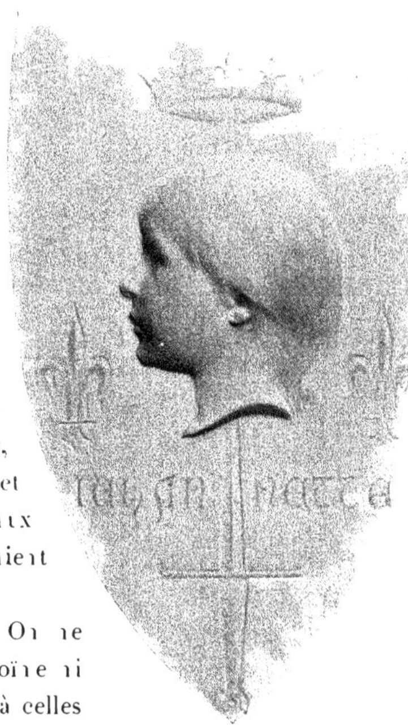

JEHANNETTE
D'après un médaillon de Pécou.

Au lendemain du sacre de Reims, sa pensée se reporte vers Domremy et sa famille : « Que je voudrais, dit-elle, qu'il plût à Dieu, mon créateur, que je m'en retournasse maintenant, quittant les armes, et que je revinsse servir mon père et ma mère, à garder leurs troupeaux avec ma sœur et mes frères, qui seraient bien aises de me voir. »

Mais ces illusions sont rares. On ne les retrouve sur les lèvres de l'héroïne ni aux heures des grandes victoires, ni à celles des triomphes que le peuple enthousiaste improvise pour elle. Pendant les longs jours de sa captivité, pendant les interrogatoires qu'elle subit, quand ses juges la poursuivent et qu'elle est seule devant ces hommes et seule contre eux tous, sur son bûcher enfin, elle n'appelle à son secours ni son père, ni ses frères.

Le nom même de sa mère, ce cri qui s'échappe comme irrésistiblement des lèvres d'une jeune fille dans les moments d'angoisse et de terreur, Jeanne ne le fait pas entendre. Elle ne compte que sur Dieu : « Je m'en attends à Notre-Seigneur. » « Je m'en remets à mon créateur.... J'en appelle à

Dieu des torts et ingravances qu'on me fait souffrir!... » Voilà ses supplications et ses doléances. « Jésus! » voilà son dernier cri au milieu des flammes.

De la part d'une âme aussi tendre et généreuse que celle de Jeanne d'Arc, un tel silence à l'endroit des siens est digne de remarque. Il est trop clair qu'elle compta peu sur eux et que la tendresse qu'elle leur portait dépassait de

DOMREMY ET LA VALLÉE DE LA MEUSE
D'après une photographie.

beaucoup celle qu'ils avaient pour cette enfant, si digne cependant à tant de titres d'être aimée.

Ne nous en plaignons pas. Quand un homme et à plus forte raison une jeune fille sont appelés par Dieu à une mission comme celle de Jeanne, il est bon peut-être que les liens du sang ne les enserrent pas trop fortement. Il ne faut pas que l'amour de la famille entrave celui que nous devons à la patrie.

Jeanne aimée des siens, chérie comme elle méritait de l'être, se fût-elle arrachée aux bras caressants d'une mère qui, par sa tendresse et sa bonté, eût été digne d'une telle fille?... Si les menaces de son père ne purent l'arrêter, en eût-il été de même de son amour à la fois tendre et fort?

Quant aux frères de Jeanne, si on les voit près d'elle aux heures du succès et de la gloire, ils font trop souvent défaut quand vient l'heure de la lutte. Ils nous apparaissent tels dans l'histoire de leur héroïque sœur, qu'on a pu, non sans vraisemblance, assurer qu'après la mort de Jeanne on les revit à Orléans faisant escorte à l'aventurière Jeanne des Armoises.

Il est, en tous cas, trop vraisemblable qu'on les trouvait toujours où il y avait à recueillir écus et titres de noblesse, et qu'ils étaient moins empressés quand il s'agissait de combattre aux côtés de Jeanne ou de la défendre.

JEANNE ENFANT
D'après le tableau de J. HENNER.

Souhaitons vivement pour leur mémoire qu'ici le vraisemblable ne se confonde pas avec le vrai.

Pendant les quatre années qui précédèrent le départ de Jeanne pour Chinon, elle n'initia personne au dessein qu'elle nourrissait d'aller en France.

« Votre père sait-il votre départ? » lui demande un de ses juges.

« Il n'en sut rien », répond Jeanne.

Elle garda la même réserve à l'égard de sa mère, à l'égard de tous.

Force étrange que celle de cette enfant qui si longtemps porta seule le fardeau d'un tel avenir, les angoisses qui s'attachent à un dessein si extraordinaire!

Mais combien l'on aimerait voir sa mère, confidente et conseillère d'une telle fille, porter sa part de ce fardeau, lui rendre moins cruelles ces angoisses! Il n'en fut rien.

La religion et la saine philosophie sont grandement sages, quand elles inspirent aux parents une sollicitude sans mesure pour l'enfance et l'adolescence de ceux qui tiennent d'eux la vie.

Quand on songe à ce que sont pour les choses leurs commencements, les sources pour les fleuves, le germe et la tige naissante pour la plante ou l'arbrisseau qui demain grandiront, l'enfance, en un mot, pour la vie entière, le premier âge prend aux regards du sage je ne sais quelle gravité austère, quelle grandeur mystérieuse.

Combien sont dignes d'être attentivement considérées toutes les choses du jeune âge, rires ou larmes, jeux bruyants ou pensées solitaires! Combien sacrées ces mélancolies jusqu'alors inconnues dans lesquelles la vie se révèle, avec ses devoirs nouveaux, en une clarté naissante où l'ombre a place encore! Combien dignes de compassion, combien aussi de respect, ces soupirs à demi contenus, ces regards incertains et inquiets vers un avenir que le voile de l'inconnu recouvre!

Il est touchant de considérer Jeanne d'Arc au milieu de ces sollicitudes.

Quel peintre évoquera comme il convient cette figure d'enfant, à la fois simple comme l'âme dont elle porte le reflet et complexe pourtant comme la rencontre des pensées diverses qui se pressent en son esprit, comme les sentiments opposés qui se heurtent en son cœur?

Qui nous dira ce front ingénu et grave, ce regard serein et pensif, de temps à autre interrogeant l'espace infini comme le font les âmes que travaille quelque noble inquiétude et qui sondent quelque mystère?

Qui la suivra par les chemins creux, sous les hêtres du Bois-Chenu, près de la Fontaine des Groseilliers, ou longeant la Meuse?

Pourquoi l'imagination de l'homme est-elle ainsi courte et bornée? Pourquoi, même conduit par le génie, l'art arrache-t-il si peu de leurs secrets aux âmes choisies? Pourquoi statuaires et peintres sont-ils, après tant d'efforts généreux, tenus comme en échec devant cette fillette de douze ans agitée de si hautes pensées et de si étranges desseins?...

Jeanne se taisait.

Qu'on ne commette point toutefois l'erreur de croire que, étrangère à son sexe et à son âge, ce silence était en elle le fait d'une singularité native qui lui rendait cette taciturnité facile et presque douce. C'était chez elle effet de volonté forte et de haute vertu.

Il est visible qu'il eût été doux à cette nature ouverte et spontanée d'annoncer d'avance à ceux qui gémissaient autour d'elle les grandes choses auxquelles ses voix la convièrent et le salut qui commençait de poindre pour la France.

On le devine aux rares confidences qui lui échappent, et dans lesquelles se révèlent et ce sexe et cet âge qui étaient les siens et auxquels, dit-on, la discrétion demande effort. — « Si tu n'étais Bourguignon, dit-elle à l'un de ses compatriotes, je te dirais bien quelque chose.... » — A un autre : « Avant six mois, il y aura entre Gieux et Domremy une jeune fille qui fera sacrer le Dauphin. »

On aime, n'est-il pas vrai, ces propos tenus à demi-voix, échappés à l'enfant, à la jeune fille, et qui lui sont si naturels.

Toujours, d'ailleurs, et dans les événements les plus graves de sa vie, Jeanne restera ce qu'elle doit être : elle sera toujours femme. Et voilà pourquoi si, par le dehors, sa mission semble la faire sortir des choses et des coutumes de son sexe, elle y rentre toujours et elle y demeure par le fond de son être, par la délicatesse de ses pensées, la bonté de son cœur, sa grâce ingénue, par la facilité touchante de ses larmes comme par le charme alerte et joyeux de ses propos.

Aussi restera-t-elle le type parfait de la femme et de la jeune fille françaises.

JEANNE ENFANT ENTEND SES VOIX
D'après la statue d'Albert Lefeuvre.

Sur le caractère de Jeanne d'Arc et la bonne renommée dont elle jouissait à Domremy, nous avons des témoignages aussi touchants que certains.

Vingt-cinq ans environ après sa mort, dans le procès de réhabilitation qui rendit à sa mémoire une tardive mais pleine justice, on entendit plusieurs habitants de Domremy qui l'avaient connue. Nulle peinture ou description n'égalerait en ingénue sincérité le langage de ces paysans.

Il faut citer leurs paroles, elles forment autour du front de Jeanne comme une couronne de fleurs des champs, et il est doux de les rapprocher de l'odieuse sentence en laquelle les juges méprisables de Rouen se plaisent à entasser les outrages que la haine leur dictait contre l'infortunée.

Jeanne, ou plutôt Jeannette, comme tout le monde l'appelait à Domremy, avait trois amies de cœur : Hauviette, Mengette et Isabellette. Voici leurs témoignages.

Celui de Hauviette d'abord : « Tout enfants, Jeannette et moi, nous restions volontiers dans la maison de son père. C'était plaisir pour nous de coucher dans le même lit.

« Jeanne était bonne, simple et douce. Elle aimait à aller à l'église, et comme les gens lui reprochaient de la fréquenter trop dévotement, elle avait honte.

« A l'époque où elle quitta définitivement le village, Jeannette ne m'avisa point de son départ, je ne le sus qu'après et je pleurai fort. Elle était si bonne et je l'aimais tant! C'était mon amie! »

« VA, FILLE DE DIEU, VA! »
D'après un dessin de PHILIPPOTEAUX.

« C'était mon amie! » Il y a, n'est-il pas vrai, dans ce simple mot de paysanne, tout un panégyrique plein d'éloquence ingénue et touchante.

Voici maintenant le témoignage de Mengette, une autre amie de Jeanne : « C'était une fille bonne, simple et pieuse, si pieuse que ses camarades et moi nous disions qu'elle l'était trop. Elle se confessait volontiers au curé du village. »

Jeanne n'était pas seulement pieuse, elle était laborieuse, « vaillante au travail et occupée à maintes besognes. Jeanne filait, faisait le ménage, allait à la moisson et, la saison venue, quand c'était son tour, gardait quelquefois les bêtes, sa quenouille à la main. En quittant Domremy elle me dit : « Adieu, Mengette : je te recommande à Dieu. »

Isabellette survient à son tour; comme ses compagnes, elle parle de la douce bonté de Jeanne, et de sa dévotion. Elle y ajoute son amour pour les pauvres, la façon touchante dont elle les secourait, et le tout se

« L'ARCHANGE SAINT MICHEL L'ENTRETINT DE LA GRANDE PITIÉ DU ROYAUME DE FRANCE »
D'après le tableau de L.-F. CABANES.

résumer dans ce mot simple et primesautier : c'était « une brave fille ».

« Jeannette, dit-elle, était une brave fille, bonne, chaste, pieuse, craignant Dieu, pratiquant l'aumône et faisant le bien. Elle recueillait les pauvres : elle voulait coucher au coin du foyer et qu'ils couchassent dans son lit. »

C'est bien la douce guerrière qui plus tard ne pourra voir sans larmes un soldat blessé, fût-il Anglais, et « le sang de France couler, sans que les cheveux lui dressassent ensur ».

La veuve Thiesselin, marraine de Jeanne, vivait encore. Elle vint rendre témoignage à sa filleule : « C'était, dit-elle en parlant de Jeanne, une bonne enfant, vivant honnêtement et religieusement, comme il sied à une fille sage.

« Elle ne jurait jamais, et pour affirmer elle se contentait de dire « sans manque ».

« Jeannette était bonne travailleuse, filant, faisant le ménage et, quand le cas se présentait, gardant à son tour les animaux pour son père. »

VISION DE JEANNE D'ARC
D'après un dessin de LECURIEUX.

On fait venir la femme Thévenin, une voisine des parents de Jeanne. Elle rend un témoignage semblable, ajoutant toutefois ce détail qu'elle « était suffisamment instruite dans la foi par rapport à ses pareilles et selon son état ».

Puis voici le parrain de Jeanne, Jean Moel. Le brave homme n'en dit pas long, mais il y met une cordialité qui émeut : « Elle était si excellente fille, dit-il, que dans le village tout le monde l'aimait. »

Jeanne faisait mentir le dicton, elle avait réussi à être prophète dans son propre pays.

Jeanne avait été marraine à Domremy; elle avait eu pour « compère » Gérardin. Celui-ci vint à son tour témoigner en faveur de Jeanne : « Ayant habité le village de Domremy depuis l'âge de dix-huit ans, j'y ai vu et fréquenté Jeannette, dit-il. Elle était modeste, simple et pieuse. Fréquenter l'église et les lieux de dévotion était son plaisir. »

Michel Lebuin, un camarade d'enfance de Jeanne, loue l'activité de la Pucelle et sa dextérité : « Elle était, dit-il, diligente à la besogne, elle

LES VOIX DE JEANNE
D'après une eau-forte de BIDA pour l'édition illustrée de Jeanne d'Arc par Michelet. (*Hachette, éditeur.*)

s'acquittait de façon convenable et adroite de tous les travaux qui sont du ressort des femmes et des jeunes filles. »

Jean Watterin, autre camarade de Jeanne, succède à Michel Lebuin : « J'étais enfant quand Jeannette l'était aussi, dit-il, et je la voyais souvent. Souvent, tandis que nous étions à jouer, Jeannette se retirait à part et priait à Dieu. »

Que dites-vous de ce langage sur les lèvres d'un paysan : « Elle parlait à Dieu ». On voit bien qu'il avait plus d'une fois considéré Jeanne en sa prière. Celle-ci ne la faisait pas du bout des lèvres. L'enfant en avait été frappé : « Elle parlait à Dieu ». Quelle scène simple et grande, faite pour inspirer un peintre!

« Jeannette était une bonne travailleuse. Elle pourvoyait à la nourriture des bestiaux et s'occupait volontiers du gouvernement des animaux de la maison de son père.... Elle allait à la charrue, bêchait et, son tour venu, gardait les bêtes. »

C'est encore un camarade de Jeannette, Jean Colin, qui parle ainsi d'elle.

« A mon avis, reprend un autre ami d'enfance, il n'y avait pas meilleure qu'elle dans le village. »

Simonin Musnier, encore un camarade de Jeannette, apporte aussi son tribut : « Que savez-vous? lui demande-t-on. — Je sais, dit-il, que Jeannette était bonne, simple et pieuse, craignant Dieu et ses saints. Quand les cloches sonnaient, Jeannette se signait et s'agenouillait. »

« Jamais je n'ai entendu mal parler d'elle, reprend Jean Jacquard.

Elle était réputée pour sa bonté et sa piété. C'était une fille convenablement douce. »

Nicolas Bailly, tabellion, confirme tous ces témoignagnes : « Jeanne fut toujours une bonne fille..., dit-il; elle aimait à aller en pèlerinage à la chapelle de Bermont. »

Le drapier Perrin, ancien sonneur de Domremy, avait été convoqué. C'est à lui qu'autrefois Jeanne promettait des « lunes », sorte de petits pâtés

L'ANGELUS DE JEANNE
D'après le tableau de H.-J. LUCAS. (*Musée d'Alger.*)

renommés dans le pays, à la condition qu'il fût exact à sonner l'*angelus*.

« Jeannette, dit Perrin, ne cessa d'être une fillette bonne, chaste, simple et réservée.... Je sais bien ce que je dis, ajouta-t-il en bonne conscience de son importance, car j'étais en ce temps-là marguillier de l'église de Domremy et souvent je voyais Jeannette venir à la messe ou aux complies. »

Henri Arnolin, un bon prêtre qui avait aussi connu Jeanne, dit d'elle : « Jeanne, depuis l'âge de six ans jusqu'à son départ de la maison paternelle, fut une bonne fille, imbue d'excellentes mœurs. Elle était d'humeur laborieuse, filait, allait quelquefois avec son père et ses frères à la charrue.

« A l'église, on la voyait tantôt prosternée devant le crucifix, tantôt les mains jointes et les yeux levés vers le Christ ou la Sainte Vierge. »

Étienne de Sionne, curé de Domremy, clôt la série par cette louange « Jeannette était une bonne et simple fille, bien éduquée, craignant Dieu telle enfin qu'il n'y avait pas sa pareille dans le village[1]. »

C'est donc sous ces traits que nous apparaît Jeanne d'Arc enfant, à travers les dires de ceux qui l'ont connue. La naïveté de ces paysans nous assure de leur sincérité, et leur témoignage emprunte une force nouvelle à cette considération que, compatriotes et familiers de celle dont ils parlent, ils n'ont point subi de sa part le prestige qu'imposent ceux que l'on voit de loin et que l'on n'a pas fréquentés dans un commerce journalier.

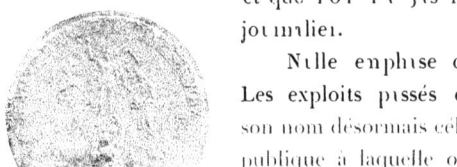

JEANNE D'ARC ET SES SAINTS
Médaille de DROPSY,
d'après le groupe d'ALLAR.

Nulle emphase d'ailleurs dans leurs discours. Les exploits passés de l'héroïne, la notoriété de son nom désormais célèbre, la gravité de la démarche publique à laquelle on les a conviés, l'importance des personnages devant lesquels ils déposent, rien ne les détourne du chemin simple et droit de la vérité, le seul qu'ils veulent suivre. Ils disent tout naïvement ce qu'ils ont vu et parlent d'elle avec le calme de gens qui s'entretiendraient d'une personne de leur ordinaire société et ne soupçonneraient pas l'importance du propos qu'ils tiennent. C'est ce qui rend leur témoignage si saisissant dans sa simplicité.

Jeanne était donc « bonne »; elle était « simple ». « Laborieuse », elle n'était ni insolente ni rêveuse. Ses voix et ses visions ne modifiaient en rien ses devoirs. Elle ne s'en autorisait ni pour s'élever au-dessus de ses compagnes, ni pour s'éloigner des travaux vulgaires des personnes de sa condition : elle « filait, faisait le ménage, allait à la moisson » et « son tour venu, gardait les troupeaux », comme toute autre fille de son village.

Elle n'était pas seulement « bonne travailleuse », mais robuste et « vaillante au travail »; elle « allait à la charrue » et « bêchait », quoiqu'elle n'eût pas dix-sept ans encore, puisque c'est à cet âge qu'elle quitta Domremy.

On aime à se l'imaginer ainsi, répondant cinq siècles d'avance à ceux qui nous la dépeindraient chétive, anémique et rêveuse.

Son humeur vaut sa santé : elle est « une brave fille ». Elle a le cœur

1. Joseph Fabre, *Procès de réhabilitation*, t. II, p. 70 et suiv.

bon pour tous; elle l'a meilleur encore pour les pauvres; elle « fait fréquemment l'aumône par amour de Dieu ». Quand quelque indigent, fuyant peut-être devant une horde bourguignonne, frappe à la porte de son père, c'est elle qui, empressée, va lui ouvrir et lui offre à manger. Est-il sans asile, elle plaide sa cause et implore de son père la faveur de lui donner son lit. Et Jeanne, où reposera-t-elle? — « Au coin du foyer », répond-elle allégrement.

« J'AVAIS TREIZE ANS QUAND J'EUS UNE VOIX VENANT DE DIEU. »
D'après le tableau de **Lematte**.

Évoquons cette suave image de Jeanne endormie, sur un escabeau dur et nu, « au coin » de cette vaste cheminée qu'on voit encore à Domremy. Ici encore quelle scène digne d'inspirer nos peintres!

Robuste et « vaillante au travail », la charrue ne l'effraie pas, et les bœufs tranquilles creusaient le sillon non sous la touche de l'aiguillon, dont elle usait à peine sans doute, douce aux bêtes ainsi qu'aux hommes, mais dociles à cette voix qui plus tard devait si fortement animer les gens d'armes à la lutte et, comme un clairon pur et sonore, mener l'armée de France au chemin de la victoire.

Heureux bétail que celui que Jeanne a conduit!

Rentrée au logis, elle reprenait la quenouille, « vaquait aux soins du ménage » et se montrait « adroite en tous les travaux qui sont du ressort d'une femme ».

Ainsi douée par la nature, elle ne négligeait pas de s'assurer la grâce de Dieu. Elle était « pieuse », aimait « à aller à l'église ». Ses compagnes l'en raillaient parfois. Mais elle, au souvenir de ce qu'elle puisait au pied de l'autel, laissait dire, « rougissait » seulement, « avait honte », comme

JEANNE FILANT A CÔTÉ DE SON PÈRE
D'après une gravure des Vigiles de Charles VII de 1493. (*Musée Carnavalet.*)

disait Hauviette, et ne révélait rien des mystères dont son âme était le théâtre et le témoin.

Précise en ses propos autant que sincère, elle déclarait nettement ce qu'il fallait dire, et le disait simplement et avec mesure. « Sans manque », telle était son affirmation favorite, sa locution de choix. Devant ses juges, à Rouen, c'était aussi son dernier recours, en même temps que son dernier mot : « Sans manque », affirmait-elle quand on doutait de sa parole.

De ses extases et des voix qu'elle entendait, Jeanne ne disait rien. Seulement, quand elle priait, sa prière n'était pas pure formule, et, selon le mot de son camarade Jean Watterin, « elle parlait à Dieu ».

Les jeux lui plaisaient peu. Des pensées plus graves occupaient son esprit. Mais elle ne se singularisait pas, et, par simplicité et condescendance, faisait comme ses compagnes.

Ce portrait, fait de la main d'hommes des champs, restera sans doute toujours le plus fidèle comme le plus émouvant que nous ayons de la personne de Jeanne d'Arc adolescente.

Dans le premier interrogatoire que Jeanne subit à Rouen, elle échangea avec Cauchon le colloque suivant :

« Votre nom ?

— Dans mon pays on m'appelait Jeannette. Depuis ma venue en France on m'appelle Jeanne.

— Votre surnom ?

— Du surnom je ne sais rien.

— Votre lieu d'origine?

— Je suis née à Domremy, qui fait un avec le village de Greux, et c'est à Greux qu'est la principale église.

tion de choix. Devant ses juges, à Rouen, c'était aussi son dernier recours, en même temps que son dernier mot : « Sans marque », affirmait-elle quand on doutait de sa parole.

De ses extases et des voix qu'elle entendait, Jeanne ne disait rien. Seulement, quand elle priait, sa prière n'était selon le mot de son eminence Jean Waltein, « elle

plaisaient peu. Des pensées plus graves occupaient son ne se singularisait pas, et, par simplicité et condescendance, ses compagnes.

fut de la race main d'hommes des champs, restera sans

Hachette & Cie — Jeanne d'Arc

Jeanne écoutant ses voix dans le jardin de son père

D'après le tableau de Bastien Lepage (Musée de New-York)

— Les noms de votre père et de votre mère?

— Mon père s'appelle Jacques d'Arc et ma mère Isabelle.

— Où avez-vous été baptisée?

— A Domremy[1]. »

En ces quelques lignes Domremy tient ses lettres de noblesse.

Ce village a subi quelques transformations depuis le temps de Jeanne

CHAMBRE DE JEANNE D'ARC A DOMREMY (ÉTAT ACTUEL.)
D'après une photographie.

d'Arc et ce fut l'occasion de dissertations nombreuses de la part des écrivains. On y trouve encore toutefois deux lieux qui furent témoins de l'enfance de notre vénérable héroïne : la maison où elle est née le 6 janvier 1409, et l'église où elle fut baptisée.

On a vu parmi les illustrations du présent ouvrage la représentation de la maison de Jeanne d'Arc en son état actuel. Elle a malheureusement subi depuis le xve siècle des transformations assez considérables.

1. Joseph Fabre, *Procès de condamnation*.

Montaigne raconte qu'en revenant d'Italie il passa par Domremy. Ce qu'il dit de la façade de la maison de Jeanne d'Arc concorde bien peu avec ce que nous y voyons maintenant. Les sculptures qui en ornent la porte et qui furent, dit-on, exécutées sur les ordres de Louis XI, furent plus tard transportées autre part, et ce n'est qu'à une époque beaucoup plus rapprochée

CHAMBRE DANS LA MAISON DE JEANNE D'ARC (ÉTAT ACTUEL)
D'après une photographie.

de nous, et, selon quelques auteurs, vers le commencement de notre siècle, qu'on les remit en place.

Des travaux récents ont transformé les combles en musée. L'opportunité de ce travail semble discutable.

Quoi qu'il en soit, on ne peut pénétrer dans cette demeure sans une émotion profonde. On se recueille en cette pièce vaste et pauvre où les parents de Jeanne d'Arc avaient sans doute leur cuisine. On y voit la vaste cheminée où la famille se réunissait pendant les soirées d'hiver. C'est là, à ce « coin de feu » où Jeanne voulait courir quand elle offrait son lit pour les pauvres, que petite enfant elle écoutait attentive et troublée le récit des maux que subissait [la] France. C'est là, avant même que saint Michel l'en entretint, qu'elle apprit « la grande pitié du royaume de France ».

Vers le fond de cette pièce, une porte s'ouvre sur une autre pièce plus sombre et plus étroite, où, assure la tradition, Jeanne prenait son repos. On y voit la place de sa couchette, un creux dans le mur où sans doute elle plaçait ses pauvres hardes, et la fenêtre étroite, donnant sur l'église, par laquelle elle eut sa première vision. « J'avais treize ans, dit-elle, quand j'eus une voix venant de Dieu pour m'aider à me bien conduire.... Cette voix vint vers l'heure de midi. C'était l'été, dans le jardin de mon père.... J'entendis la voix vers la droite, du côté de l'église. »

Une pièce voisine était, pense-t-on, occupée par les frères de Jeanne.

Il est peu d'endroits au monde consacrés par des souvenirs plus émouvants.

LES SAINTS DE JEANNE LUI ORDONNENT DE SECOURIR LA FRANCE
Groupe d'ALLAR, à Domremy

A quelques pas, se trouve l'église de Domremy, où Jeanne fut baptisée. Elle aussi a subi quelques changements. L'orientation n'en est plus la même, en ce sens que le chœur occupe la place où se trouvait le portail au temps de Jeanne d'Arc. Le portail occupe donc lui-même l'ancienne place du chœur.

Le respectable et distingué curé de Domremy n'a rien négligé, dans la mesure de ses ressources, hélas! bien peu considérables, pour marquer en ce sanctuaire les traces que Jeanne d'Arc y a laissées.

Des inscriptions pieuses et sans faste rappellent la place où elle dut être baptisée, un bénitier où sa main d'enfant prenait l'eau bénite, une statue ancienne devant laquelle elle a souvent prié.

Les chrétiens ne pénètrent qu'avec vénération dans cette humble église de campagne. Tout bon Français, quelles que soient ses convictions intimes, y entre avec émotion et respect. Ne partageât-il pas la foi de Jeanne, il se souvient de ce que la foi a fait en elle, il évoque le souvenir des visites fréquentes que la pieuse enfant faisait sous ces voûtes, foulant de son pied ces dalles. C'est là que, selon le mot touchant d'un de ses camarades, que nous avons cité, « elle parlait à Dieu », là, comme disait ce bon vieux prêtre, l'abbé Arnolin, qu'on « la voyait prosternée devant le crucifix, tantôt les mains jointes, le visage et les yeux levés vers le Christ ou la sainte Vierge ».

Nul temple, si magnifique soit-il, ne peut valoir plus que celui-là; nulle part le cœur ne se sent plus fortement saisi. On ne le quitte qu'avec regret, on y voudrait demeurer toujours.

L'extérieur de l'église a dû peu changer. C'est toujours cette même vieille tour; c'est par ces baies que la cloche envoyait à Jeanne, qui les aimait tant, les volées joyeuses de l'*Angelus*, quand le sonneur Perrin n'oubliait pas la consigne.

Jeanne d'Arc a maintes fois considéré ces murailles vieillies, ces pierres sont comme imprégnées de son regard. Ce regard les a consacrées pour nous.

C'est une loi du cœur, en effet, que d'étendre aux objets qu'ont considérés ceux que nous aimons, quelque chose du culte que nous avons pour eux-mêmes.

A peu de distance de Domremy, se trouvait, au temps de Jeanne d'Arc, une chapelle dédiée à la sainte Vierge. On l'appelait Notre-Dame de Bermont.

C'était une sorte d'ermitage, situé sur le penchant de l'une des collines qui bordent le chemin de Domremy à Vaucouleurs et descendent vers la Meuse.

Selon le témoignage du tabellion Nicolas Bailly, « Jeanne aimait à s'y rendre en pèlerinage ». En compagnie de jeunes filles de son âge, elle y allait chaque samedi pour y prier la Vierge, y apportait des fleurs et y brûlait des cierges.

Cette chapelle existe, quelques personnes la vont visiter; on s'étonne toutefois que le nombre des pèlerins ne soit pas plus considérable. On y conserve la statue de Notre-Dame, en pierre assez bien sculptée, devant laquelle Jeanne d'Arc a prié.

Nulle histoire de Jeanne d'Arc, quelque plume qui l'écrive, n'aura le charme pénétrant, la saisissante éloquence de celle qu'elle a racontée elle-même dans les réponses qu'elle fit à ses juges de Rouen.

« LA VOIX ME DISAIT : « VA EN FRANCE, » ET JE NE POUVAIS PLUS DURER OU J'ÉTAIS. »
D'après la peinture murale du Panthéon par E. LENEPVEU.

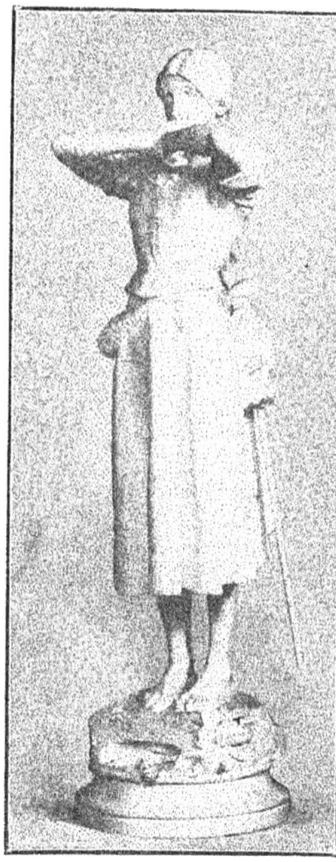

JEANNE A DOMREMY
D'après une statuette de FRÉMIET.

C'est là qu'elle se dépeint telle qu'elle est, avec ce naturel qui marque ses discours comme sa conduite, en ces vives saillies qui mettent en déroute, par un seul mot, les arguties des docteurs et jaillissent rapides et précises comme ces lettres qu'elle lançait au bout d'une flèche aux Anglais, quand elle les sommait de se rendre.

Dans son procès, il fut longuement question des « voix » qu'elle attestait avoir entendues et par le conseil desquelles elle faisait toutes choses. C'est un des points sur lesquels se porta l'effort le plus soutenu de ses misérables juges. Ils en firent le fondement de leur principale accusation. A chaque séance ils y revenaient, et, la veille de son supplice, ils l'interrogeaient encore sur cet objet.

C'est sur ce point enfin que porte le premier article de leurs conclusions finales et de l'acte d'accusation : « Sur le premier article (concernant les révélations), ladite Faculté déclare doctrinalement, après avoir pesé la fin, le mode, la matière des révélations, la qualité de la personne, le lieu et les autres circonstances, qu'il n'y a là que mensonges imaginés à plaisir, séducteurs et pernicieux, procédant des esprits malins et diaboliques Bélial, Satan et Béhémoth. »

Pourquoi le dissimuler? c'est sur ce même objet que portent nos querelles de pensées dans le temps présent touchant Jeanne d'Arc. Les croyants attribuent aux voix qu'elle entendait une origine et une réalité surnaturelles. Ceux qui ne croient pas se refusent à admettre cette origine et cette réalité. Parmi ceux-ci, dès lors, les uns s'abstiennent de juger, les autres ne voient dans l'état d'esprit de Jeanne d'Arc qu'une pure hallucination tout en respectant la bonne foi de la Pucelle, laquelle leur paraît indiscutable.

On ne nous pardonnerait point, et ce serait légitime, de laisser de côté cette grave question. Nous avons, d'autre part, déclaré au début de cet ouvrage qu'il ne serait œuvre ni de polémique, ni même de discussion. Nous serons fidèle à cette promesse.

Nous nous contenterons donc de laisser la parole à Jeanne. Elle nous dire, dans ses réponses aux juges, ce qu'elle pense et ce qu'elle croit. Le lecteur l'écoutera, non comme les juges de Rouen, avec le secret désir de la surprendre en ses discours, mais avec droiture. Nous aussi, dans un autre esprit, étudierons, en ces discours de Jeanne, « la fin, le mode, la matière des révélations, la qualité de la personne, le lieu et les autres circonstances ».

JEANNE ENTENDANT SES VOIX
Dessin de PROUVÉ et CAROT pour le missel de Jeanne d'Arc.
(Lelarge, éditeur. *Collection de l'abbé Lemerle.*)

Cette lecture faite, nous ne conclurons pas seulement à la parfaite sincérité de l'héroïne, et à l'admirable fermeté de son bon sens, ce dont au reste personne ne saurait douter, mais nous reconnaîtrons que ses réponses nous placent en face de l'un des problèmes les plus dignes d'intérêt que puisse nous offrir l'histoire, l'étude de l'homme et la foi.

Assistons donc à ces tristes séances de Rouen : ayons le pénible courage d'entendre, quelque dégoût que nous puissent causer le cynisme et l'hypocrisie des juges.

Aussi bien, les réponses de Jeanne nous donneront consolation et réconfort. Nul mieux qu'elle ne nous dira, sans passion comme sans crainte, les détails de ce mystère étrange dont son âme fut le théâtre et le témoin. Sa voix, ingénue et vaillante, nous touchera plus que les dissertations les plus longues et les mieux nourries.

« Messire Dieu, disait-elle, a un livre où nul clerc n'a jamais lu, si fort soit-il en cléricature. » Laissons les livres des clercs, ceux des savants et des discuteurs, lisons, loyalement, dans ce livre écrit de la main même de Jeanne.

JEANNE AU BOIS CHENU
D'après un dessin de Vital-Dubray. (*Musée Jeanne d'Arc*, à Orléans.)

Dès le début du deuxième interrogatoire, les juges en viennent à cette question :

« Quand avez-vous entendu vos voix pour la première fois? demande maître Jean Beaupère.

— J'avais treize ans, répond Jeanne, quand *j'eus* une voix venant de Dieu pour bien me conduire. Et la première fois j'eus grand'peur. Cette voix vint vers l'heure de midi. C'était l'été, dans le jardin de mon père.

— Aviez-vous mangé?

— J'étais à jeun.

— Aviez-vous jeûné la veille?

— Non.

— De quel côté entendîtes-vous la voix?

— A droite et du côté de l'église.

— La voix était-elle accompagnée d'une clarté?

— Rarement je l'entends sans clarté. Cette clarté se manifeste du côté où me vient la voix.

— Que vous semblait-il de cette voix?

— C'était, à ce qu'il me paraissait, une voix bien noble, et je crois qu'elle m'était envoyée de Dieu. Lorsque je l'entendis pour la troisième fois, je reconnus que c'était la voix d'un ange.

— Avez-vous bien pu la comprendre?

— Elle m'a toujours protégée, je l'ai toujours bien comprise.

— Quel enseignement vous donnait-elle ?

— Elle m'a enseigné à me bien conduire et à fréquenter l'église.

— ... Votre père sut-il votre départ?

— Il n'en sut rien. La voix me disait : « Va en France », et je ne pouvais plus durer où j'étais.

— Que vous disait-elle encore?

— La voix me disait que je lèverais le siège mis par les Anglais devant Orléans.

— Entendez-vous souvent cette voix?

— Il n'est jour que je ne l'entende : j'en ai du reste bien besoin. »

Dans la troisième séance, l'interrogateur revient bientôt sur la question des révélations :

« Depuis quelle heure avez-vous entendu la voix?

— Je l'entendis hier, je l'ai entendue aujourd'hui.

— A quelle heure, hier, l'avez-vous entendue?

— Je l'ai hier entendue trois fois, le matin, à l'heure des vêpres et quand sonnait l'*Ave Maria* du soir. Il m'arrive même de l'entendre plus souvent que je ne le dis.

— Hier matin, que faisiez-vous quand la voix vint?

— Je dormais, et elle m'a éveillée.

— Vous a-t-elle éveillée en vous touchant les bras?

— Elle m'a éveillée sans me toucher.

— La voix était-elle dans la chambre?

— Elle était dans le château.

— Lui avez-vous rendu grâce? vous êtes-vous mise à genoux?

— Je l'ai remerciée en me levant et m'asseyant sur mon lit, les mains jointes.

— Que vous dit-elle?

— De répondre hardiment.... Je lui demandai sur les réponses que je devais faire, la priant de demander là-dessus conseil à Notre-Seigneur. La voix me dit : « Réponds hardiment. Dieu te sera en aide.... » Cette nuit même je l'ai entendue.

— Vous a-t-elle dit quelques paroles avant que vous lui adressiez quelque requête?

La voix m'a dit quelques paroles, mais je n'ai pas tout compris. Ce que je sais bien, c'est qu'après mon réveil elle me dit de répondre hardiment. Vous, évêque, vous dites que vous êtes mon juge; prenez garde à ce que vous faites, car, en vérité, je suis envoyée de la part de Dieu, et vous vous mettez en grand danger.

— Cette voix a-t-elle quelquefois varié dans ses conseils?

— Non. Oncques je ne l'ai trouvée en deux langages contraires.

— Mais cette voix vient-elle de Dieu?

— Je le crois fermement, comme je crois la foi chrétienne.

LES VOIX
D'après le tableau d'ADRIEN BONNEFOY.

— N'en savez-vous rien de plus?

— Je crois que je ne vous dis pas à plein tout ce que je sais; mais j'ai plus grande crainte de faillir en disant quelque chose qui déplaise à ces voix que je n'en ai de vous répondre à vous. Quant à votre question sur ma voix, je vous prie de me donner délai.

— Croyez-vous qu'il déplaise à Dieu qu'on dise la vérité?

— Les voix m'ont dit de dire certaines choses au roi, et non à vous. Cette nuit même, la voix m'a dit beaucoup de choses pour le bien du roi que je voudrais être dès maintenant sues de lui, dussé-je ne pas boire de vin d'ici à Pâques. Il en serait plus aise à dîner.

— Ne pouvez-vous tant faire auprès de cette voix qu'elle consente à porter la nouvelle à votre roi?

— Je ne sais si la voix voudrait y consentir. Elle ne le ferait que si Dieu le voulait et y donnait son assentiment. Mais, si c'est le plaisir de Dieu, il pourra bien se faire que la révélation soit faite au roi, et j'en serais bien contente.

— Pourquoi cette voix ne parle-t-elle plus maintenant à votre roi comme elle le faisait quand vous étiez en sa présence?

— Je ne sais, si c'est la volonté de Dieu. N'était la grâce de Dieu, je ne saurais rien faire. »

Le quatrième interrogatoire est à peine entamé que Jean Beaupère reprend la question des voix :

« Depuis samedi avez-vous entendu les voix?

— Oui, et plusieurs fois.

— Y a-t-il longtemps qu'elles vous parlent?

— Voilà bien sept ans qu'elles me gouvernent.

— Ces saintes sont-elles vêtues de la même étoffe?

— Je ne vous en dirai pas maintenant davantage. Je n'ai pas congé de le révéler.

— Vous ne devez rien nous taire.

— Il y a des révélations qui vont au roi de France, et non à vous qui m'interrogez.

— Les deux saintes parlent-elles à la fois ou l'une après l'autre?

— Je n'ai point à vous le dire. Cependant j'ai toujours eu conseil de toutes les deux.

— Laquelle des deux vous est apparue la première?

— Je l'ai su jadis, mais je l'ai oublié.

— Vîtes-vous saint Michel et les anges en corps et en réalité?

— Je les vis des yeux de mon corps aussi bien que je vous vois. Et quand ils s'éloignaient de moi, je pleurais et j'aurais bien voulu qu'ils m'eussent emportée avec eux.

— En quelle figure était saint Michel?

— Il n'y a pas de réponse possible; je n'ai pas congé de vous le dire[1].

1. Nous empruntons la plupart de ces réponses à la traduction qu'a donnée du procès de Rouen M. Joseph Fabre, dans son remarquable et consciencieux ouvrage : *Procès de condamnation de Jeanne d'Arc*, 1 vol.; *Procès de réhabilitation de Jeanne d'Arc*, 2 vol.

Un homme attentif et impartial ne pourra lire ces réponses de Jeanne d'Arc sans faire les remarques suivantes :

Il n'y a trace de rêverie dans ses paroles : les détails de lieu et de temps qu'elle donne à l'endroit des apparitions qu'elle a eues sont d'une précision absolue. C'est à telle heure, c'était hier, c'est maintenant, en tel endroit, de tel côté.

« LA FRANCE PERDUE PAR UNE FEMME SERA REGAGNÉE PAR UNE VIERGE LORRAINE. »
D'après le tableau de H.-P. DELANOY.

Point de paroles superflues, rien de cette loquacité qui marque ordinairement les fantaisies de l'imagination ou les illusions d'un esprit illuminé. Lui demande-t-on des détails sur le vêtement, la taille, la voix ou l'allure des saintes qui lui parlent, elle se refuse à les donner. A ses yeux, ce sont de pures inutilités. « Passez outre », répond-elle.

En retour, elle affirme avec une énergie extrême ce qui importe : « Je crois aussi fermement les dits et les faits de saint Michel, comme je crois que Notre-Seigneur Jésus-Christ a souffert mort en passion pour nous. » —

« Vraiment, ajoute-t-elle, si vous me deviez arracher les membres et faire partir l'âme hors du corps, encore ne vous dirais-je autre chose; et si je vous disais autre chose, après je vous dirais toujours que vous me l'avez fait dire par force. »

Quelques jours après, elle y revient et dit : « Si j'étais en jugement, que je visse le feu allumé et les bourrées préparées et le bourreau prêt à bouter le feu et que je fusse dans le feu, encore je n'en dirais autre chose et je soutiendrais ce que j'ai dit au procès jusqu'à la mort. »

L'INSPIRATION
D'après le tableau de Ducis (1825).

On dirait qu'elle se complaît à énumérer les progrès de ce supplice du feu dont elle a tant horreur, et à les analyser un à un, pour donner à son assurance une énergie suprême.

Enfin, à l'encontre des illuminées, elle est la sagesse même, elle excelle dans l'esprit de conduite. Ses visions n'ont pas été vaines, mais tendent toujours à son amendement et au succès de l'œuvre qui lui a été confiée. C'est « pour l'aider à se bien conduire » que cette voix lui vient de Dieu.

« Sois bonne enfant », lui dit saint Michel.

A ses saintes elle n'a demandé que trois choses : « Le succès de mon expédition; que Dieu aide aux Français, et garde bien leurs villes; enfin le salut de mon âme ». Elle dit encore : « Quelque chose que je fisse jamais, mes voix m'ont toujours secourue; c'est le signe qu'elles sont de bons esprits. »

Enfin pour conclure, ajoutons : Jeanne était vigoureuse et fort bien pourtraite; toute jeune elle travaillait aux champs, vaquait aux soins du ménage, « allait à la charrue et bêchait ». Pendant la guerre, on la vit supérieure aux plus grandes fatigues. On ne peut donc supposer en elle un être maladif et propre à certaines affections dont la science s'est, avec grand fruit du reste, tant occupée de nos jours.

Elle est d'autre part le bon sens même et le plus ferme; on ne saurait supposer en elle illuminisme ou folie.

Enfin sa loyauté est supérieure à tout et, incapable de s'égarer, elle ne l'est pas moins de tromper autrui.

Telle est Jeanne d'après les témoignages de tous ceux qui l'ont connue.

Devant ces faits, les croyants estiment qu'elle a réellement entendu ces voix, et de cette première conclusion ils passent naturellement à cette autre : qu'elle a été réellement inspirée de Dieu.

JEANNE D'ARC ÉCOUTANT SES VOIX
D'après la statue d'A. ETEX
dans l'église d'Orsay.

Ceux qui ne croient pas se refusent à cette conclusion. Nous n'entreprendrons point ici de les convertir à notre jugement. Il faudrait pour cela une démonstration étendue que ne comporte point notre travail et qui ne rentrerait du reste nullement dans l'esprit qu'il doit garder.

Ce que nous souhaitons, c'est que les savants qui sont dignes de ce beau titre par le soin de leurs recherches, l'étendue de leur savoir et la gravité loyale de leurs conclusions, s'arrêtent à étudier ce phénomène à la fois intellectuel et moral.

Il est au plus haut degré digne de leur attention.

Leur demanderons-nous de conclure? Non, peut-être. La science et les savants n'ont pas à dogmatiser.

Nous attendons d'eux simplement qu'avec la modestie toujours aussi facile à un grand esprit qu'elle est honorable pour lui, ils continuent les traditions de respect intellectuel et de réserve élevée qui jusqu'à nos jours, à quelques exceptions près, ont été de tradition pour l'esprit français à l'égard de ce fait considérable de la vie de Jeanne.

Même en ces dernières années où les recherches des maîtres de la science française sont allées si loin, nul n'a touché d'une main profane le nom et la personnalité de Jeanne d'Arc. La chose honore l'héroïne. Elle n'honore pas moins la science française.

L'Église, du reste, nous le disons avec une fierté filiale, comme à la science en cette matière un exemple bien digne d'être suivi. Dans le procès de réhabilitation de Jeanne d'Arc, elle s'abstient de porter le débat sur le caractère ou la réalité de ses voix, se contentant de mettre en une lumière que rien désormais ne pourra ternir la haute et inattaquable vertu de Jeanne.

Si, dans un prochain avenir, le procès ouvert à Rome aboutit conformément à nos espérances, en assurant à Jeanne d'Arc l'auréole des bienheureux et des saints, il se peut que l'Église garde la même réserve.

La science ne saurait mieux faire que de continuer à s'inspirer d'une telle conduite. Ce ne sera pas, en nos jours où tant de questions nous divisent, un spectacle médiocrement consolant et fortifiant que de voir Jeanne d'Arc, en cette matière comme en tant d'autres, pacifier les fils de la France réunis à ses pieds, en la personne des maîtres de la Science et de ceux de la Foi, dans un culte assez grand et un dévouement assez généreux pour imposer silence à leurs querelles de pensées et s'accorder dans la commune admiration qu'ils professent pour la plus vaillante et la plus noble de leurs sœurs.

DOMREMY
D'après la médaille de O. ROTY.

LA PUCELLE CHASSANT LES ANGLAIS
D'après une gravure de COCHIN. (*Bibliothèque nationale.*)

II

VAUCOULEURS

PREMIER VOYAGE DE JEANNE — JEANNE ET BAUDRICOURT
SECOND VOYAGE — DURAND LAXART

JEANNE ENTEND SES VOIX
D'après la statue d'ANDRÉ ALLAR.
(*Basilique de Domremy.*)

Les choses allaient de mal en pis pour la France. Les succès des Anglais se poursuivaient. Verneuil était toujours en leur pouvoir, Orléans gravement menacé. Le bruit de ces deuils se répandait dans les campagnes. Un pèlerin, un voyageur ou quelque fugitif en apportaient la nouvelle. Dans les familles on s'en entretenait avec terreur; le récit en était répété le soir au coin du foyer, et les âmes étaient comme en suspens dans l'attente d'événements plus graves encore et de catastrophes suprêmes.

Jeanne entendait tout cela, sans dire ce qu'elle en savait déjà par les révélations de ses saintes; mais l'impression qu'elle en ressentait s'accroissait encore par l'émotion populaire que suscitaient autour d'elle ces terrifiantes nouvelles.

Une tradition raconte qu'un moine franciscain de passage à Domremy s'était arrêté chez Jacques d'Arc. Il avait raconté lui aussi « la grande pitié du royaume de France ».

« IL FAUT QUE J'AILLE, ET J'IRAI »
D'après la statuette d'ANDRÉ MASSOULLE.

Jeannette, toujours modeste, se tenait à l'écart, à la place la plus humble, au milieu de ses frères et sœurs, assise sans doute près de cette vieille et vaste cheminée que l'on conserve encore dans la maison de Domremy.

Son dessein devint plus formel, sa hâte de partir plus impatiente.

Les Franciscains semblent avoir eu, entre tous les ordres religieux, l'influence la plus considérable sur Jeanne d'Arc. Fidèlement attachés à la cause française, indépendants envers le duc de Bourgogne et le parti anglais, ils allaient par les villes et les campagnes, clamant les malheurs de la France, exhortant les hommes à la lutte et ranimant l'espoir d'une victoire finale.

Fut-elle réellement tertiaire franciscaine, ainsi qu'on l'a prétendu? La chose ne semble pas péremptoirement établie, quoique à cette époque le nombre des fidèles affiliés à l'un des grands tiers-ordres fût très considérable. Mais ce qui demeure établi, c'est la mission que les Franciscains ont remplie près de Jeanne pendant son action publique et l'inaltérable dévouement qu'ils lui ont montré. Il est juste de le reconnaître et de rendre à leur ordre ce témoignage si honorable pour lui.

Les « voix », du reste, pressaient Jeanne toujours davantage. « La voix, me disait deux ou trois fois par semaine : Il faut que tu quittes ton village et que tu ailles en France ».

« La voix me disait : Va en France, et je ne pouvais plus durer où j'étais ».

« La voix me disait encore que je lèverais le siège mis devant Orléans.

— Ne vous disait-elle pas autre chose?

— Oui, elle me dit d'aller à Vaucouleurs, vers Robert de Baudricourt, capitaine du dit lieu, et qu'il me donnerait des gens pour faire route avec moi. Et alors, moi, je répondais à la voix que j'étais une pauvre fille ne sachant ni chevaucher ni guerroyer. »

Jeanne passa quelques mois dans ces alternatives d'espérance et de crainte. Tantôt l'âpreté de l'entreprise la rejetait en arrière; elle se disait alors qu'il était plus sage de rester aux champs, ou du moins de surseoir à toute résolution.

Mais bientôt l'inspiration revenait; les voix reprenaient : « Va, va, fille de Dieu, va ! » Son cœur, du reste, était ouvert, prêt à les entendre, et le grand amour qu'elle avait de la France s'unissant aux instances de l'ange et des saintes : « Il faut que j'aille, disait-elle résolument, et j'irai. »

LA VOIX ME DISAIT « VA EN FRANCE »
D'après le tableau de JACQUES WAGREZ.

Mais la réalisation des plus grands desseins dépend souvent au début de quelques détails de conduite, qui ne sont rien en apparence et même en soi, mais qu'il n'est pas toutefois aisé de mener à bonne fin. Le point important pour Jeanne était de se rendre à Vaucouleurs, et pour cela il lui fallait quitter Domremy. Ce n'était pas chose facile.

En silence, elle réfléchit sur cet objet.

On ne s'attardera jamais assez à considérer cette enfant de treize ans, menant seule un tel labeur, n'en parlant à personne, sachant qu'un moindre mot qu'elle en dirait tous seraient contre elle.

Une telle force d'âme est vraiment surprenante chez une enfant de cet âge.

Il est à croire toutefois qu'en dépit de ses efforts elle ne dissimulait pas complètement les pensées qui l'occupaient et que sa famille eut quelque vent de la chose.

Nos songes sont souvent faits de nos craintes ou de nos désirs. Le père de Jeanne eut des songes à ce sujet.

« Votre père ne fit-il pas des menaces contre vous, pour le cas où vous partiriez? demanda un des juges.

— J'entendis répéter par ma mère, répondit Jeanne, que mon père disait à mes frères : Vrai, si je croyais qu'advînt cette chose de ma fille, je voudrais qu'elle fût noyée par vous; et si vous ne le faisiez, je la noierais moi-même ».

Elle ajoutait : « Mon père et ma mère perdirent presque le sens quand je partis pour Vaucouleurs ».

Jeanne voyait tout cela, et nul ne pourra s'imaginer les tortures qu'elle ressentit quand, placée entre l'amour qu'elle avait pour les siens et celui qu'elle portait à la France, elle « voulait et ne voulait pas ».

Ces sollicitudes la chargeaient déjà beaucoup : une autre s'y adjoignit. Sa famille, sans doute pour la détourner de son dessein, essaya de la marier. Un jeune homme de Toul demanda sa main, mais Jeanne se refusa à ce projet. Le jeune homme la fit alors citer en justice à Toul, comme lui ayant promis de l'épouser; mais gain de cause fut donné à Jeanne.

Ses juges de Rouen l'interrogèrent à ce sujet, étayant sur ce fond une de leurs accusations contre elle :

« Qui est-ce qui vous poussa à faire citer un homme à Toul en cause de mariage?

— Je ne le fis pas citer, répondit Jeanne; mais ce fut lui qui me fit citer en cette ville, et j'y jurai devant le juge de dire la vérité : je n'avais fait à cet homme aucune promesse. »

Au milieu de ces angoisses diverses, Jeanne eût peut-être encore retardé son départ, si une occasion favorable ne lui eût été offerte de tenter un voyage du côté de Vaucouleurs.

Elle avait à Burey, village situé aux environs de cette ville, un cousin germain de sa mère, nommé Durand Laxart[1]. Jeanne obtint de ses parents la permission d'aller passer quelques jours chez ce parent.

Aussitôt arrivée à Burey, elle demanda à Laxart de la conduire à Vaucouleurs.

Lui confia-t-elle l'objet de l'ouverture qu'elle voulait faire au gouverneur de cette ville? Nous ne savons. Durand Laxart était bon. L'accent avec

1 Ou Durand Lassois.

LE DÉPART DE VAUCOULEURS
D'après la peinture murale du Panthéon, par LENEPVEU.

lequel la jeune fille lui demanda ce service le tenta sans doute, et il se décida à l'accompagner.

Jeanne a raconté cet incident devant ses juges de Rouen, avec sa netteté et sa concision habituelles : « J'allai chez mon oncle et lui dis que je voulais rester près de lui pendant quelque peu de temps, et j'y restai huit jours. Pour lors, je dis à mon oncle qu'il me fallait aller à Vaucouleurs, et mon oncle m'y conduisit. Quand je fus venue à Vaucouleurs, je reconnus Robert de Baudricourt, quoique je ne l'eusse oncques vu auparavant.

— Comment le reconnûtes-vous?

— Je le reconnus grâce à ma voix. C'est elle qui me dit : « Le voilà ». Je dis à Robert : « Il faut que j'aille en France! » Deux fois Robert refusa de m'entendre et me repoussa. La troisième fois, il me reçut et me donna des hommes. Aussi bien la voix m'avait dit qu'il en serait ainsi. »

JEANNE D'ARC
D'après la statue de F. Bogino.

C'est, pense-t-on, vers la fête de l'Ascension que Jeanne se rendit pour la première fois à Vaucouleurs.

Il est facile de s'imaginer l'anxiété de ses pensées en ce premier voyage. L'importance de la ville était assez considérable, et Jeanne sans doute y entrait pour la première fois.

Les villes ont pour les gens des champs une sorte de prestige dont ils ne se défendent qu'à la longue et après plusieurs voyages. Les maisons y sont plus alignées qu'à la campagne, où chacun bâtit et oriente sa demeure selon sa fantaisie, sans compter avec les voisins ni prendre souci de la voirie. Les demeures y ont un plus riche aspect et les toits s'y élèvent beaucoup plus haut que celui des chaumières. On y parle un langage plus correct, qui met mal à l'aise ceux qui n'ont guère usé que du patois campagnard. Les gens enfin y ont des manières plus soignées, une mise plus élégante et des allures qui déroutent le paysan. De tout cela naît en lui une sorte de crainte que son embarras extérieur trahit et qui le rend souvent gauche et parfois balourd.

Jeanne s'élevait évidemment au-dessus des sentiments du grand nombre des hommes et, déjà mûre longtemps avant l'âge, elle savait juger à leur poids les choses et les gens.

Aussi prompt que clairvoyant, son regard allait plus loin que les apparences et le dehors : il atteignait le fond même.

Il n'en demeure pas moins que son âme, éminemment propre à recevoir les impressions du dehors et facile surtout à se pénétrer de la gravité des entreprises avant d'y mettre la main, dut s'émouvoir grandement devant cette porte du château où, plus que son propre sort, allait, selon l'accueil du gouverneur, se décider le sort de la France. Le pont-levis s'abaissa lentement et Jeanne entra, suivie, à distance sans doute, par l'oncle Durand Laxart.

Cette porte est conservée à Vaucouleurs. Le visiteur se recueille avant d'en franchir le seuil. C'est qu'il n'est pas moins sacré que celui de la maison de Jeanne à Domremy. Celui-ci fut le premier que Jeanne petite enfant foula en entrant dans la vie. Ici, c'est dans la vie publique que Jeanne va entrer; c'est la première manifestation de son action étonnante, c'est le premier mot de son épopée.

Il n'est pas permis à un bon Français de considérer ces pierres sans une émotion profonde. Elles ont pour le visiteur je ne sais quoi qui le fascine et, comme un parfum sacré, s'en dégage le souvenir des choses étrangement grandes qui se sont passées en ces lieux dans l'âme de Jeanne d'Arc.

« VA AU SECOURS DU ROI DE FRANCE, TU LUI RENDRAS SON ROYAUME »
D'après le tableau d'EUGÈNE THIRION.

Baudricourt fit à la jeune fille un accueil peu encourageant.

La Pucelle lui dit, sans autre préambule, qu'elle « venait de la part de son Seigneur, afin qu'il mandât au Dauphin de se bien tenir et de ne point assigner bataille aux ennemis, parce qu'il aurait secours avant le milieu du carême ». — « Le royaume, disait-elle, n'appartient pas au Dauphin, mais à mon Seigneur; mais mon Seigneur veut que le Dauphin devienne roi et qu'il ait ce royaume en commande. En dépit de ses ennemis, il sera roi, et moi-même le conduirai au sacre. Il faut que j'aille en France, et j'irai. Qu'on me donne une escorte et un cheval. Avant la mi-carême, il faut que je sois par devers le roi. »

Ces propos n'étaient pas pour étonner médiocrement Baudricourt. Ces mots de « mon Seigneur » lui parurent étranges, et il demanda à Jeanne : « Et quel est donc ton Seigneur? » — « Le roi du ciel », répondit Jeanne.

Le capitaine la jugea folle et, sans aller plus loin, appela Durand Laxart et lui dit de la « reconduire à son père après lui avoir donné deux soufflets ».

On a fort maltraité la mémoire de Baudricourt pour le peu de confiance qu'il montra d'abord à Jeanne d'Arc et pour la créance qu'il refusa à ses dires.

C'est juger bien à la légère que de juger ainsi. Il faudrait en effet mieux entendre les conditions dans lesquelles le capitaine de Vaucouleurs reçut les ouvertures de Jeanne.

Qu'on s'imagine une jeune fille de dix-sept ans, presque une enfant, arrivant de son village à l'insu de ses parents, n'ayant pour guide et pour garant qu'un simple paysan. Qu'on l'écoute ensuite parlant au gouverneur de son dessein d'aller faire sacrer le Dauphin, après avoir délivré Orléans, quand les plus fameux capitaines du temps n'y pouvaient réussir. Qu'on la suppose enfin se donnant comme une envoyée de Dieu, et l'on comprendra que Baudricourt ait tout d'abord vu en elle une folle plutôt qu'une inspirée.

De telles pensées n'entreraient qu'avec peine en l'esprit de tout homme sage; elles ne pouvaient surtout agréer à un soldat doublé d'un politique avisé, peu fait pour admettre en son conseil de défense les interventions surnaturelles et les considérations mystiques.

A nous qui, après cinq siècles écoulés, savons ce qu'il en fut de Jeanne et de sa mission, il est facile d'accorder à celle-ci toute créance. Mais en ce temps-là c'était autre chose. On n'a pas le droit de blâmer Baudricourt plus que les docteurs de Poitiers qui pendant trois semaines tinrent Jeanne d'Arc dans l'attente, ni plus que le Dauphin et sa cour qui commencèrent par douter de sa mission.

Les propos de Jeanne d'Arc eussent-ils été tout autres, eussent-ils été inspirés par une connaissance approfondie des choses de la guerre, que Baudricourt eût dû encore prendre temps et conseil avant d'y adhérer. Vaucouleurs était, à l'est, la clef de la France. Quand on ouvre et quand on ferme à discrétion la « Porte de France », il ne le faut faire qu'à bon escient et après avoir exigé papiers en règle de ceux qui veulent en franchir le seuil.

C'est ce que fit Baudricourt, et il faut l'en louer. Il a fait ce qu'il devait faire, il a été ce qu'il devait être : le fidèle et prudent gardien des intérêts de la France.

Il est facile de jeter sur lui le blâme; il serait moins aisé pour ses accusateurs de justifier les reproches dont ils l'accablent.

Quel accueil eût-il rencontré à la cour si, sur les premières ouvertures de Jeanne, il l'avait envoyée au Dauphin avec lettres de garantie?

Qu'eussent pensé de lui les La Hire et les Dunois en le voyant, sans examen plus prolongé, nommer comme chef de guerre aux armées françaises et comme futur libérateur du territoire une enfant de cet âge, hier encore paysanne, faisant le ménage chez son père et filant la quenouille en gardant des troupeaux?

Le blâme ici ne doit pas aller à Baudricourt pour avoir agi comme il l'a

CHATEAU DE VAUCOULEURS (ÉTAT ACTUEL)
La Porte de Ville et la Porte de France (d'après une photographie).

fait, mais à ceux qui lui font un crime de sa prudence et de ses sages lenteurs.

On insiste et on lui fait reproche d'avoir conseillé à Durand Laxart de souffleter Jeanne.

Il est clair qu'en notre temps, où Jeanne d'Arc est l'objet d'un tel culte, on s'indigne volontiers à la seule pensée du moindre outrage fait à sa personne. Mais Baudricourt vivait en son temps et non dans le nôtre. Il serait plus sage de comprendre que Jeanne d'Arc ne pouvait avant sa mission être pour lui ce qu'elle est pour nous.

Il serait juste aussi de se reporter aux mœurs de ce même temps. Elles avaient, en toutes choses, une rudesse dont nous n'avons plus l'idée aujourd'hui, et de même qu'à cette époque brûler vif quelqu'un n'avait pas aux yeux des foules l'odieux qu'un tel supplice aurait maintenant, de même, dans l'exécution des enfants, on usait de moyens que nos mœurs actuelles réprouvent, et avec raison, mais qui, il y a à peu près un demi-siècle, étaient loin d'être tombés en désuétude.

LA PUCELLE
D'après une miniature d'un manuscrit latin du XVIe siècle.

La pauvre Jeanne eût de beaucoup préféré nombre de soufflets, même vigoureux, aux « torts et ignorances » que les courtisans lui imposèrent dès le premier jour sans relâche, que tant d'autres avec eux ne lui ménagèrent pas, et qui jusqu'à la mort l'entravèrent à tout instant.

Il convient enfin de disculper Baudricourt d'une accusation plus grossière à la fois et plus odieuse, d'après laquelle il aurait insulté à la pudeur de Jeanne et lui aurait, devant ses soldats, tenu des propos révoltants.

Jeanne le vit à Rouen, et ceux qui aujourd'hui croient faire œuvre oratoire en même temps que patriotique en étayant sur ces hideux racontars l'épithète d'infâme qu'ils jettent gratuitement à Baudricourt, devraient se souvenir en quelle compagnie ils se placent en parlant de cette manière. Les lauriers des juges de Rouen ne sont vraiment pas de ceux qui devraient les empêcher de dormir, et leur ardeur peut s'animer comme il convient pour l'honneur de la Pucelle et la grandeur de la France, sans emprunter à une émulation de ce caractère des sentiments qui ne sauraient être efficaces en leurs fruits quand ils naissent d'une telle source.

Aussi bien, qui veut-on insulter ici? Un moraliste a dit fort judicieusement cette grave parole : « On ne fait généralement entendre à une femme que les propos qu'elle a fait comprendre qu'elle écouterait volontiers ». — Veut-on faire à Jeanne d'Arc application de cette règle? Non, sans doute.

LE SONGE
D'après une lithographie de CHASSELAT (1820).

Comment dès lors ne comprend-on pas qu'en voulant rabaisser Baudricourt par le propos qu'on met sur ses lèvres, on rabaisse du même coup et dans la même mesure Jeanne qui y aurait sans protestation prêté l'oreille?

Il faut laisser à d'autres causes des plaidoyers de cette nature, et si l'on a le faible des lieux communs, en chercher de moins blessants pour la mémoire de Jeanne et mieux faits pour honorer ceux qui veulent en ceci se faire ses avocats.

Cet échec ne découragea pas Jeanne d'Arc, et sa résolution n'en fut pas ébranlée. Elle dut toutefois rentrer sans retard à Domremy.

Le temps qui s'écoula entre ce premier voyage à Vaucouleurs et le second qu'elle y fit en février l'année suivante dut être fécond en épreuves pour elle.

Il est clair qu'à cette époque la distance de quatre lieues qui sépare Domremy de Vaucouleurs était réputée beaucoup plus considérable qu'elle ne l'est aujourd'hui. Il semble difficile toutefois que la famille de Jeanne n'ait pas eu quelque bruit du voyage de la Pucelle et de sa démarche près de Baudricourt.

S'il en fut ainsi, l'irritation de son père dut s'accroître encore, les craintes de sa mère grandir aussi, et plus que jamais l'un et l'autre, selon la forte expression de Jeanne, durent « en perdre le sens ».

Plus d'une scène pénible, violente peut-être, eut lieu au foyer, et ces vieux murs de la maison de Jeanne furent témoins de ses larmes. Son âme était forte des dons que Dieu lui avait faits et des grâces qu'il lui accordait chaque jour.

Les voix de ses saintes et celle de saint Michel la venaient consoler. Mais la lutte n'en était pas moins formidable pour le cœur de cette enfant seule contre tous et rencontrant les forces les plus redoutables qui fussent pour elle au monde, puisque pour elle elles étaient les plus sacrées, à savoir : les ordres de son père et les larmes de sa mère.

« Et pourtant, disait-elle plus tard à ses juges de Rouen, puisque Dieu le commandait, il fallait le faire. Puisque Dieu le commandait, même si j'eusse eu cent pères et cent mères, et que j'eusse été fille de roi, encore serais-je partie. »

Jeanne touche ici à l'une des lois les plus graves parmi celles qui régissent l'humanité : elle le fait avec une sagesse que la foi éclaire et qui étonne en un âge si tendre.

L'autorité paternelle est sacrée. Comme elle est le fondement de la famille, ainsi est-elle aussi l'un des fondements de la société même, laquelle se compose des familles.

Il importe donc grandement de la fortifier, afin de la maintenir. Il n'est nulle religion, comme il n'est nulle philosophie dignes de leur nom, qui ne s'y soient appliquées. Mais s'il faut soutenir et par conséquent mettre en honneur l'autorité paternelle, il n'est pas moins nécessaire d'éclairer sur leurs devoirs ceux qui l'exercent.

L'enfant, l'adolescent et le jeune homme même ont rarement assez de sagesse pour considérer l'avenir comme il convient et établir leur vie selon leur intérêt propre et celui de la société à laquelle ils sont redevables de leurs efforts.

C'est alors que le père et la mère doivent intervenir, l'un avec sa force noble et sa sagesse, l'autre avec sa tendresse et son dévouement. L'enfant doit s'incliner devant la volonté paternelle et maternelle, il doit avec

D'après le tableau de L. F. Bonnouvrille (Musée de Reims)

... bruit du voyage de la Pucelle et de sa démarche près de

... ainsi l'irritation de son père dut s'accroître encore, les craintes ... grandir aussi et plus que jamais l'un et l'autre, selon la forte ... comment « en perdre le sens ».

... scène probable, violente peut-être, eut lieu au foyer, et ces ... la maison de Jeanne furent témoins de ses larmes. Son âme ... dons que Dieu lui avait faits et des grâces qu'Il lui accordait

... de ses saintes et celle de saint Michel la venaient consoler. ... n'en était pas moins formidable pour le cœur de cette enfant ... et rencontrant les forces les plus redoutables qui fussent ... monde, puisque pour elle elles étaient les plus sacrées, à savoir : ... son père et les larmes de sa mère.

... disait-elle plus tard à ses juges de Rouen, puisque Dieu le ... il fallait le faire. Puisque Dieu le commandait, même si j'eusse ... et cent mères, et que j'eusse été fille de roi, encore serais-je

... touche ici à l'une des lois les plus graves parmi celles qui régissent

Hachette & Cie Jeanne d'Arc

Jeanne entend ses Voix

D'après le tableau de L. F. Benouville (Musée de Reims)

Imp. Wittmann, Paris

respect, amour et soumission suivre la ligne qu'ils indiquent, et c'est cet ensemble de devoirs que le Décalogue et la religion ont résumé dans ce mot si profond : « Tes père et mère honoreras ».

Si ce devoir est grave pour l'enfant, combien pour les parents n'est pas pressant aussi et sacré celui de l'abnégation, de la sagesse et de la calme autorité sans lesquelles le ministère paternel ne saurait être accompli!

Il semble étrange de parler d'abnégation à un père, à une mère, car nous estimons que leur cœur en est rempli et que nul amour n'est plus oublieux de lui-même que l'amour des parents pour leurs fils.

On ne doit toucher à ces choses qu'avec vénération, tant est grave la moindre erreur en telles matières.

C'est donc avec une infinie douceur et une mesure parfaite qu'il faut rappeler aux parents que le cœur peut se tromper en ses tendresses, se faire à lui-même illusion, et qu'un père, une mère, peuvent se rechercher eux-mêmes alors qu'ils croient ne songer qu'à leurs enfants.

LES VOIX
D'après un bas-relief de FOYATIER. (*Musée d'Orléans.*)

« L'amour-propre se fourre partout », écrivait familièrement Bossuet à l'une de ses filles spirituelles. Il n'est que trop vrai, et l'amour maternel lui-même n'est pas à l'abri de cette atteinte.

Ainsi se fait-il que des parents, quand il s'agit de diriger l'enfant vers l'avenir et de l'y préparer par le choix d'une carrière ou d'un parti, courent risque plus qu'ils ne le pensent de mettre leurs caprices à la place d'une volonté éclairée, et de chercher leur bien-être et leur plaisir au lieu du bien véritable de l'enfant. C'est par ce mal et parce qu'ils auront suivi cette pente trop naturelle du cœur de l'homme, que dans un sentiment de gloire ils dirigeront un fils vers telle carrière pour laquelle il n'a nulle aptitude, au lieu de lui faire embrasser celle qui lui eût convenu.

Grave responsabilité qu'un grand nombre d'hommes oublient, pressant devoir qu'ils négligent. C'est cet oubli cependant et cette négligence qui font le malheur de tant de jeunes hommes et qui concourent au mal des sociétés elles-mêmes en compromettant la paix et le bien-être des familles.

JEANNE ÉCOUTANT SES VOIX
D'après la statue de G. Clère.
(*Musée de Châteaudun.*)

Pourquoi tant de parents récusent-ils à l'horizon étroit ou au moins modeste de leur présente famille, l'avenir qu'ils ne connaissent pas et qui peut-être sera si différent de ce qu'ils prévoient?

Il est clair que Jacques d'Arc eut lieu de s'étonner des desseins qu'on prêtait à sa fille et dont celle-ci venait de tenter auprès de Baudricourt une première exécution. C'était de plus un devoir pour lui que d'en contrôler attentivement le bien-fondé.

Mais il y avait en Jeanne des signes devant lesquels l'esprit d'un père devait se sentir en suspens. La gravité précoce de cette enfant, la ferveur de sa piété, la régularité admirable de sa vie, sa bonté, sa soumission en toutes choses, fors en ce point[1], devaient lui offrir des garanties et le convier à ne combattre point de parti pris l'entreprise à laquelle elle songeait.

La France était à la veille d'une perte totale et, en bon Français, il devait être frappé de l'assurance ingénue, mais aussi invincible, avec laquelle l'enfant déclarait devoir la sauver.

Sans doute il en coûtait au cœur de cet homme, comme à celui de sa femme Isabelle, de voir courir à de tels périls leur enfant; mais c'en sera fait chez nous du patriotisme le jour où les pères et les mères ne mettront pas l'amour de la France au-dessus de la tendresse paternelle.

Quant à Jeanne, elle ne renonça pas un instant au dessein qu'elle avait arrêté, et sans relâche elle reprenait son propos :

« Il faut que j'aille, et j'irai. J'irai, dussé-je m'user les jambes jusqu'aux genoux.

1. « J'ai bien obéi à mon père et à ma mère pour toutes autres choses, hors pour ce départ », disait Jeanne.

LA JEUNE PASTOURE
D'après le tableau de H. BERTEAUX.

L'une de ses plus pénibles angoisses dut porter sur la question de savoir si elle continuerait de garder le silence ou si elle s'ouvrirait de ses propres pensées à ceux qui l'entouraient.

Cette indécision dut lui être d'autant plus cruelle, que ses voix, disait-elle plus tard, l'avaient laissée libre de le faire ou non.

« Vos voix ne vous donnèrent-elles pas d'ordre concernant l'annonce de votre départ à votre père et à votre mère?

— Mes voix s'en rapportaient à moi de le dire ou de m'en taire. »

Si dans sa famille Jeanne avait à subir cette rude épreuve, elle ne devait pas la porter moins douloureusement au dehors.

De quelque mystère qu'elle eût entouré sa démarche près de Baudricourt et quelques efforts qu'eussent faits ses parents pour tenir secret ce que peut-être, hélas! ils considéraient comme une équipée peu honorable et une aventure plutôt faite pour compromettre leur fille, au jugement de l'opinion publique, que pour l'honorer, le bruit dut s'en répandre peu à peu parmi les gens de Domremy.

Jeanne était sans doute aimée de ses compatriotes, et les témoignages que lui rendirent plus tard ceux d'entre eux qui vinrent déposer au procès de réhabilitation le prouvent abondamment. Mais au cours des siècles les hommes changent moins qu'on ne le pense. La malveillance et les mesquines passions dont elle naît ont dans l'humanité un cours ferme et régulier qui ne s'arrête guère.

On avait plus d'une fois, à Domremy, raillé Jeanne pour sa piété. Ce n'était pas que cette piété pût nuire à quelqu'un, mais elle donnait à Jeanne sur ses compagnes une supériorité morale qui la plaçait au-dessus de ses pairs. C'est là un de ces crimes que l'on ne pardonne guère.

Voici qu'aujourd'hui Jeanne rêve d'une mission étrange : sauver la France et faire couronner le Dauphin. C'est au nom de Dieu « son Seigneur » qu'elle prétend accomplir ces grandes choses. Avouons que son ambition n'est pas médiocre.

Jeannette à la cour, Jeannette avec une escorte, Jeannette chef de guerre, et, en attendant tout ceci, Jeannette demandant au gouverneur de Vaucouleurs en personne, et l'obtenant, une audience pour lui exposer tout au long ses graves desseins, en vérité cela ne s'était pas vu et sans doute ne se reverrait plus.

Il est vrai que son introducteur avait été seulement ce brave Laxart, que l'on connaissait bien et dont personne dans le pays n'avait jusqu'alors songé à faire un héraut d'armes.

Il ne l'est pas moins que Baudricourt, vraiment peu docile aux beaux discours de la « la fillette », comme on disait, l'avait bel et bien renvoyée à son père avec menace de correction, ce qui n'était pas un succès très encourageant.

Il était non moins vrai enfin que de toute cette belle entreprise Jeannette était revenue à Domremy assez semblable à ce qu'elle était la veille et obligée de reprendre le ménage chez sa mère, d'aller, « à son tour » comme jadis, garder les troupeaux. La quenouille devait longtemps encore suppléer à l'épée entre ses mains vaillantes. Mais enfin Jeannette n'en était pas moins une illustre personne, honorée de l'entretien des archanges et des saintes, à ce qu'on assurait, et entendant des « voix » que le vulgaire n'entendait pas.

Croyez qu'il se trouva bien parmi les gens de Domremy quelqu'un pour tenir ces propos railleurs. Qu'on n'en soit pas surpris et qu'on s'étonne moins encore de la supposition que nous en faisons.

Nous jugeons mal les vies illustres et, par un penchant trop naturel, nous les plaçons absolument en dehors de la condition des existences ordinaires, et ainsi nous les connaissons mal.

En voyant quel accueil Jeanne d'Arc reçut des grands qui formaient la cour du Dauphin, quelles envies et rivalités mesquines elle y éveilla, nous ne pouvons qu'avec trop de vraisemblance supposer que parmi ses compatriotes elle rencontra quelque opposition sensible, du jour où elle se distingua des autres et sortit de leurs rangs par les événements dont sa vie commençait d'être le théâtre.

LES VAINQUEURS DES ANGLAIS :
JEANNE D'ARC, DUGUAY-TROUIN ET TOURVILLE
D'après une gravure de BERTHET
(XVIIIe siècle).

Lorsqu'on raillait Jeanne pour sa dévotion, « elle avait honte », disaient ses compagnes. Mot plein de naïf mystère et bien frappant. Jeanne ne savait que dire pour justifier sa piété; elle tenait à garder cachées ces choses qui se passaient pour elle, ces visions qu'elle avait, ces voix qui lui parlaient. De tout cela le récit eût vite justifié sa piété, sa « dévotion », sa particulière assiduité à l'église; mais de choses si grandes, si sacrées, on se tait. Le cœur qui les ressent a le culte du silence, il les cache, comme les grandes douleurs cachent leurs larmes, comme le cœur cache quelque grande passion qui l'anime, comme le génie parfois tait au monde les grandes pensées dont il se nourrit, les secrets qu'il a arrachés à l'inconnu.

Jeanne se taisait donc.

Vie étrangement grande que celle-là, qui dès son aurore jette déjà de si profondes clartés. Épopée singulière, qui, même dès les premiers pas, oblige à tout instant le témoin à s'arrêter, à méditer, pensif et presque inquiet, tant, en ce qu'il voit, toutes choses lui semblent grandes et fécondes en nouveauté.

Qu'on ne nous fasse donc point un grief de ces réflexions auxquelles nous convions le lecteur. Le sujet les impose. La vie si brève de Jeanne d'Arc tient en vingt pages un peu complètes, mais la philosophie qui s'en dégage demanderait un long ouvrage.

Il n'est rien du reste de plus instructif et de plus fécond. Les dehors de la mission de Jeanne d'Arc imposent l'admiration. Mais l'estime qu'on nous inspire vaut souvent mieux pour nous que l'admiration même. En tous les cas, celle-ci n'est féconde et salutaire qu'autant qu'elle naît de l'estime et s'unit à elle.

En honorant Jeanne d'Arc, nous voulons le bien de ceux qui, comme elle, ont le grand honneur d'être Français. Sa gloire doit nous rendre meilleurs et nous convier à l'imiter.

Aussi bien, qu'ont fait cette suite glorieuse d'artistes dont les œuvres font l'ornement de cet ouvrage, sinon de se recueillir devant les traits aimés de Jeanne, les considérant attentivement et longuement, pour évoquer à nos yeux l'âme même de l'héroïne?

Ils compléteront notre œuvre. Nous aurons secondé la leur. La peinture s'ajoute au style écrit, comme la musique à la parole, et la pensée y gagne en force comme en charme.

Pendant les mois qui s'écoulèrent entre le retour de Jeanne d'Arc à Domremy et le second voyage qu'elle fit à Vaucouleurs, sa dévotion, toujours grande, dut s'accroître encore. Ses saintes ne l'abandonnaient pas, mais elle de son côté se montrait d'autant plus assidue à les consulter que son anxiété devenait plus profonde et ses épreuves plus pénibles.

JEANNE D'ARC
D'après la statue en marbre de F. Rude.
(*Musée du Louvre.*)

La piété, du reste, est un des caractères qui dominent en Jeanne d'Arc. C'est un trait qui ne doit pas échapper à l'étude attentive et loyale que nous faisons de sa vie.

Quelques-uns se demanderont peut-être si dans une Vie de Jeanne d'Arc s'adressant, comme celle-ci, à tout le monde, il convient de traiter un objet aussi spécial que celui de la piété. Un temps comme le nôtre y peut-il accorder quelque attention? Si tous les Français reconnaissent que la foi de Jeanne fut vive autant que son patriotisme et qu'elle a été, selon le témoignage

CRYPTE DU CHATEAU DE VAUCOULEURS
D'après une photographie.

qu'elle s'en rendait à elle-même en face de ses juges, « une bonne chrétienne », est-il opportun de pousser plus loin la démonstration et de faire valoir en elle une dévotion dont notre société moderne n'a peut-être qu'une médiocre intelligence?

Je le crois sincèrement.

Nous devons, en effet, considérer Jeanne d'Arc telle qu'elle fut. Il n'est par suite permis à personne de rien retrancher en elle de ce qui est de son essence même. La foi et le patriotisme sont ainsi en Jeanne et nulle main ne peut sans profanation toucher à l'une de ces deux choses.

Nous verrons plus loin quel fut son amour de la France et le bel exemple qu'elle donne en cette matière aux hommes de nos jours. L'exemple de piété qu'elle nous offre n'est pas moins instructif. Les esprits attentifs et sages, avec les âmes droites et sans parti pris, ne refuseront pas de nous suivre en cette voie.

Jeanne ne fut pas seulement chrétienne dans le sens ordinaire du mot, elle fut une chrétienne fervente et montra toujours une extrême fidélité aux pratiques de piété.

Au cours des témoignages à elle rendus au procès de réhabilitation par les habitants de Domremy qui l'avaient connue, nous les avons vus presque tous attester sa piété. Cette piété même, reconnaissent-ils, était si vive, qu'on l'en raillait parfois et que de ces critiques « elle était confuse ».

Elle était scrupuleusement fidèle à ses prières. Elle encourageait le sacristain du village à sonner régulièrement l'*Angelus* et pour l'exciter lui disait : « Si tu le sonnes bien, je te donnerai des lunes[1] ».

Elle assistait fréquemment à la messe, avait pour la sainte Vierge une particulière dévotion, se plaisait à orner de fleurs ses autels et à y brûler des cierges.

Jean Morel, son parrain, rendait ce témoignage : « J'ai été témoin que Jeannette allait volontiers et souvent à la chapelle de l'Hermitage de la bienheureuse Marie de Bermont, près de Domremy. Tandis que ses parents la croyaient dans les champs, elle était là. Quand elle entendait sonner la messe et qu'elle était aux champs, elle revenait au village et gagnait l'église pour entendre la messe; je puis l'attester pour l'avoir vu ».

« Souvent, quand nous étions à jouer, dit Jean Watterin, l'un de ses camarades d'enfance, Jeannette se retirait à part et parlait à Dieu. »

« Elle se montrait bonne catholique, reprend le tabellion Bailly, fréquentait assidûment les églises, aimait à aller en pèlerinage à la chapelle de Bermont et se confessait presque chaque mois. »

A Vaucouleurs, on ne la vit pas moins fervente. Chaque jour elle descendait à la chapelle souterraine où l'on vénérait la statue de Notre-Dame des Voûtes. Un Lorrain, qui était alors enfant de chœur de la chapelle de Vaucouleurs, disait qu'il l'y voyait souvent. « Elle y entendait, dit-il, les messes du matin et y demeurait longtemps en prières; ou bien elle descendait dans la chapelle souterraine et s'agenouillait devant l'image de la sainte Vierge, le visage humblement prosterné ou levé vers le ciel. »

Il y avait près de Vaucouleurs, non loin de Burey, où habitait Durand Laxart, une chapelle dite de Sainte-Libaire et que l'on peut voir encore, pittoresquement bâtie au penchant d'une colline. La tradition assure que Jeanne y allait souvent prier.

1. Sorte de petits pâtés connus dans ce pays.

Pendant le voyage de Vaucouleurs à Chinon, sa piété ne se démentit pas un instant. L'un de ses compagnons, Jean de Metz, son guide, dit au procès de réhabilitation : « J'étais enflammé par ses paroles et par l'amour divin qui était en elle. En route, Jeanne aurait été contente d'entendre toujours la messe. « Si nous pouvions entendre la messe, nous ferions bien », disait-elle.... Elle faisait dévotement le signe de la croix, elle se confessait souvent et elle était zélée à faire l'aumône. »

Telle était sa piété. On dira, non sans vérité, qu'en cela Jeanne se montrait fidèle aux mœurs du temps, aux traditions de sa famille et aux habitudes de son enfance. Il est vrai; mais il ne l'est pas moins qu'une fois entrée dans sa vie publique, non seulement elle montra pour son compte personnel la même piété, mais la répandit autour d'elle et, pourrait-on dire, l'imposa à son entourage. Il fut visible alors qu'elle faisait des exercices pieux l'élément particulièrement important du renouvellement de l'armée.

JEANNE A NOTRE-DAME DE BERMONT
D'après la statue de LOISEAU-BAILLY.

Ici, qu'on ne parle plus d'habitudes d'enfance et de préjugé respectable puisé dans l'éducation. Sur tout autre point Jeanne modifie ses allures dans la mesure nécessaire. Elle a changé son costume, elle monte à cheval, elle qui n'avait point chevauché jusqu'alors, ses manières se transforment en quelques jours, et un jeune seigneur, Guy de Laval, écrivait à sa mère que telle était sa grâce, qu'on l'aurait crue élevée à la cour. Hier encore timide et silencieuse à Domremy, aujourd'hui, pour le bien de son fait, elle parle aux seigneurs, au Dauphin lui-même, avec assurance et, au besoin, avec audace.

Quant aux exercices de sa piété, elle ne les change en rien et, nous l'avons dit, les impose autour d'elle.

Voulant ranimer dans le cœur des soldats la religion, soutien des grands courages et de l'héroïsme, elle appela les prêtres, leur ordonna de se tenir à la disposition de la foule, réunit sous leur conduite les soldats dans les églises, fit faire des prières, exécuter des chants, multiplier les offices et les cérémonies.

LA LIBÉRATRICE DE LA FRANCE
D'après une esquisse d'AUGUSTE PRÉAULT.
(*Musée Jeanne d'Arc*, à Orléans.)

Chose digne de remarque et de réflexion, sous cette conduite les troupes se transformèrent. La Hire ne blasphémait plus et, dans le camp, la vertu prit la place de la licence.

L'ennemi s'étonna devant cet appareil, l'image du Dieu crucifié l'inquiéta plus que les soldats rangés en bataille, et Jeanne vainquit.

Il y a là, nous n'hésitons pas à le répéter, un objet digne de l'étude des sages esprits et des hommes qui ont la noble inquiétude de la vérité.

Nous avons voulu, loyalement, les convier à l'étudier avec nous, persuadé qu'il leur importe de se faire une conviction ferme à cet endroit.

En dépit de quelques apparences et malgré la violence de quelques-unes de nos luttes sociales, il ne serait pas juste d'accuser les jours présents d'irréligion proprement dite. Il semble même qu'ils sont marqués d'un retour universel vers les choses religieuses et spirituelles.

Qu'on étudie le mouvement général des idées en France dans l'ordre des diverses manifestations de l'esprit national, on verra sans peine que, dans les arts et la littérature, l'idée religieuse tend à être remise en honneur. Il n'est plus bien porté de se poser en impie.

Les grands auteurs chrétiens reçoivent dans les chaires de notre enseignement public un hommage que le passé leur a refusé longtemps.

Les arts de la peinture, de la sculpture et la musique doivent à ce sentiment religieux souvent les plus renommées de leurs œuvres, et la scène, si longtemps profane, ne se refuse pas, çà et là, à brûler en l'honneur de nos mystères l'encens pur et vivifiant de quelque drame où l'ingénuité de la pastorale le dispute à la piété du sentiment.

Je ne suis pas même si ce retour n'est point parfois entaché de quelque excès et si plusieurs ne poussent pas jusqu'à un mysticisme plus rêveur que concluant et plus illuminé qu'éclairé ce mouvement vers les choses de la foi.

Que convient-il d'en conclure? Faut-il voir en cet état de choses la marque d'un triomphe prochain de nos croyances et de notre culte sur l'incrédulité passée? Nous ne le croyons pas, et, tout considéré, notre temps est plutôt marqué de religiosité que de religion véritable et efficace. Or religiosité et religion ne sont pas même chose.

Il y a peut-être là un sujet fait pour inspirer quelques craintes plus qu'il n'est propre à justifier nos espérances. Nous ne sommes que trop exposés, en effet, au péril de voir l'ensemble des esprits s'arrêter en chemin dans ce retour à des pensées plus sages. Par cela même qu'ils professent pour la religion en général un respect plus visible, ils courent risque de se rassurer à leur propre endroit et de se croire arrivés au but du voyage quand ils ne font que le commencer.

JEANNE A DOMREMY

D'après un dessin d'ALPHONSE DE NEUVILLE.

(Extrait de l'*Histoire de France*, par GUIZOT. *Hachette et Cie, éditeurs.*)

Les philosophes de nos jours ne sont pas faits, malheureusement, pour nous rassurer à ce sujet, et la plus considérable parmi leurs diverses écoles ne nous parle que trop d'un Dieu indifférent à l'homme, vivant en lui-même, ne prenant de nous qu'un souci médiocre, le « Dieu de l'entendement pur », que l'homme ne doit point prier, qu'il ne saurait aimer et qui, par conséquent, n'a besoin d'aucune religion organisée, d'aucun culte, de nulles pratiques et de nul sacerdoce comme intermédiaire entre lui et nous.

Il est grave de faire entendre aux disciples une telle doctrine, non moins grave de l'enseigner au peuple par le spectacle de sa propre vie. L'homme, corps et âme à la fois, a besoin de signes extérieurs pour traduire ses sentiments, pour les recevoir aussi, et peut-être plus encore pour les entretenir. Tous les grands sentiments de l'âme des peuples ou des individus ont un emblème visible qui les représente, les montre à eux-mêmes et les anime. Le drapeau national excite et entretient le courage militaire comme le patriotisme civil; la majesté extérieure de la puissance est un soutien pour elle. L'autel est la source et le garant du sentiment religieux, le temple porte à la prière, et pour tout dire en un mot simple mais concluant, comme on nous recommande la sincérité, il paraît bien que ceux qui ne prient pas avec le prêtre ne prient pas sans lui.

Et pourtant il faut prier, et l'âme humaine perd toujours à se priver des pensées qui la portent vers Dieu, qui l'élèvent, la consolent, lui rappellent ses origines et ses destinées futures. Elle connaît mieux ses misères quand elle demande à Dieu d'y subvenir, et c'est déjà pour elle commencer de recevoir le secours d'En-Haut que de l'implorer. Or n'est-ce pas là la prière, cette « élévation de l'âme vers Dieu »?

Ces mêmes sentiments religieux ne se soutiennent en une société que par le ministère d'une hiérarchie sagement ordonnée et agissante. Rêver une société religieuse sans sacerdoce est un songe creux. On ne défend pas un pays sans armée permanente, la justice n'est pas rendue sans magistrature, l'ordre public maintenu sans force armée et sans police.

L'ennemi triomphera toujours de bandes armées réunies pour l'aventure, alors même que ceux qui les composeraient auraient le plus grand courage.

Quoique tout homme de bien ait le sentiment de la justice et puisse, après examen, rendre une sentence, une société livrée à ces seuls juges d'occasion se diviserait contre elle-même.

En dépit du sentiment de la conservation, si fort en nous, les coquins ont besoin, pour ne point nous nuire, de redouter autre chose que la police faite par un chacun.

Ce sont là de purs principes de bon sens, qu'il semble difficile de ne point accepter.

Le sens judicieux de Jeanne d'Arc entendait ainsi les choses, et de là le cas qu'elle fit toujours de la piété et de ses manifestations sincères, qu'il s'agit de son bien ou de celui de la France.

C'est vers le commencement de l'année 1429 que Jeanne partit une seconde fois pour Vaucouleurs. Les voix la pressaient étrangement, et les nouvelles qui parvenaient de France jusqu'à Domremy disaient combien les malheurs de notre pays s'aggravaient chaque jour.

Jeanne n'y tint plus et se rendit à Burey près de son parent Durand Laxart. Elle n'avertit personne de son départ, n'eut pas le courage d'embrasser son père et sa mère, salua en passant ses amies Mengette et Hauviette et dit adieu à quelques habitants, mais à la dérobée et sans faire confidence du but de son voyage ou de la durée qu'il pourrait avoir.

Elle ne devait plus revoir Domremy.

Elle traversa Greux, se retourna plus d'une fois pour jeter un dernier regard sur l'église de Domremy, le Bois Chenu et la rue qui menait chez son père. Bientôt elle passa près de Notre-Dame de Bermont et sans doute y entra pour y prier encore.

Elle arriva à Burey, et, sans délai, dit à Durand Laxart qu'il la fallait conduire à nouveau près de Baudricourt.

Durand se rendit avec elle chez le gouverneur.

L'accueil de celui-ci ne fut pas, en cette seconde entrevue, beaucoup plus chaleureux que lors de la première. Mais Jeanne était décidée à parvenir à bonne issue et à livrer au capitaine de Vaucouleurs un siège en règle.

Elle s'installa donc chez un brave homme, nommé Henri Le Royer, charron de son métier, lequel, avec sa femme, lui fit bon accueil et lui donna asile.

LA PUCELLE VENANT AU SECOURS DE LA FRANCE
D'après la gravure d'ABRAHAM BOSSE. (*Frontispice du poème de Chapelain : La Pucelle ou la France délivrée.*)

On voyait encore à Vaucouleurs il y a quelques années, dans l'état où elle était au temps de Jeanne d'Arc, la maison où logeait l'héroïne. Une restauration en a depuis modifié la façade. On ne saurait trop le déplorer, et il est lamentable qu'on n'ait pu empêcher un acte qui touche au vandalisme.

On peut toutefois, nous assure-t-on, voir encore à l'intérieur de cet immeuble la chambre où l'on présume que Jeanne d'Arc couchait.

En peu de temps on eut bruit dans la ville du dessein que nourrissait Jeanne d'Arc, et la foule s'en entretenait non sans passion.

Baudricourt, tout en se refusant encore à se rendre aux sollicitations de la jeune fille, s'inquiétait cependant de savoir le mot de cette énigme.

Persuadé qu'elle était possédée du démon, il pria le curé de Vaucouleurs de l'aller exorciser et se rendit avec lui chez le charron Le Royer. Le curé, revêtu de son étole, se mit en devoir de remplir son ministère, lui disant que, si le démon la possédait, il eût à se retirer, et que, s'il n'en était rien, elle s'approchât.

LA LIBÉRATRICE DE LA FRANCE

D'après le tableau de JEAN BENNER. (*Photographie Braun, Clément et Cie.*)

Jeanne s'approcha du prêtre et se mit à ses genoux. Elle le blâma toutefois plus tard de cette démarche.

Baudricourt ne l'accusa plus d'être possédée, mais ne lui accorda pas encore sa confiance; du moins ne lui en fit-il pas l'aveu.

Il est à croire cependant que, frappé de l'énergie avec laquelle Jeanne persistait à lui demander de la faire conduire près du Dauphin, non moins que de la force étrange de son discours, et, d'autre part, pressé par les événements qui se succédaient et mettaient en un péril toujours plus grand les destinées de la France, il avait envoyé vers le Prince pour savoir de lui s'il devait lui adresser la Pucelle.

Quelques auteurs ont même prétendu que Baudricourt, par un pacte tenu secret, avait pris l'engagement de livrer Vaucouleurs aux ennemis si les affaires de France n'étaient pas venues à meilleur état avant une époque fixée. La chose a été niée, mais le doute est au moins permis[1].

Dans une telle extrémité, tout secours est bon à recueillir, d'où qu'il vienne. Quoi qu'il en soit, il fut bientôt visible que ses dispositions premières se modifiaient et qu'il commençait d'écouter d'une oreille plus favorable ce que dans Vaucouleurs on disait de Jeanne et les espérances qu'elle faisait concevoir.

MAISON OU JEANNE LOGEAIT A VAUCOULEURS
D'après une photographie.

Quant à celle-ci, elle continuait, avec une énergie vraiment étonnante, à conduire son dessein vers bonne issue. Silencieuse à Domremy, cachant avec un soin jaloux ses espoirs comme ses craintes, elle parle à Vaucouleurs, et, loin de faire mystère de la mission qu'elle a reçue de Dieu, elle la dévoile à tous, en donne tous les détails, en entretient librement ses hôtes, leurs voisins et la foule.

Il est visible qu'à son avis la lutte suprême se livre, qu'elle ne doit négliger nul secours, mais fortifier sa résolution par l'assentiment du peuple, créer autour d'elle l'enthousiasme, l'inspirer par la confiance même qu'inspire l'assurance de ses propos, l'animer par sa propre émotion, porter haut les cœurs par l'éloquence ingénue et vive de ses discours. En présence

1. « Que s'était-il passé entre Antoine de Vergy et Robert de Baudricourt? Quelle était la teneur, quelles étaient les clauses de ce traité de capitulation auquel il est fait allusion formellement dans les articles de comptes dont nous venons de parler? L'arrangement intervenu entre le gouverneur général de Champagne et le capitaine de Vaucouleurs stipulait-il, comme la plupart des actes du même genre..., la reddition de la forteresse assiégée après un temps déterminé, sauf le cas d'une victoire décisive remportée dans l'intervalle par Charles VII? Il faut bien avouer que nous ne sommes pas en mesure de répondre à ces questions. Toutes les recherches que nous avons faites pour retrouver le texte de l'accord conclu entre Antoine de Vergy et Robert de Baudricourt sont restées infructueuses... Malgré ces obscurités, il n'en reste pas moins bien établi que Vaucouleurs capitula dans les derniers jours de juillet 1428, puisqu'on lit dans les articles de comptes portant cette date et relative aux paie-

des hésitations de Baudricourt, elle entend l'obliger, sous l'impulsion du sentiment populaire, à prendre une décision, et, — ce sera le fond de toute sa vie publique, — contre l'égoïsme ou la couardise des grands, se faire une force de l'amour que la foule lui accorde.

A ceux qui lui disent la prétendue folie de son dessein, la grandeur et le nombre des obstacles qui s'y opposent : « J'irai, dit-elle, j'irai, dussé-je m'user les jambes jusqu'aux genoux ».

Certes, elle a plus que personne conscience des difficultés de ce rude labeur, mais elle ne manque ni d'entrain, ni d'audace. Dieu du reste est avec elle, et « elle ira ».

Elle a, dans un de ces mots étranges et forts qui lui étaient familiers, rendu avec une extraordinaire énergie ce mélange de la crainte et de l'impatience qui la tenaient. Venue chez Durand Laxart sous le prétexte de donner ses soins à la femme de celui-ci, dont les couches approchaient, elle avait sans doute entendu cette paysanne exprimer ce sentiment, fait de joie et de tristesse, d'espérance impatiente et de crainte qui redoute, lequel étreint le cœur des femmes à la veille du jour où, selon la belle parole du Christ, elles vont donner « un homme au monde ».

Elle, sublime enfant et vierge chastement féconde, à la veille de donner à la France, en sa propre personne, une fille en mesure de la sauver de la ruine, s'écriait : « J'ai hâte, comme une femme qui attend la naissance d'un fils ».

Aussi bien n'essayons pas de décrire ce qui ne peut être décrit. Quelques-uns de ceux qui, en ces jours, l'ont vue à l'œuvre et de près, lui ont rendu témoignage. Laissons-les parler, ils le feront mieux que tout autre.

Les époux Le Royer, chez lesquels elle était descendue, furent cités comme témoins au procès de réhabilitation. Voici le témoignage d'Henri Le Royer[1] :

« Jeanne, dit-il, quand elle vint à Vaucouleurs, fut logée dans ma maison.

ments de divers messagers, qu'Antoine de Vergy « avait fait traité et accord avec les ennemis sur la reddition du chastel et ville de Vaucouleurs ». Si la capitulation n'aboutit pas à une reddition effective, peut-être faut-il attribuer ce résultat à quelque entremise de Philippe le Bon, qui s'était engagé à s'abstenir de tout acte d'hostilité contre la place de Vaucouleurs. » (Siméon Luce, *Jeanne d'Arc à Domremy*, p. CLXVIII.) — « En dépit d'une défiance personnelle qui persista même après la seconde entrevue, les succès remportés par les Anglais devant Orléans, l'hommage exigé par Bedfort pour le Barrois et peut-être aussi *une clause restée inconnue* de la capitulation conclue, vers la fin de juillet 1428, avec Antoine de Vergy, sont les trois points, diversement mais également menaçants, sous l'influence desquels Baudricourt prit la résolution de consulter son souverain sur la suite qu'il devait donner à la demande de la jeune paysanne de Domremy. » (Siméon Luce, *Jeanne d'Arc à Domremy*, p. CXVI.)

1. Ici encore nous empruntons notre texte à l'ouvrage de M. Joseph Fabre.

C'était, il me semble, une excellente fille. Je l'ai entendue dire ces paroles comme celles-ci : « Il faut que j'aille vers le « gentil Dauphin. C'est la volonté de mon Seigneur, le Roi « du Ciel, que j'aille à lui. C'est « de la part du Roi du Ciel que « je me suis ainsi présentée. « Dussé-je aller sur mes genoux, « j'irai ».

« Quand Jeanne vint à notre maison, elle portait une robe rouge. On lui donna un vêtement d'homme, des chausses, tout un équipement, et, montée sur un cheval, elle fut conduite au lieu où était le Dauphin.

« Au moment où elle s'apprêtait à partir, on lui disait : « Comment pourrez-vous faire « un tel voyage, quand il y a « de tous côtés des gens de « guerre ? » Elle répondait : « Je ne crains pas les gens de « guerre, car j'ai mon chemin « tout aplani; et s'il s'y trouve « des hommes d'armes, j'ai Dieu, « mon Seigneur, qui saura bien « me frayer la route pour aller « jusqu'à messire le Dauphin. « Je suis née pour ce faire ».

LE DÉPART DE VAUCOULEURS
D'après un carton de M. Lorin.

Henri Le Royer avait cinquante-six ans quand il rendait ce témoignage; il avait donc trente ans à l'époque où Jeanne était chez lui. Sa femme était plus jeune que lui de deux ans. Catherine Le Royer parla ainsi : « J'ai vu Jeanne pour la première fois, après son départ de la maison paternelle, quand elle fut amenée chez nous par Durand Laxart. Elle voulait aller au lieu où était le Dauphin.

CHAPELLE SAINTE-LIBAIRE, PRÈS DE VAUCOULEURS (ÉTAT ACTUEL)
(Jeanne y vint prier souvent pendant son séjour à Vaucouleurs.)
D'après une photographie.

« Je l'ai toujours trouvée simple, bonne et douce, fille de bonne nature et de bonne conduite. Elle allait volontiers à la messe et à confesse. Je puis le dire, car je l'ai menée à l'église et je l'ai vue se confesser à messire Jean Fournier, qui était alors curé de Vaucouleurs.

« Jeanne aimait à filer et filait bien. Je nous revois encore, filant ensemble, chez moi. Jeanne est restée dans notre maison environ trois semaines en plusieurs fois. »

Ainsi donc, au moment même où toute la ville de Vaucouleurs, émue de l'arrivée et du séjour de Jeanne, s'entretenait de ses desseins et déjà songeait à l'équiper pour qu'elle pût se rendre près du Dauphin, elle, toujours simple et modeste, « filait ». Ni le souci de son entreprise, ni l'impatience même de partir et l'incertitude du lendemain ne la troublaient : « elle filait, et elle *filait bien* ».

Entre temps elle laissait sa quenouille et allait prier; ou bien, accueillant simplement et ingénument les allants et venants, curieux de la voir et de l'entendre, elle leur disait être venue de la part du Roi du Ciel, et se préparait à aller en guerre en tournant gaiement le fuseau.

« Jeanne, continue Catherine Le Royer, est restée dans notre maison environ trois semaines en plusieurs fois. Elle fit parler au sire Robert de Baudricourt, capitaine de Vaucouleurs, pour qu'il la menât où était le Dauphin.

« Un jour, j'aperçus le capitaine Robert qui venait chez nous en compagnie de messire Jean Fournier, notre curé. Ils virent Jeanne à part. Ensuite j'interrogeai Jeanne, et elle me raconta ce qui s'était passé. Le curé avait apporté son étole, et, en présence du capitaine, il l'avait adjurée, disant : « Si tu es « chose mauvaise, éloigne-toi de nous; si tu es « chose bonne, approche ». — Pour lors, Jeanne se tourna vers le prêtre et resta à ses genoux. Toutefois elle disait que le curé n'avait pas bien fait, vu qu'il la connaissait, l'ayant ouïe en confession.

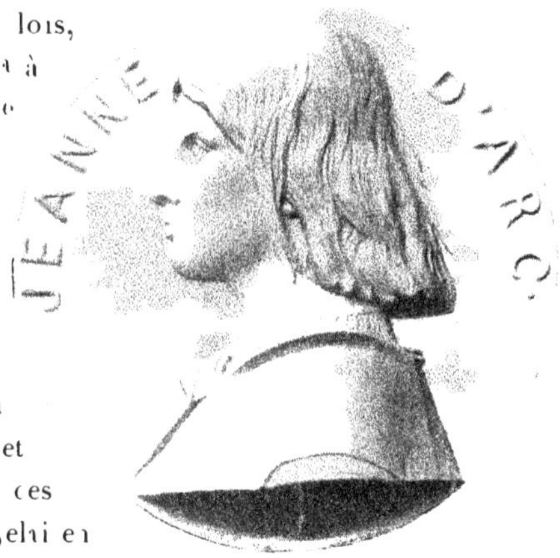

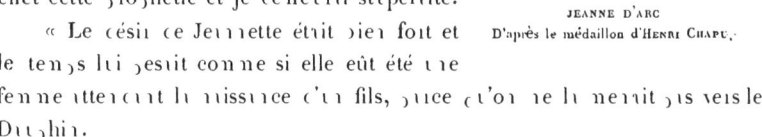

JEANNE D'ARC
D'après le médaillon d'Henri Chapu.

« Comme Robert n'était pas disposé à la conduire au Roi, Jeanne lui dit : « Bon gré, mal gré, il faut que « j'aille là où est le Dauphin. Ne savez-« vous pas qu'il a été prophétisé que la « France serait perdue par une femme et « qu'elle serait relevée par une Pucelle des « marches de Lorraine? » Je me rappelai en effet cette prophétie et je demeurai stupéfaite.

« Le désir de Jeannette était bien fort et le temps lui pesait comme si elle eût été une femme attendant la naissance d'un fils, parce qu'on ne la menait pas vers le Dauphin.

« Depuis lors, bien d'autres et moi nous eûmes foi en elle. Ainsi arriva-t-il qu'un certain Jacques Alain et Durand Laxart voulurent eux-mêmes la conduire. Ils la conduisirent jusqu'à Saint-Nicolas[1]. Mais ils revinrent à Vaucouleurs, Jeanne leur ayant dit, à ce que j'appris, qu'il n'était pas honnête à elle de partir en telles conditions.

« Alors les habitants du village lui firent une tunique, des chausses, des guêtres, un éperon, une épée et tout un équipement. Un cheval lui fut acheté par les gens de Vaucouleurs. Jean de Metz, Bertrand de Poulengy, Colet de Vienne, avec trois autres, la conduisirent au lieu où était le Dauphin. Je les vis monter à cheval pour s'en aller. »

Jean de Nouillempont, dit Jean de Metz, vint aussi déposer au procès de réhabilitation. Son témoignage est à citer, parce qu'il rappelle avec toute leur nette énergie quelques paroles de Jeanne.

1. Saint-Nicolas-du-Port, près de Nancy.

« Quand je vis Jeanne pour la première fois, dit-il, lors de son arrivée à Vaucouleurs, elle portait une robe pauvre et usée, de couleur rouge. Je lui dis : « Ma mie, que faites-vous ici? Faut-il que le Roi soit chassé du royaume et que « nous soyons Anglais? »

« La jeune fille me répondit : « Je suis venue ici, à chambre de Roi, parler « au sire de Baudricourt, afin qu'il veuille me conduire ou me faire conduire « au Roi. Mais il n'a nul souci de moi ni de mes paroles. Pourtant, avant « qu'arrive la mi-carême, il faut que je sois devers le Roi, dussé-je user mes « pieds jusqu'aux genoux; car nul au monde, ni rois, ni ducs, ni fille du roi « d'Écosse, ni autres ne peuvent recouvrer le royaume de France. Il n'y a de « secours que de moi, quoique j'aimerais mieux filer près de ma pauvre mère et « que ce n'est pas là mon état. Mais il faut que j'aille, et je ferai cela parce « que mon Seigneur veut que je le fasse ». Je lui demandai quel était son Seigneur. Elle me répondit : « C'est Dieu! »

« Alors je donnai à Jeanne ma foi en lui touchant la main et je lui promis que, Dieu aidant, je la conduirais vers le Roi. En même temps, je lui demandai quand elle voulait partir : « Plutôt maintenant que demain, plutôt demain « qu'après ». Je lui demandai encore si elle voulait faire chemin avec ses vêtements de femme. Elle me répondit : « Je prendrai volontiers habit « d'homme ». Pour lors je lui donnai les vêtements et la chaussure d'un de mes hommes. Ensuite les gens de Vaucouleurs lui firent faire un costume d'homme, des chausses, des guêtres, tout l'équipement nécessaire, et lui donnèrent un cheval qui coûta seize francs ou à peu près[1]. »

Nous avons cité ce témoignage en son intégrité, parce que, à travers le langage de ce brave soldat[2], on voit Jeanne apparaître avec sa résolution, son entrain et sa touchante impatience.

Son entreprise était donc en quelque progrès; l'espérance lui était permise. Baudricourt était encore indécis, mais du moins ne résistait-il plus ouvertement aux supplications de Jeanne. Autour d'elle le peuple était ému,

1. Joseph Fabre, *Procès de réhabilitation.*

2. Jean de Metz avait des sentiments chevaleresques, qui parfois cependant tournaient à une excessive vivacité. Le 1er septembre 1425, alors âgé d'environ vingt-quatre ans, il avait été condamné par le prévôt de Gondrecourt à payer une amende de cinq sous « pour avoir juré le vilain serment » et avoir jeté par terre une somme d'argent qu'on lui présentait. — Voici du reste le texte de la sentence, conservé aux Archives de la Meuse : « Jehan de Mets, pour ce qu'il a juré vilain serement en jugement et jetté à terre certain argent à lui présenté en manière de retraite, disant que point n'en recevrait, l'a amandé pour ce v sols. » — La vivacité de Jean de Metz était blâmable, et son « vilain serment » aussi; mais il est grand, ce soldat, jetant ainsi à terre « un certain argent » qui ne l'honorait point. Tant d'autres l'eussent mis en leur poche. Il était bien digne d'accompagner Jeanne d'Arc et de la servir, et, après ce trait, l'on ne s'étonne pas de la fidélité qu'il lui montra.

JEANNE D'ARC ET LE CAPITAINE DE BAUDRICOURT

D'après le tableau de GASTON MÉLINGUE offert au *Musée Jeanne d'Arc* par l'auteur.

et quelques jeunes gens gagnés par la vigueur de ses paroles lui promettaient de la conduire au Dauphin. Encore quelques efforts et sans doute elle pourrait partir.

Ce fut à cette époque que Jeanne d'Arc se rendit à Nancy près du duc de Lorraine. Celui-ci avait désiré la voir, poussé sans doute par quelque esprit de curiosité, un peu comme Hérode qui, au jour de la Passion, avait désiré de voir le Christ, espérant qu'il accomplirait devant lui quelque prodige.

LA VIERGE DES GAULES
D'après un bas-relief de SAGLIER.

Jeanne resta peu de temps près du duc. Elle essaya de l'intéresser à ses desseins, lui demanda de lui donner son fils, ou plutôt son gendre, René d'Anjou, duc de Bar, et des hommes d'armes; mais le duc ne se rendit pas à ce désir.

Un témoin a déclaré que, le duc l'ayant consultée sur sa maladie, elle déclara n'en rien connaître et l'exhorta à reprendre sa femme légitime.

Le tout se termina par le don d'un cheval, disent quelques-uns, ou du moins d'une somme de quatre francs, que Jeanne, avec son humilité ordinaire, ne refusa pas, — elle était sans ressources à cette époque, du reste, — et qu'elle montra ingénument à son cousin Laxart.

Avant de rentrer à Vaucouleurs, elle alla, à deux lieues de Nancy, faire ses dévotions dans l'église de Saint-Nicolas-du-Port, lieu de pèlerinage très fréquenté à cette époque.

Elle rentra enfin à Vaucouleurs.

Dans le voyage de Jeanne à Nancy, Jean de Metz l'accompagna jusqu'à Toul. Durand Laxart ne la quitta pas de tout le voyage.

JEANNE D'ARC
Statuette en bois peint du XVIe siècle.
(*Collection Arthès.*)

Je voudrais consacrer quelques pages à cet homme de bien, aussi brave que modeste.

En toutes les circonstances que nous venons de raconter et qui furent si graves en conséquences pour la mission de Jeanne et le salut de la France, Durand Laxart semble jaloux de rester dans l'ombre; mais l'observateur voit en lui un homme de bien, calme, prudent, fidèle autant que dévoué.

Il occupe modestement et vaillamment la place dont le père de Jeanne d'Arc n'eût dû laisser l'honneur à personne.

Il est près de notre pieuse héroïne un peu comme Joseph en la Sainte Famille, toujours dans l'ombre, mais toujours présent et dévoué, ne s'imposant jamais quand on ne l'appelle point, empressé de répondre quand on réclame son secours.

Il a protégé le berceau où la patrie devait renaître par le labeur sacré de notre vierge française, il l'a gardé, attentif et fidèle, dans la pauvre chaumière de Burey, le Bethléem de notre Jeanne; il y a préparé l'Épiphanie de Vaucouleurs.

Il fut l'ami de la première heure, et quand Jeanne eut quitté cette ville, tenons pour certain qu'il ne l'oublia pas et gémit plus d'une fois sans doute de ce que ses obligations de famille ne lui permissent pas de suivre sur les champs de bataille celle qu'il avait accompagnée en ce combat secret, mais si rude, qu'elle avait livré à Vaucouleurs contre les obstacles multiples qui l'arrêtaient.

A l'époque de ces événements, Durand Laxart avait trente-trois ans, seize ans de plus que sa jeune cousine. En 1456, âgé de soixante ans, il comparut au procès de réhabilitation de Jeanne comme témoin. Toujours modeste, il raconta ce qu'il savait, comme s'il eût fait en secondant Jeanne la chose la plus simple du monde :

« ... J'allai prendre Jeanne au logis de son père et l'emmenai chez moi. Elle me disait qu'elle voulait se rendre en France, vers le Dauphin, pour le faire couronner. « N'a-t-il pas été dit, ajoutait-elle, que la France serait « désolée par une femme et puis devait être rétablie par une pucelle? » Et elle me demanda d'aller dire au sire Robert de Baudricourt de la faire conduire là où était Monseigneur le Dauphin. Robert me dit à plusieurs reprises : « Ramenez-la au logis de son père et donnez-lui des soufflets ».

« Une fois qu'elle vit que Robert n'était pas disposé à la faire mener vers le Dauphin, Jeannette prit des habits à moi et me dit qu'elle voulait partir. Elle partit et je la conduisis jusqu'à Saint-Nicolas. De là, étant munie d'un sauf-conduit, elle fut menée auprès du seigneur Charles, duc de Lorraine. Le duc la vit, lui parla et lui donna quatre francs, qu'elle me montra.

« Jeannette étant revenue à Vaucouleurs, les habitants de Vaucouleurs lui achetèrent des vêtements d'homme, des chausses et tout un équipement de guerre. En même temps Alain de Vaucouleurs et moi, lui achetâmes un cheval coûtant douze francs, dont nous prîmes la dette à notre charge, mais que fit ensuite payer le sire de Baudricourt.

PORTE DE FRANCE A VAUCOULEURS
D'après une photographie.

« Cela fait, Jean de Metz, Bertrand de Poulengy, Colet de Vienne et Richard l'Archer, avec deux serviteurs de Jean et de Bertrand, conduisirent Jeannette au lieu où était le Dauphin.

« Je ne la revis qu'à Reims au sacre du Roi.

« Tout ce que je vous ai dit, je l'ai dit autrefois au Roi. Je ne sais rien autre[1]. »

Durand Laxart ne mentait pas en disant : « Je ne sais rien autre », mais il faisait oubli : il laissait dans l'ombre une foule de faits qui lui eussent été grandement honorables et que sa modestie, ignorant son propre mérite, taisait.

Il faut l'en louer pour la vertu qu'il montre, mais ce silence a pour nous quelque dommage. Quel prix nous attacherions à ces détails touchant le séjour de Jeanne à Burey, chez son parent! Combien précieux pour nous et instructif

1. Joseph Fabre, *Procès de réhabilitation*.

serait l'écho même affaibli des entretiens de ces deux âmes si bien faites pour se comprendre!

Scène digne d'être interprétée par l'un de nos peintres français. Au fond de l'alcôve de ce logis, pauvre sans doute, ou du moins bien modeste, la femme de Durand Laxart se remet de ses couches récentes, grâce aux bons soins de Jeannette. Près du lit, le berceau du nouveau-né repose; l'héroïne berce ses premiers sommeils. Les yeux de l'enfant sont clos, non pas encore ouverts aux choses de la vie; ceux de Jeanne à la fois calmes et inquiets, paisibles et rêveurs, sondent l'avenir, essayant de soulever le voile de cet inconnu qui gardait encore mystérieusement caché le sort qui l'attendait, et celui du « noble pays de France ».

Les voix le soulevèrent-ils quelquefois devant ses regards? Entrevit-elle Orléans, les chevauchées de Patay, les gloires de Reims? Et Paris, et Compiègne, et Rouen?...

L'enfant dormait, la jeune mère aussi, Durand Laxart rentrait des champs, et Jeanne, constante et résolue, reprenait avec lui l'entretien dernier qu'avait interrompu le labour ou l'arrivée de quelque voisine.

Jeannette « disait qu'elle *voulait* se rendre en France, voir le Dauphin, pour le faire couronner ». Durand s'étonnait d'un tel propos. Jeannette le répétait, et avec tant de force et une telle résolution, qu'à la fin Laxart se prenait à s'émouvoir à son tour, résistait moins et tombait d'accord avec elle.

L'enfant se réveillait peut-être, et pleurait comme le font les autres, car l'homme, ce roi de la nature, n'a que des gémissements pour premiers discours.

Jeanne le ramenait doucement au sommeil avec une caresse de sa main douce et forte, puis songeait à la même heure à la France, cette grande et chère malade dont elle voulait soutenir la tête chancelante et panser les blessures, attentive du même cœur à la France qui se mourait et à l'enfant qui commençait à vivre.

Mais Durand Laxart devenait de plus en plus résolu, et c'est ce qu'elle voulait par-dessus tout, car il est visible que c'est sur lui qu'elle comptait et que son secours, de l'avis de Jeanne, suffirait, si Baudricourt faisait défaut.

Ainsi c'est de lui qu'elle emprunte son premier habit d'homme. « Jeannette prit des habits à moi », dit Laxart. Pauvre Jeanne, elle était singulièrement équipée dans cet accoutrement, et plus tard, alors qu'elle chevauchait en tête de l'armée, entre Orléans et Reims, sa joyeuse et cordiale humeur dut plus d'une fois raconter, en ce style qu'elle avait, cette piquante histoire. Ce n'était pas alors le justaucorps de velours orné de brocart que lui envoya l'un des princes du sang de France. Non, mais c'était le premier vêtement de guerre. Quand on songe à l'inaccoutumé de ce costume, aux accusations qu'on porta contre Jeanne à cet endroit, on ne peut s'empêcher d'admirer ce bon paysan, qui, avec une audace ingénue, se rendit au désir de la Pucelle et partagea d'avance tous les déboires qui devaient s'ensuivre pour elle, en secondant son dessein.

C'est lui aussi qui lui fournit son premier cheval. « Alain de Vaucouleurs et moi nous lui achetâmes un cheval coûtant douze francs, dont nous prîmes la dette à notre charge. » Il est à supposer que Durand n'était pas riche. En ce temps, la somme de douze francs était relativement considérable; il ne put la payer comptant, mais, avec Alain, il « prit la dette à sa charge ».

JEANNE ET SON ESCORTE QUITTENT VAUCOULEURS (23 FÉVRIER 1429)
D'après un dessin de MALATESTA, publié par la *Bonne Presse*.

Le sire de Baudricourt fit plus tard payer cette dette; mais Laxart eut le courage d'agir sans lui et de courir les périls de l'aventure.

Ne fut-ce pas aussi cette vaillance et ce désintéressement de Durand qui firent comprendre à Baudricourt son devoir et l'obligèrent de se montrer plus confiant et plus généreux devant la leçon que lui donnait ce simple paysan?

« Je ne la revis qu'au sacre du Roi à Reims », dit-il, lorsqu'il fit sa déposition au procès de réhabilitation.

Ce fut sur le désir de Jeanne sans doute que le brave homme accompagna au sacre le père de la Pucelle. C'était bien juste, et Jeanne eût pu dire de lui comme de son étendard : « Il avait été à la peine, il fallait bien qu'il fût à l'honneur ».

Notre temps, qui s'est tant honoré par le culte qu'il professe pour Jeanne d'Arc, notre héroïne française, s'honorerait encore en mettant plus en lumière la respectable figure de cet homme de bien, si simple et si élevé pourtant, puisque le premier il a compris les pensées de Jeanne et la grandeur de son entreprise.

Si, comme il faut l'espérer, le monument national qu'on élève à Vaucouleurs s'achève, l'image de cet homme y devra trouver place aux côtés de la libératrice et nous conduire vers elle; car il la conduisit, fidèle, jusqu'à cette Porte de France sous laquelle elle passa pour aller faire sacrer le Dauphin et rendre à notre patrie ses gloires et son indépendance.

Les monuments qui rappellent Jeanne d'Arc à Vaucouleurs sont nombreux et de grand prix.

Nous avons déjà parlé de la maison du charron Le Royer, dans laquelle elle habita pendant son double séjour.

Nous avons aussi mentionné la Porte de Ville du château de Baudricourt, modeste d'apparence, mais devant laquelle l'héroïne dut éprouver une anxiété si poignante au moment d'en franchir le seuil et de paraître devant le gouverneur.

A quelques pas de cette porte se trouve la Porte de France, laquelle, comme le dit son nom et comme le prouve du reste son orientation, ouvrait sur le chemin de France. C'est sous cette porte que Jeanne d'Arc passa équipée par les habitants, montée sur le cheval que lui avait donné Baudricourt.

Il serait superflu d'établir quels souvenirs se rattachent à ce simple monument, quelles pensées devaient remplir l'âme de Jeanne quand elle la franchit pour aller faire couronner le Dauphin.

Plusieurs pans de murs de dimensions considérables et d'imposant aspect restent du château de Vaucouleurs et attestent l'importance de cette place forte.

Un tilleul de port majestueux couronne de ses deux puissants rameaux et de sa verdure l'une de ces ruines. La tradition populaire atteste que c'est à cet endroit, devant la face intérieure de la Porte de France, que Jeanne monta à

DÉPART DE VAUCOULEURS. LE 23 FÉVRIER 1429
D'après le tableau de SCHERRER.

cheval au moment du départ, là aussi par suite que Baudricourt lui donna congé.

Mais de tous ces souvenirs le plus vénérable est certainement la crypte qui se trouvait au-dessous de la chapelle du château, et dans laquelle la Pucelle, selon plusieurs témoignages consignés au procès de réhabilitation, descendait fréquemment pour prier devant la statue de Notre-Dame-des-Voûtes, statue conservée elle-même à Vaucouleurs.

Dans son témoignage, Jean Lefumeux, de Vaucouleurs, chanoine de la chapelle du château et curé de l'église paroissiale d'Ugny, alors âgé de trente-huit ans, témoigna ainsi : « En ce temps-là (au temps du séjour de Jeanne à Vaucouleurs) j'étais tout jeune et attaché comme clerc à la chapelle Sainte-Marie-de-Vaucouleurs, dont je suis aujourd'hui chanoine.

« Je vis souvent Jeanne venir à cette église avec grande dévotion. Elle y entendait les messes du matin et restait longtemps en prière. Je l'ai vue aussi sous la voûte en berceau, dans la chapelle souterraine de Sainte-Marie-de-Vaucouleurs, se tenir à genoux devant la Vierge, le visage tantôt baissé, tantôt levé vers le ciel[1]. »

Les dalles sur lesquelles se « baissaient » les yeux de Jeanne, sont encore là; cette « voûte en berceau », vers laquelle ses regards « s'élevaient » en cherchant « le ciel », sont demeurées, elles sont intactes, faites de ces pierres imprégnées du souvenir de la vénérable héroïne. Elles furent témoins de ses prières et de ses larmes.

Après la destruction du château, cette crypte fut convertie en étable. Pour qu'on y pût accéder, une fenêtre fut changée en porte et, comme le niveau de la crypte ne concordait pas avec celui de la ruelle voisine, on combla de terre la partie inférieure de ce souterrain, afin que le bétail y pût entrer plus facilement. Le fumier s'y entassa avec cette terre et ce sont ces immondices qui ont sauvé de la ruine ces lieux consacrés par la présence de Jeanne d'Arc. Parmi les divers monuments qui nous rappellent la libératrice, aucun n'est resté plus intact; il en est peu aussi qui méritent et inspirent une aussi légitime vénération.

Quand on entre dans cette chapelle, on n'ose avancer. A la pensée que les pieds de Jeanne ont foulé ce seuil, à la vue de ces dalles sur lesquelles elle s'agenouillait, près de cette colonne qui occupe le centre du sanctuaire, soutenant la voûte, et sur laquelle tant de fois elle s'appuya sans doute,

1. Joseph Fabre, *Procès de réhabilitation*.

défaillante et désolée, on voulait n'avancer qu'à genoux, baiser de ses lèvres émues, arroser de ses larmes reconnaissantes, ces pierres vraiment sacrées pour tout cœur français.

On n'est pas moins ému devant la vieille statue de Notre-Dame-des-Voûtes. C'est devant elle que Jeanne priait.

Une restauration, peu intelligente, il faut l'avouer, l'a en partie modifiée. On aimerait la voir dépouillée de cette décoration trop conforme au goût douteux de la statuaire religieuse de notre temps, et considérer en sa pierre simple et nue cette image si vénérable. Mais, même ainsi modifiée, elle n'en est pas moins d'une absolue authenticité et compte, pour le souvenir de Jeanne, parmi les plus précieuses statues de la Vierge que l'on conserve en France.

Un monument s'élève pour protéger ces ruines précieuses et les garder en honneur, devant les yeux de la France. Les pouvoirs publics, civils et religieux, le patriotisme et la foi se sont donné la main pour cette entreprise; elle peut tarder à venir à plein succès, mais elle y viendra un jour, parce qu'en notre vaillant pays de telles causes ne sont jamais perdues[1].

Si ces souvenirs matériels de Jeanne d'Arc conservés à Vaucouleurs ont un grand prix, celui qui nous reste des événements rapides mais considérables survenus pour elle en ces lieux est peut-être plus émouvant encore. En cette étude où nous nous efforçons de dégager des incidents de la vie de l'héroïne l'âme même et, comme nous l'avons dit, ce que l'on pourrait appeler la philosophie de cette vie si grande, Vaucouleurs a droit à une place éminente.

Les hommes jugent mal la vie des grands hommes. On dira qu'ils jugent mal de toutes choses, et l'assertion n'est pas contestable; mais leur erreur est peut-être surtout visible quand elle porte sur les choses qui sont grandes et qu'il leur importerait davantage de bien entendre.

La liberté, la puissance, la grandeur et la gloire sont l'objet de leurs plus vifs désirs, excitent en eux les passions parfois les plus emportées. Qu'entendent-ils cependant à la gloire, à la grandeur, à la puissance et à la liberté? Fort peu de chose.

1. « O France, patrie bien-aimée, tant que ton culte, qui se confond, à vrai dire, avec celui de l'humanité en lutte contre toutes les cruautés de la nature, conservera encore des fidèles, cette chapelle souterraine de N.-D. de Vaucouleurs, qui vit les angoisses de la Pucelle et que viennent de restaurer des mains pieuses, ne cessera d'apparaître comme le plus sacré des sanctuaires. Tant que tes enfants, ou du moins les meilleurs d'entre eux, t'aimeront, ô mère, comme tu mérites d'être aimée, *c'est là plus encore que partout ailleurs* qu'ils se feront un devoir de venir en pèlerinage; et arrivés à l'endroit où la vierge de Domremy s'est agenouillée pour prier et pleurer, ils éprouveront le besoin de se prosterner à leur tour et de baiser cette terre, sanctifiée par ce qu'on peut appeler la « Veillée des larmes de Jeanne d'Arc ». Siméon Luce, *Jeanne d'Arc à Domremy*, p. CXVI.

Jeanne à Domrémy

D'après le marbre de Henri Chapu. Musée du Luxembourg.

uvenir ce Jeune,

Jeanne à Domrémy

D'après le marbre de Henri Chapu (Musée du Luxembourg)

ADIEUX DE JEANNE D'ARC AU CAPITAINE DE BAUDRICOURT A VAUCOULEURS
D'après le tableau de MILLIN DUPERREUX (1817).

Appréciateurs médiocres des choses, ils ne le sont pas moins des hommes et de leurs actions, et s'ils en font quelque cas, leur estime porte moins sur le bien que ceux-ci ont accompli que sur le bruit qu'ils ont pu faire.

Il arrive ainsi que, dans la vie des grands hommes, — la remarque ne s'applique pas moins aux Saints, — le meilleur leur échappe, l'éclat seul les frappe et selon la juste parole des Livres sacrés : « l'homme ne voit que ce qui paraît au dehors[1] ».

« On n'imagine Platon et Aristote, dit Pascal, qu'avec de grandes robes de pédants. C'étaient des gens honnêtes et comme les autres, riant avec leurs amis; et quand ils se sont divertis à faire leurs *Lois* et leur *Politique*, ils l'ont fait en se jouant. C'était la partie la moins philosophe et la moins sérieuse de leur vie. La plus philosophe était de vivre simplement et tranquillement[2]. »

La vie de Jeanne d'Arc ne pouvait échapper à cette règle fâcheuse, et, de cette vie, le plus grand nombre de ceux qui l'ont étudiée, d'accord avec la foule, ne se sont guère attachés qu'aux principaux épisodes qui l'illustrent;

1. I. Reg., XVI, 7.
2. Pascal. *Pensées*, liv. VI, p. 52.

ils en ont négligé le fond intime et caché. C'est là cependant, pour le redire avec Pascal, « la partie la plus philosophique » de cette vie si étrangement grande.

Parmi ceux qui célèbrent Jeanne d'Arc, par la parole ou par la plume, dans les vers ou la prose, par le pinceau même ou le ciseau, combien en est-il qui sachent se dégager du lieu commun? Combien sortent de l'inévitable trilogie, Domremy, Orléans et Rouen, avec une allusion à Reims, tout en ne parlant que brièvement cependant, pour ne pas détruire la touchante symétrie des trois grands sujets traités en un discours inévitablement composé de trois points, comme les sermons fameux raillés par La Bruyère? Certes ces trois noms sont vénérables, ces trois objets dignes de notre étude; mais est-ce donc là toute la vie de Jeanne d'Arc? Entre ces trois « mystères », n'en est-il pas d'autres, et nombreux, où nous la trouvons tout entière et plus elle-même peut-être à un certain point?

JEANNE D'ARC
D'après une copie de la peinture attribuée au roi René.
(*Collection de M. Jacques de Biez.*)

Pourquoi négliger Poitiers, Blois, Paris, Compiègne, Beaurevoir, Le Crotoy?

En tous ces lieux, nous voyons Jeanne aux prises avec les sentiments les plus émouvants, les épreuves les plus intimes mais aussi les plus douloureuses, et c'est là peut-être que se révèle en elle une grandeur souveraine. C'est là surtout qu'elle peut nous être utile en nous donnant l'exemple, non d'actes d'éclat, de triomphes militaires ou de vertus dramatiques, mais celui de vertus intimes, dignes d'être proposées non seulement à notre admiration souvent stérile, mais à notre imitation, ce qui vaut beaucoup mieux.

J'ai à cœur, en ce travail, de convier les sages esprits à l'étude attentive de ces recoins cachés de la vie de la libératrice. Qu'ils ne se refusent pas à

FRAGMENTS DE LA CHAPELLE DU BOIS CHENU
FRONTON ET CLEF DE VOÛTE
D'après une photographie.

cet appel : ils trouveront dans ce labeur des fruits aussi doux que l'écorce.

C'est à ce titre que les événements de Vaucouleurs méritent attention et occupent vraiment dans la vie de Jeanne d'Arc une place notoire.

Évidemment, les combats qu'elle livra plus tard, et qui sont comme les étapes de sa rapide et prodigieuse épopée, ont un éclat plus vif et plus frappant; mais celui qu'il lui fallut livrer à Vaucouleurs ne fut-il pas plus âpre ou du moins plus malaisé, quelque peu de bruit qu'il ait fait?

Nulle part, en effet, avec plus de faiblesse et dans un plus complet isolement, elle ne rencontra d'oppositions plus redoutables. A Orléans, à Patay, le combat semble rude, le triomphe éclatant, mais du moins elle a derrière elle cette armée française qui sait toujours vaincre quand elle est conduite par des chefs dignes d'elle.

A Vaucouleurs, Jeanne est seule, et seule contre tous. C'est le peuple qu'il faut émouvoir, convaincre et conquérir à sa cause. Ce sont les railleries de ceux-ci, le scepticisme et la défiance de ceux-là, qu'il faut surmonter. C'est la pauvreté qui l'entrave, qui l'oblige, quand il lui faut pour partir un habit d'homme, à emprunter celui de son cousin, pauvre comme elle. Elle manque d'une monture : elle n'en a pas, et elle n'en aura pas si son parent n'engage pas sa parole pour en accepter la dette.

Cherche-t-elle soutien du côté de Dieu, le curé de Vaucouleurs la prend pour une ensorcelée et la vient exorciser, et, la chose faite, on doute encore d'elle et on lui montre de la défiance.

Tous ces obstacles, elle les surmonte, et cela à l'âge de dix-sept ans.

Combattue au dehors, elle se livre à elle-même un combat intérieur non moins rude. En dépit des consolations et du réconfort que lui apportent saint Michel et les saintes, il serait puéril de croire que son cœur ne fut pas souvent partagé entre l'espoir et la crainte. Il ne se peut faire qu'à certaines heures son dessein ne lui parût chimérique et qu'elle ne songeât à retourner à Domremy.

Puis l'espoir renaissait. Les voix lui parlaient à nouveau. Comme un coup de clairon belliqueux, retentissait à son oreille la parole de l'archange : « Va, va, fille de Dieu, va! » Son cœur, après ses voix, lui disait la « grande pitié du royaume », et elle se ressaisissait tout entière. Alors, vaillante, résolue : « Il faut que j'aille, et j'irai, dussé-je m'user les jambes jusqu'aux genoux! » s'écriait-elle.

Puis c'était Jean de Metz qui venait l'entretenir et qui, gagné par ses discours, mettait ses mains dans les siennes et lui jurait de la conduire au Dauphin. Bertrand de Poulengy se joignait à Jean, Durand Laxart achetait le cheval, les habitants fournissaient à Jeanne le justaucorps, les chausses longues, la robe courte, les guêtres, le chaperon, le haubert et le reste.... Et l'héroïne « ne pouvait plus durer »; elle voulait partir « aujourd'hui même plutôt que demain, et demain plutôt qu'après.... »

Mais tous ne pensaient pas ainsi. Baudricourt l'entravait, quelques-uns lui montraient l'étrangeté de son équipée, et voilà que la jeune enfant se sentait moins assurée et se demandait anxieuse si par hasard elle n'avait pas tort contre tout le monde et tout le monde raison contre elle.

Puis Domremy n'était qu'à quatre lieues. Il en venait bien un jour ou l'autre quelque habitant à Vaucouleurs. Le voyageur s'informait de Jeanne, disait l'inquiétude et les larmes de sa mère, la colère de son père. Il disait comme la pauvre fille que l'un et l'autre « en perdaient le sens », de la voir ainsi partie. Ces propos se répandaient dans la ville. Les pères, voulant pour leur profit soutenir l'autorité paternelle, se prononçaient contre Jeanne et plaignaient Jacques d'Arc. Les mères n'étaient pas moins dévouées pour Isabelle Romée, et disaient qu'une fille sage et aimante ne fait pas ainsi pleurer sa mère, que le commandement de Dieu ordonne aux enfants d'obéir à leurs parents et que Jeanne, qu'on disait si dévote, aurait bien dû au moins se montrer chrétienne et obéir à la loi de Dieu en obéissant à ceux qui le remplacent.

Est-il bien assuré que quelques-uns n'allaient pas jusqu'à dire que la conduite de Jeanne était d'un pernicieux exemple pour les enfants du lieu, qu'on allait bientôt voir d'autres jeunes filles se mettre en tête des rêves de même nature, et qu'il fallait, selon le conseil sage et trop peu écouté de Baudricourt, la renvoyer avec correction à son père et à Domremy, qui, en vérité, faisait un singulier présent aux bonnes gens de Vaucouleurs en la personne de cette fillette, aventurière de dix-sept ans?

Si ce n'est pas erreur que de supposer tous ces propos, Jeanne en recevait l'écho et l'on peut estimer quelle épreuve elle en ressentait.

Que ne peuvent-ils parler les murs de la chambrette qu'elle habitait chez Henri Le Royer! Catherine, femme de celui-ci, était bonne pour la pauvre désolée. Mais que peut souvent pour nous le dévouement de nos amis, même les plus sincères? Quand il faut consoler et guérir, l'homme est si impuissant pour l'homme!

Puis les grands cœurs ont la pudeur sacrée des larmes et, comme le Christ au jardin de l'agonie, ils ont besoin de mettre au moins la distance « d'un jet de pierre » entre le spectacle de leur douleur et le regard des hommes.

Jeanne gravissait cet escalier que l'on voyait naguère encore à la façade de la maison du charron, se rendait à la chambre du second étage, sous les combles, et là pleurait sans doute, comme plus tard elle le faisait quand les Anglais l'appelaient ribaude.

JEANNE D'ARC ET VERCINGÉTORIX
Projet de monument, dédié aux martyrs de l'indépendance nationale par ÉMILE CHATROUSSE (1872).

Mais sa défaillance ne durait pas, et, comme à Orléans quand sa blessure fut pansée avec de l'huile et du miel : « Je me sens consolée », disait-elle, et puis : « J'irai;... avant la mi-carême, il faut que je sois devant le Roi,... car nul au monde, ni rois, ni ducs, ni fille d'Écosse, ni aucun autre ne peut secourir le royaume de France.... Il faut que j'aille et que je fasse, parce que mon Seigneur veut que je fasse ».

Ces réflexions suffiraient à faire entendre combien graves pour Jeanne, combien dignes de souvenir pour nous, furent les événements de Vaucouleurs.

Cette époque de la vie de Jeanne revêt toutefois un autre et peut-être plus touchant caractère.

Qu'on me permette encore cette considération et qu'on me pardonne de ne quitter qu'à regret cette terre de Vaucouleurs sanctifiée par les prières, les larmes et les angoisses de Jeanne d'Arc.

L'homme porte mal le poids de l'inconnu. « Nous ne prenons pas nos mesures bien justes », ainsi que dit Bossuet, et, qu'il s'agisse des choses tristes ou de celles qui nous apportent la joie, nous les prévoyons généralement plus grandes qu'elles ne le seront par leur réalité.

De là les illusions que nous entretenons, de là les rêves dont nous nous berçons à l'endroit des joies qui nous sont annoncées.

De là aussi l'abattement où nous jette la prévision des épreuves qui nous menacent.

En un mot, les choses, et surtout la joie et l'épreuve, sont plus grandes en nos espérances et en nos craintes qu'en leur objet même.

L'inconnu nous fascine.

C'est une sage philosophie que saint Augustin a mise en lumière et que Bossuet a commentée. Ils nous entretiennent l'un et l'autre du mystère de la Présentation de Jésus au Temple. Et, quand l'évêque d'Hippone a rappelé les paroles par lesquelles Siméon annonça à la Vierge qu'un glaive de souffrance percerait son âme, il explique fort justement qu'en outre du fardeau d'une telle annonce, Marie portait encore celui de l'inconnu; « car, ajoute ce Docteur, c'est porter toutes les douleurs que d'en redouter une certaine, sans savoir d'où elle viendra, et de sentir la pointe de tous les glaives que d'ignorer celui qui doit nous frapper, quand il est assuré d'autre part que nous serons frappés. »

JEANNE D'ARC
D'après le buste de Pécou.

A un enfant, dit-on, et j'imaginerais volontiers que ce fut plutôt à quelque sage, judicieux connaisseur des choses humaines, on demandait : « Quel est le plus beau jour de la vie?

— C'est la veille », répondait-il.

On eût pu lui demander aussi : « Quel est de la vie le jour le plus douloureux? » Il eût fait la même réponse.

C'est moins sur le champ de bataille, au milieu de l'entraînement du combat, que le stratège montre sa parfaite assurance et le soldat son vrai courage, qu'à la veille même du combat. Aussi l'on approuve Bossuet quand il montre le Prince de Condé dormant quelques heures avant Rocroy et n'ayant « jamais dormi plus paisiblement ».

Ainsi en est-il dans tous les ordres de l'activité humaine. La foule estime que pour l'orateur le plus grand labeur et le moment où son âme s'inquiète soit celui même où il parle; ceux qui ont quelque connaissance de cet art savent bien au contraire que l'heure de l'angoisse c'est l'instant qui précède le discours. L'orateur n'a pas encore pris contact avec l'auditoire; ignorant la composition de la foule et ses dispositions, il sent le poids de cet inconnu, en une étreinte de l'âme et une sorte de suspension des sens si douloureuse, qu'il lui tarde de la rompre et de gravir les degrés de la tribune ou de la chaire au pied desquels il souffre de telle façon.

La veille, c'est le mot dont il faut marquer le séjour de Jeanne à Vaucouleurs, comme c'est celui qui convient aux incidents de son séjour à Blois, trois jours avant Orléans, comme ce sera enfin le mot juste pour les tristes jours que Jeanne passera au Crotoy, avant de sortir des mains françaises pour être livrée à celles des Anglais. Vaucouleurs, c'est, dans l'épopée de Jeanne d'Arc, l'aurore qui va naître; Blois, le plein midi qui va briller; Le Crotoy, c'est le crépuscule qui commence, avant-coureur de la nuit « désastreuse » et « effroyable », où la France dira : Jeanne « se meurt », Jeanne « est morte ».

JEANNE D'ARC SE RENDANT AUPRÈS DE CHARLES VII
D'après le carton de A. Grellet.

C'est le premier mot de ce singulier discours qu'elle va tenir, la première page de l'émouvante épopée qu'elle écrira de la pointe de son épée, c'est l'ébauche première de ce chef-d'œuvre qu'elle va peindre et devant lequel les siècles s'étonneront, et, pour employer une image plus douce, plus simple et mieux faite par celle dont on disait qu'elle « fut toujours moult simple et peu parlante », c'est, en Jeanne, la fleur non encore éclose, fermée encore à la rosée comme au soleil et qui demain s'ouvrira.

Je ne sens ici nul intérêt de clocher. Des lieux où Jeanne a vécu, tous me sont chers et sacrés; mais j'estime que parmi les événements de sa vie celui-ci compte comme l'un des plus émouvants, l'un de ceux où, dans l'attention du cœur et de l'esprit, ceux qui ont le culte profond et vrai de l'héroïne trouvent les émotions les plus touchantes et l'objet du souvenir le plus durable.

LA PUCELLE

D'après une médaille. (*Bibl. nat.*)

JEANNE AUX PIEDS DU ROI A CHINON
D'après le dessin de VITAL-DUBRAY. (*Musée Jeanne d'Arc*, à Orléans.)

III

CHINON ET POITIERS

ARRIVÉE A CHINON — LES ENNEMIS DE JEANNE ET SES AMIS LES PREMIERS JUGES DE JEANNE

JEANNE D'ARC
Buste de A. LE VÉEL.

Le second séjour de Jeanne d'Arc à Vaucouleurs avait duré quelques semaines. C'est peu quant à la durée, mais dans la vie les choses les plus grandes sont souvent l'œuvre d'un instant. L'importance des événements ne se juge pas au temps qu'ils ont demandé.

Le mercredi 23 février 1429 Jeanne quitta Vaucouleurs et prit le chemin de Chinon. Sa petite escorte l'accompagnait, composée de Jean de Metz, Bertrand de Poulengy, Jean de Honecourt et Julien, servants des deux premiers, puis Colet de Vienne, messager du roi, et Richard l'Archer.

Le sire de Baudricourt avait, croit-on, reçu l'assentiment du Dauphin au voyage de Jeanne. Le mouvement de faveur qui s'était dessiné dans le peuple à l'égard de la Pucelle l'avait, du reste, obligé de se prêter aux instances de celle-ci. Il cessa donc de lui faire opposition, contribua à l'équiper, comme nous l'avons vu, et lui donna congé en lui disant : « Va, va, advienne que pourra ». Il y a moins de scepticisme qu'on ne l'a estimé dans ces paroles.

On assure que, le jour de la bataille de Rouvray, journée dite des Harengs, Jeanne était venue le trouver et lui avait dit : « En nom Dieu, vous tardez trop à m'envoyer, car aujourd'hui le gentil Dauphin a eu près d'Orléans un bien grand dommage, et il pourra l'avoir encore plus grand, si vous ne m'envoyez bientôt vers lui ».

Au moment du départ de Jeanne, la population de Vaucouleurs se réunit

LA JOURNÉE DES HARENGS
D'après un manuscrit français du XVe siècle. (*Bibl. nat.*)

dans la cour du château, près de la Porte de Ville et de la Porte de France. Jeanne recevait déjà de ce peuple les marques de faveur et de culte que pendant toute sa campagne elle devait recueillir. Les foules n'ont jamais manqué de lui montrer le plus vif attachement; sa seule vue excitait en elles l'enthousiasme. Jeanne, du reste, rendait à ces bonnes gens les sentiments qu'ils avaient pour elle, et plusieurs fois, devant ces manifestations populaires, elle dit, en des lieux divers : « Je voudrais bien mourir ici et que mon corps reposât au milieu de ces bonnes gens ».

C'est donc le mercredi 23 février que partit Jeanne. On attendit que le

VUE DU CHATEAU DE CHINON
D'après une photographie.

soit approchât, afin de voyager une partie de la nuit et d'éviter ainsi les bandes anglaises et bourguignonnes qui infestaient le pays.

Au procès de réhabilitation, ses compagnons déposèrent. Citons leurs paroles : elles donnent mieux que toute description l'idée juste des sentiments de la petite troupe et du voyage de Jeanne.

« Le voyage, dit Jean de Metz, se fit aux frais de Bertrand et à mes frais[1]. Il nous fallait voyager la nuit par crainte des Anglais et des Bourguignons, qui étaient maîtres des chemins. Nous restâmes en route l'espace de onze jours, toujours chevauchant.

« Pendant le chemin, je dis plusieurs fois à Jeanne : « Ferez-vous bien « ce que vous dites? » Et elle nous répétait : « N'ayez crainte; ce que je « fais, je le fais par commandement. Mes frères du Paradis me disent ce que « j'ai à faire. Il y a déjà quatre ou cinq ans que mes frères du Paradis et mon

1. Comme on le voit, le dévouement de ces deux hommes ne se bornait pas à accompagner Jeanne d'Arc, ils avaient pris à leur charge les frais du voyage.

« Seigneur Dieu n'ont dit qu'il fallait que j'allasse en guerre pour recouvrer « le royaume de France ».

« En route, Bertrand et moi, nous reposions chaque nuit avec elle. Jeanne dormait à côté de moi, serrée dans son habit d'homme.

« En route, Jeanne aurait été contente d'entendre toujours la messe. « Si nous pouvions entendre la messe, nous ferions bien », disait-elle. Mais, par crainte d'être reconnus, nous ne l'entendîmes que deux fois[1]. »

Bertrand de Poulengy rend un témoignage à peu près semblable. Il ajoute ce propos : « Jeanne nous disait toujours : « Ne craignez rien. Vous verrez « comme à Chinon le gentil Dauphin nous fera bon visage ». En l'entendant parler, j'étais tout enflammé. Elle était pour moi une envoyée de Dieu.... Voilà comment nous fîmes chemin ensemble sans grand empêchement, et arrivâmes à Chinon, où était le Roi, alors Dauphin. Une fois à Chinon, nous présentâmes la Pucelle aux nobles et aux gens du Roi. »

Ces simples paroles nous donnent une juste idée du voyage de Jeanne et de ses compagnons. Ils voyagent une partie de la nuit, quelquefois le jour quand le pays est plus sûr. Jeanne édifie la petite escorte par sa piété, sa modestie et sa bonté. Ses discours enflamment ces hommes de l'amour divin, et sans doute aussi de l'amour de la France. Quelques jours sont à peine écoulés que déjà ils voient en elle « une envoyée de Dieu ». C'est l'impression que Jeanne laissera à tous ceux qui la rencontreront depuis ce jour jusqu'à sa mort. Cette impression, forte et singulière, les juges de Jeanne eux-mêmes s'efforceront de s'y soustraire, mais ils la subiront plus que tout autre.

Au procès de Rouen, interrogée sur cet objet par ses juges, elle résuma en ces termes le voyage de Vaucouleurs à Chinon :

« A mon départ de Vaucouleurs, j'étais en habit d'homme. Je portais une épée que m'avait donnée Robert de Baudricourt, sans autres armes, et j'avais pour société un chevalier, un écuyer et quatre serviteurs. Avec eux je gagnai la ville de Saint-Urbain et là je passai la nuit dans une abbaye. En route, je traversai la ville d'Auxerre et y entendis la messe dans la principale église. Alors j'avais fréquemment mes voix[2]. »

Bertrand de Poulengy nous dit que le voyage dura onze jours et se passa « sans grand empêchement ». Il ne fut pas cependant sans difficultés. Il fallait traverser plusieurs rivières, la Marne, l'Aube, l'Yonne. La mauvaise saison rendait ces incidents plus laborieux. De temps à autre, Jean de Metz ou

1. Joseph Fabre, *Procès de réhabilitation*, t. I, p. 127.
2. Joseph Fabre, *Procès de condamnation*, p. 59.

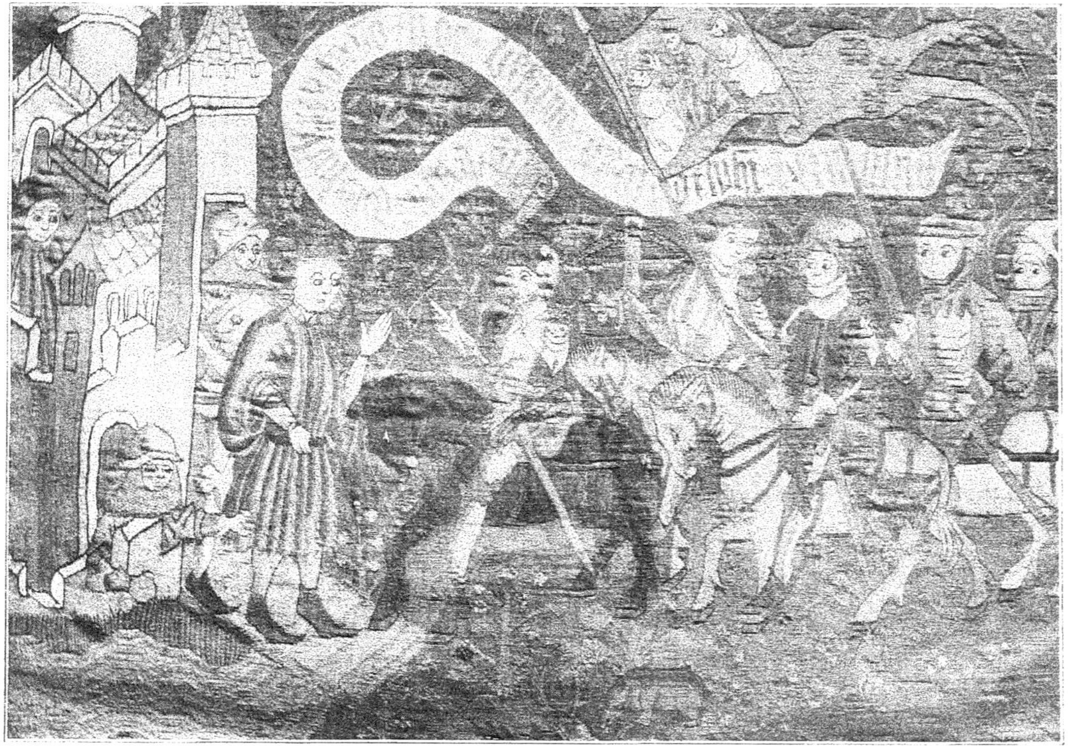

ARRIVÉE DE JEANNE D'ARC A CHINON, LE 6 MARS 1429

Reproduction d'une tapisserie flamande du milieu du XVe siècle, achetée à Lucerne en 1858 par le marquis d'Azeglio, qui en fit don à la ville d'Orléans. (*Musée Jeanne d'Arc.*)

Bertrand s'inquiétaient de l'issue de l'entreprise et interrogeaient Jeanne. Celle-ci répondait avec entrain que tout irait bien, et l'on reprenait la route.

Les voyageurs passèrent la Loire à Gien et parvinrent à Sainte-Catherine-de-Fierbois, en Touraine. Jeanne avait une piété spéciale pour sainte Catherine, l'une des deux saintes dont les « voix » la conduisaient. Pour cette raison sans doute elle s'arrêta en ce lieu et y entendit successivement trois messes. C'est de ce sanctuaire qu'elle fit venir plus tard une épée qu'elle porta longtemps.

LA PUCELLE AMENÉE AU ROI
D'après un manuscrit français du XVe siècle. (*Bibl. nat.*)

Depuis que Jeanne et son escorte ne voyageaient plus dans les contrées infestées par les bandes ennemies, ils marchaient avec plus d'assurance et de facilité. Ils cachaient aussi avec un soin moins jaloux l'objet de leur voyage et en faisaient confidence à quelques bons et dévoués amis du Dauphin. Et ceux-ci, comme il est naturel, ne négligeaient pas d'en parler à leur tour.

Le bruit de l'arrivée de la Pucelle se répandit donc assez rapidement, et comme, dans les suprêmes épreuves, on se rattache aux moindres objets qui justifient l'espérance, l'enthousiasme déjà la précédait. A Blois, Orléans et autres lieux on parlait de cette Pucelle qui, accompagnée de quelques hommes d'armes lorrains, venait pour entretenir le Dauphin à Chinon, délivrer Orléans et faire couronner Charles à Reims.

Le peuple s'animait à ces nouvelles, et quand la petite troupe arrivait en quelque bourgade ou traversait quelque hameau, on la recevait avec une faveur qui sans cesse allait grandissant et déjà tournait à l'enthousiasme.

La bonté de Jeanne, sa gaieté aussi, la grâce naïve de sa personne, les vives saillies de son discours, la simplicité unie en elle à la distinction, lui gagnaient tous les cœurs; elle s'en réjouissait ingénument et sans nul esprit de gloire, heureuse de cet accueil qui fortifiait sa cause et lui devait préparer les voies près du Dauphin.

Jeanne devait sur son chemin rencontrer d'autres dispositions que celles-ci : sans retard l'intrigue devait se faire jour et tenter d'entraver son entreprise. A l'envi de ce nouvel obstacle, les périls du voyage étaient peu de chose.

Elle en avait déjà dû avoir quelque intelligence à Vaucouleurs à la vue des froideurs et des défiances de Baudricourt; mais ici l'opposition allait être autrement redoutable. Jeanne, si prompte et si clairvoyante, allait connaître l'humanité sous un jour bien mal fait pour la charmer. Il lui fallait compter désormais avec l'opposition des grands et celle des prétendus gens de bien. Au premier rang parmi les adversaires de la Pucelle devaient briller La Trémoïlle, le ministre le plus écouté du Dauphin, et Regnault de Chartres, archevêque de Reims.

Il faut bien l'avouer, la faveur ne va pas généralement au mérite. Cela ne tient pas seulement à la puérilité des jugements humains, mais encore à la malveillance que le mérite rencontre chez un trop grand nombre d'hommes.

Quand le mérite est réel, il s'unit toujours à la vérité morale, car il la défend, et à la vertu, parce qu'il la pratique. Mais, par cela même, nos vices et nos défauts le tiennent en défiance. Ceux qui n'aiment ni les enseignements de la vérité morale, ni les exemples de la vertu, ne sont que trop enclins à les entraver, à les combattre et à les opprimer. Ils réservent le même traitement au mérite.

Mais, par une de ces contradictions qui fourmillent en l'homme, cet « animal ondoyant et divers », comme a dit Montaigne, en même temps que nous combattons le mérite par haine de la vérité morale et de la justice, d'autre part l'estime de ces grandes choses a dans notre âme une racine si naturelle et si vive, que nous sommes jaloux de ceux qui les annoncent ou les font valoir dans leurs actes.

Il arrive de là que le mérite d'autrui, qui devait nous plaire et nous toucher, souvent nous irrite, et que, dans ce mouvement d'opposition que l'envie excite en nous, les entraves que nous apportons à la vertu d'un homme se mesurent à l'estime même et à l'admiration qu'il nous inspire.

Le mérite se trouve pris ainsi entre le double assaut des méchants qui le détestent et des gens de bien qui par jalousie lui en veulent de les surpasser.

Cette dernière opposition semble devoir être la plus rude et la plus amère, car, outre le chagrin légitime que nous ressentons de voir contre nous ceux qui devraient être pour nous, nous sommes moins à l'aise pour les combattre, attendu que, de l'avis du public, ils sont des nôtres. Enfin, par surcroît d'ennui, il ne nous est pas même loisible de nous en plaindre sans causer quelque scandale aux faibles.

Le mal serait moins grand si cette injuste conduite envers le mérite était seulement le fait des petites gens ou de ceux du moins dont la notoriété n'est pas grande et dont le pouvoir est médiocre. Malheureusement, ce vice s'étend même aux grands et, sans trop de sévérité peut-être, on pourrait même ajouter que les grands n'excellent que trop souvent à opposer des entraves au bien.

RUINES DU CHATEAU DE CHINON OÙ JEANNE FUT REÇUE PAR LE DAUPHIN, LE 8 MARS 1429
D'après une gravure du XVIIe siècle. Recueil de Gaignières (*Bibl. nat.*)

Que n'entendent-ils mieux combien le courage est considérable pour le monde et combien ils sortent du chemin qu'ils devraient fidèlement suivre! Au lieu de profiter de la gloire qui les entoure et du pouvoir qu'ils tiennent pour le bien des hommes, ils ne les emploient que pour faire obstacle à la vérité qui nourrit les âmes et à la justice qui élève les individus comme les nations.

Cependant, en même temps qu'ils sont assidus à rompre l'effort du mérite et à l'empêcher d'agir, on les voit empressés à honorer la médiocrité et à mettre en notoriété la sottise. Un instinct secret leur dit qu'ils n'ont rien à craindre de la rivalité de telles gens et qu'ils peuvent aussi tout en attendre[1].

Joignez à ceci la plaie noble de la flatterie. L'homme de valeur et de bien

1. « Qui ne sait que les hommes, et surtout les grands, sont pleins d'intérêt et de passions? L'injuste peut entrer dans tous les desseins, trouver tous les expédients, ménager tous les intérêts. A quel usage peut-on mettre cet homme si droit qui ne parle que de son devoir? Il n'y a rien de si

Comment la pucelle vint devers le roy.

COMMENT LA PUCELLE VINT DEVERS LE ROI
D'après une gravure des Vigiles
de Charles VII par MARTIAL d'Auvergne. (*Musée Carnavalet.*)

ne se résout point à l'employer près des grands, mais les intrigants s'en font une arme toute-puissante.

Et voilà comment marche le monde; voilà aussi comment il est en souffrance, par l'inactivité forcée des bons; car s'il est grave pour les hommes d'entendre l'erreur, il l'est bien davantage d'être privés, par l'oppression des puissants et la servitude qu'elle impose aux bons esprits, des vérités qu'il leur serait opportun d'entendre et qui pourraient les sauver.

Combien Jeanne eut songé à ces choses quand, arrivant à la cour et avant même d'y entrer, elle trouva sur son chemin la sourde et irréductible opposition des seigneurs qui entouraient le Dauphin!

Cette opposition dura pendant le cours entier de son action publique et ne désarma pas même devant la captivité et la mort de l'infortunée victime.

Certes, pour une âme moins grande et moins vaillante, il y eût eu là l'objet d'une surprise douloureuse et d'une désillusion qui eût pu devenir fatale à l'œuvre qu'elle entreprenait.

Quoi! les voix du Ciel lui ont parlé, elle a quitté famille et pays pour leur obéir; ni les dures paroles de son père et ses menaces, ni les larmes de sa mère ne l'ont arrêtée. Elle a su vaincre les hésitations de Baudricourt, renverser les obstacles que lui créaient la défiance et les lenteurs de ce capitaine. Accueillie d'abord avec suspicion et raillerie par les gens de Vaucouleurs, elle les a gagnés à sa cause; elle a vaillamment et patiemment obtenu l'équipement et la monture qui lui manquaient; ni les longueurs ni les dangers d'un voyage à travers le pays occupé par l'ennemi ne l'ont arrêtée. La voici,

sec, ni de moins souple, ni de moins flexible, et il y a tant de choses qu'il ne peut pas faire, qu'à la fin il est regardé comme un homme qui n'est bon à rien et entièrement inutile. Aussi, étant inutile, on se résout facilement à le mépriser, ensuite à le laisser périr sans en faire bruit et même à le sacrifier à l'intérêt et aux pressantes sollicitations de cet homme de grand secours, qui ne ménage rien, ni le saint, ni le profane, pour nous servir. » Bossuet, 3e *Serm. pour le 4e Dimanche de Carême.*

naïve et généreuse, qui vient au Dauphin pour relever son courage et le faire sacrer roi de France, et ce Dauphin hésitera à l'accueillir; autour de lui, dès le premier jour, les intrigues, la haine même se feront jour pour anéantir le dessein de Jeanne et l'étouffer dès le début; et cette France qu'elle veut sauver, conduire à la victoire, va, dans la personne des seigneurs et des chefs qui la gouvernent, refuser son dévouement et ses services.

Rude épreuve pour un cœur jeune et droit. Combien d'autres ainsi rebutés se fussent retirés la mort dans l'âme et l'indignation sur les lèvres!

L'admirable génie et la vertu de Jeanne l'élevèrent dès la première heure au-dessus de ces misères. Comme si dès longtemps elle eût connu les hommes et les mesquines passions qui les agitent, elle ne laissa voir ni déception ni découragement. Ses forces s'accrurent avec l'obstacle et sa constance s'affermit par les entraves mêmes dont on voulait l'entourer. Comme elle avait dit à Vaucouleurs : « J'irai, dussé-je m'user les jambes jusqu'aux genoux », ainsi dit-elle sur le chemin de Chinon : « J'irai, quoi que ce soit qui tente de m'arrêter ».

« JE RECONNUS LE ROI, ENTRE LES AUTRES, PAR LE CONSEIL DE MA VOIX »
D'après un dessin de CABASSON.

Aussi bien, diplomate consommé autant que fille vaillante, elle se garda de laisser agir ses adversaires sans riposter à leurs coups. Voulant, avant même d'aborder le Dauphin, s'emparer de son esprit et s'assurer sa confiance, elle lui écrivit ou plutôt lui fit écrire de Sainte-Catherine-de-Fierbois pour lui demander la permission de se présenter à lui.

Loin de s'autoriser des premiers avantages déjà obtenus pour dédaigner les difficultés nouvelles et négliger de les résoudre, elle n'en profite que pour se montrer plus humble, tout en ne doutant jamais ni de la réalité de sa mission, ni du succès final de ses efforts.

C'est une marque particulière et bien digne d'étude en Jeanne d'Arc que ce mélange d'assurance ferme et de parfaite modestie. Ce fut sa grande force, et c'est aussi l'un des côtés par lesquels se révèlent en elle les dons admirables et vraiment extraordinaires de sa nature.

A tout instant on la verra ainsi affirmant que Dieu l'envoie, déclarant que c'est elle, et elle seule, qui sauvera la France, que nul n'a le droit de l'entraver, et que qui tente de le faire, insulte à son Seigneur, le roi du Ciel.

Mais toujours aussi elle dira qu'elle est dans la main de Dieu et que, loin de s'en prévaloir avec orgueil, elle reconnaît simplement « qu'il a plu à Dieu ainsi faire par une simple pucelle ».

Elle est ainsi un exemple frappant et fort instructif de cette union parfaite de la force et de la douceur qui fut toujours la marque des grandes âmes.

Ne négligeant aucun des moyens qui pouvaient lui concilier la faveur du Dauphin, Jeanne, dans sa lettre, s'efforça d'exciter en lui la curiosité. Elle lui dit qu'ayant fait cinquante lieues pour venir à lui, elle savait plusieurs choses qui l'intéressaient grandement, et, pour lui donner un gage de la légitimité de sa mission, elle ajoutait qu'elle saurait le distinguer parmi tous ceux de sa cour.

La lettre de Jeanne fut accueillie diversement par l'entourage du Dauphin. Celui-ci toutefois ne la dédaigna point, quoiqu'il réservât son avis et ne s'engageât pas. L'état de ses affaires était tel, du reste, qu'il n'avait rien à risquer ni à perdre en accueillant Jeanne avec quelque faveur. Sa position devenait chaque jour plus critique : ses armées erraient à l'aventure, sans but et sans direction ; le trésor royal était épuisé et son trésorier lui déclarait un jour qu'il « n'avait pas quatre écus en caisse », tant de l'argent du prince que du sien.

Orléans, de plus en plus serré de près par les Anglais, allait succomber, sans que personne pût arriver à défendre cette place importante. Dans cette détresse, Charles VII en venait à se demander en quel pays il irait chercher asile ; on songeait pour lui à l'Espagne.

La reine de Sicile sa belle-mère et quelques serviteurs dévoués gémissaient amèrement sur cet état des choses de France et se déclaraient prêts à tout tenter pour conjurer une catastrophe dernière. Mais le tout-puissant La Trémoïlle entravait ces bons desseins. La fortune de la France lui importait peu à l'envi de la sienne propre. Maître incontesté d'un faible Dauphin régnant sur un pays démembré, il redoutait la restauration du royaume, craignant que le pouvoir dont il usait ne lui fût alors enlevé. A ce titre, Jeanne lui apparaissait plutôt comme une cause de péril que comme un instrument de salut.

Toutefois, astucieux autant que superbe, il comprit bien qu'il lui serait malaisé de fermer à la Pucelle tout accès auprès du Roi, et que les seigneurs ne lui pardonneraient pas de refuser d'admettre à examen le secours qu'offrait celle-ci, quand, tout étant désespéré, le moindre appui devenait précieux.

Il conseilla donc qu'on la laissât venir, mais il se promit d'être attentif aux moindres démarches de l'héroïne et d'entraver à tout prix son action. Jeanne trouva en lui son plus redoutable adversaire. Regnault de Chartres, archevêque de Reims, ne lui fut guère moins adverse, et le nom de ces deux hommes doit être placé près de ceux des juges de Rouen. Ceux-ci firent mourir Jeanne d'Arc; les deux premiers ne négligèrent rien pour l'empêcher de vivre en l'empêchant d'agir.

SCEAU DU ROI CHARLES VII
Conservé aux Archives nationales.

Êtres dignes les uns des autres et pour lesquels, avec l'histoire, la conscience des gens de bien ne saurait être trop sévère. Honorons-nous nous-mêmes en les jugeant comme ils le méritent.

En face de ces hommes indignes de leur rang comme du pouvoir qu'ils détenaient, il est consolant d'évoquer le souvenir de deux princes chez lesquels Jeanne d'Arc trouva un appui ferme et un attachement qui ne se démentit pas. Nous voulons parler de Jean, duc d'Alençon, et de Dunois, dit le Bâtard d'Orléans.

Descendant de princes valeureux, Jean, duc d'Alençon, se montra digne de son origine. Dès l'âge de dix-huit ans il fut fait prisonnier à la bataille de Verneuil. Il fut pendant cinq ans captif dans la forteresse au Crotoy, où Jeanne d'Arc, peu après, devait gémir elle-même pendant plusieurs mois, avant d'être définitivement livrée aux mains des Anglais.

En 1429, il fut rendu à la liberté. Il vit Jeanne à Chinon et dès le premier jour s'établirent entre l'héroïne et lui des liens qui ne devaient plus se rompre qu'au jour de la captivité de la Pucelle.

Il fut cité comme témoin au procès de réhabilitation. Son témoignage, fort net et très formel, abonde en faits intéressants sur le séjour de Jeanne à Chinon et sur plusieurs de ses faits de guerre. Il abonde aussi en remarques touchant le naturel de l'héroïne, sa grâce simple et vive et la grandeur de son âme.

On en lira avec intérêt quelques extraits.

« Un jour, dit le duc, que j'étais à la chasse aux cailles près de Saint-Florent-lès-Saumur, un de mes courriers vint m'annoncer qu'il était arrivé près du Roi une fille qui se déclarait envoyée de Dieu pour mettre en fuite les Anglais et faire lever le siège d'Orléans.

« Sur cette nouvelle, je me rendis à Chinon le lendemain. J'y trouvai ladite Jeanne conversant avec le Roi.... Comme j'approchai, Jeanne demanda qui j'étais. — « C'est mon cousin, le duc d'Alençon », répondit le Roi. — « Vous, soyez le très-bien venu, me dit Jeanne. Plus on sera ensemble du « sang du Roi de France, mieux cela sera. »

« Le jour d'après, Jeanne vint à la messe du Roi et, quand elle l'aperçut, elle lui fit la révérence. Le Roi la conduisit dans une chambre. Le seigneur de la Trémoïlle et moi nous étions avec lui. Il avait fait retirer tous les autres et nous avait retenus. Alors Jeanne adressa au Roi plusieurs requêtes. Elle lui demanda particulièrement de faire don de son royaume au « Roi des Cieux », après quoi le Roi des Cieux ferait pour lui ce qu'il avait fait pour ses prédécesseurs et le replacerait en l'état de ses pères.

« Ce même jour, le Roi étant à la promenade, Jeanne fit en sa présence une course, lance en main. Ayant vu comme elle avait bonne mine à courir et porter la lance, je lui fis don d'un cheval.

« Le Roi finit par décider que Jeanne serait examinée par les gens d'Église. A ce soin furent délégués l'évêque de Castres[1], confesseur du roi; l'évêque de Poitiers, maître Pierre de Versailles, depuis évêque de Meaux; maître Jourdain, moine, et plusieurs autres, dont les noms ne me reviennent pas.

« Ils interrogèrent Jeanne en ma présence, lui demandant pourquoi

1. Gérard Machet.

« FAITES DON DE VOTRE ROYAUME AU ROI DES CIEUX, ET IL FERA POUR VOUS CE QU'IL A FAIT POUR VOS ANCÊTRES »
D'après la lithographie de CHASSELAT (1819).

elle était venue et qui l'avait fait venir au Roi. Elle répondit qu'elle était venue de la part du Roi des Cieux et qu'elle avait des voix et un conseil qui lui dictaient ce qu'il y avait à faire. Mais là-dessus les souvenirs me manquent.

« Dans la suite, un jour qu'elle dînait avec moi, Jeanne me déclara qu'elle avait été beaucoup examinée, mais savait et pouvait plus de choses qu'elle n'avait dit à ceux qui l'interrogeaient[1]. »

Le duc s'étend ensuite sur les procès de Poitiers et les événements d'Orléans. Nous reviendrons sur ces témoignages et nous en donnerons le texte, car il en est peu qui soient d'un intérêt plus grand et jettent sur la vie de Jeanne une plus vive lumière.

Ajoutons seulement ici le passage suivant, où nous verrons, en même temps que le dévouement, — fut-il dire de mère ou de sœur aînée? — de Jeanne pour le duc, la façon simple, cordiale et dignement familière dont la Pucelle en allait avec les seigneurs, quelques jours à peine après son arrivée à la cour.

1. Joseph Fabre, *Procès de réhabilitation*, t. I, p. 173 et suiv.

CHARLES VII ENTOURÉ DE JEANNE D'ARC ET DE SA COUR
D'après une miniature des Vigiles de JEAN CHARTIER, XVe siècle. (*Bibl. de l'Arsenal.*)

« Nous étions en conseil, dit le duc d'Alençon, lorsqu'il nous fut rapporté que La Hire conférait avec Suffolk. A cette nouvelle, les autres et moi, qui avions la charge de l'expédition, nous fûmes mécontents de La Hire. Il fut mandé et vint.

« La Hire venu, l'assaut fut résolu. Les hérauts d'armes se mirent à crier : « A l'assaut ! » Et Jeanne me dit : « Avant, gentil duc, « à l'assaut ! » Il me semblait qu'en commençant si promptement l'assaut nous allions trop vite en besogne. Jeanne me dit : « Ne doutez « pas. L'heure est bonne, quand « il plaît à Dieu. Il faut besogner « quand Dieu le veut, besognez, « et Dieu besognera. »

« Un peu après, elle me dit : « Ah ! gentil duc, as-tu peur ? Ne sais-tu pas que j'ai promis à ta femme de te ramener sain et sauf ? » — Et en effet, lorsque je quittai ma femme pour venir à l'armée avec Jeanne, ma femme lui dit : « Jeannette, je crains beaucoup pour mon mari. « Il sort à peine de prison et il a fallu dépenser tant d'argent pour sa « rançon que je le prierais bien volontiers de rester au logis. » — A quoi Jeanne répondit : « Madame, soyez sans crainte, je vous le rendrai sain et « en tel ou meilleur état qu'il n'est. »

« Durant l'assaut, comme j'étais à une certaine place, Jeanne me dit : « Retirez-vous de là. Si vous ne vous retirez, cette machine vous tuera ». Je me retirai, et peu après la machine que Jeanne m'avait désignée tua le sire du Lude, à la place même d'où je m'étais retiré. Tout cela me fit une grande impression. J'étais fort émerveillé des paroles de Jeanne et de la vérité de ses prédictions. »

En parenthèse, faisons ces simples remarques à l'occasion de ce témoignage du duc : Quand Jeanne parle aux chefs ou aux soldats, elle fortifie toujours sa parole ou ses actes, de son esprit de foi et de l'intervention divine. Le duc hésite à monter à l'assaut. Jeanne n'oppose pas à son avis son avis personnel, c'est Dieu, son vouloir et son secours qu'elle allègue. — « Ne doutez pas. L'heure est bonne quand il plaît à Dieu. Il faut besogner quand Dieu veut. Besognons et Dieu besognera. »

Le duc a bien rendu aussi, dans son témoignage, les paroles mêmes de Jeanne; il leur a gardé cette marque nette, vive, primesautière et concise, si digne de remarque et que l'on retrouve dans tous ses propos. On dirait autant de sentences, et, de fait, ce sont des sentences : « L'heure est bonne quand il plaît à Dieu », et la même pensée rendue plus vive et plus forte : « Il faut besogner quand Dieu veut ». — Et enfin : « Besognons, Dieu besognera ». C'est sous une forme nouvelle et plus originale le proverbe connu et qu'elle aimait du reste à citer : « Aide-toi, le Ciel t'aidera ».

La forme donnée par Jeanne est plus claire et plus pressante.

Avisée et souple, Jeanne variait son allure suivant le caractère des personnages avec lesquels elle s'entretenait. Avec le duc, elle est allègre, presque enjouée et familière. C'est de bonne mise avec les gens de guerre : « Ah! gentil (noble) duc, as-tu peur? Ne sais-tu pas que j'ai promis à ta femme de te ramener sain et sauf? »

JEANNE D'ARC
D'après la gravure d'André Thévet (1584).

A la duchesse, au contraire, elle répond en forme grave et respectueuse : « Madame, soyez sans crainte, je vous le rendrai sain et en tel ou meilleur état qu'il n'est ».

Ne peut-on remarquer encore la grande différence des sentiments de ces deux femmes en cette rencontre? La duchesse est fort anxieuse, elle « craint beaucoup pour son mari ». Toutefois, de son aveu un peu naïf, autre chose l'inquiète que les périls mêmes que le duc va courir : « Il sort à peine de prison et il a fallu dépenser tout d'argent, que je le prierais bien volontiers de rester au logis ».

Le souci de la richesse n'est que médiocrement héroïque, et Jeanne eût pu lui répondre qu'elle-même avait fait d'autres sacrifices plus grands et tout quitté, famille et amis, pour courir au salut du Roi et de la France.

Mais eût-elle été comprise? La femme du duc n'entendait guère peut-être de tels propos. Ici, c'est Jeanne qui parle en duchesse, et la duchesse qui le fait en paysanne.

Remarquez encore qu'à la cour on dut, même quelque temps après l'arrivée de Jeanne, l'appeler, comme à Domremy, « Jeannette », car le duc l'appelait ainsi. Il est presque regrettable qu'on ne lui ait pas laissé toujours ce nom, gracieux comme elle.

SCEAU DE DUNOIS

Sans doute elle-même y eût trouvé quelque agrément. C'eût été au milieu de ses épreuves comme une brise d'air natal.

Au milieu des seigneurs qui formaient autour du Dauphin une cour trop digne de lui, un autre prince apparaît, qui fut un ami dévoué de Jeanne et, dès la première heure, lui rendit justice.

Nous voulons parler du comte de Longueville, Dunois, dit le Bâtard d'Orléans. C'est une gloire pour la ville de Blois que d'avoir fourni à Jeanne ce ferme et très fidèle appui.[1]

Dunois était le fils de Louis d'Orléans, comte de Blois. Né d'un amour coupable, il semble qu'il ait voulu effacer par ses hautes et touchantes qualités la tache de son origine.

A la mort de Louis d'Orléans, Valentine de Milan, épouse de celui-ci, l'avait recueilli et élevé comme s'il eût été son propre fils. Elle l'avait aimé d'un amour égal à celui qu'elle portait à ses enfants et c'est de lui qu'elle leur disait sur son lit de mort cette parole étrange, où se révèle un mystère si touchant du cœur de l'épouse et de la mère : « Voilà Jean, qui est mon enfant comme vous; on me l'avait dérobé, je l'ai repris ».

Elle avait ajouté : « Je suis sûre que nul ne saura mieux que lui faire du mal à l'Anglais et venger son père ».

Jeune encore à l'époque où Jeanne vint à Chinon, — il n'avait que vingt-quatre ans, — il était déjà de tous les chefs de l'armée celui sur lequel reposaient les espérances les plus fermes. Cinq ans auparavant il avait vaillamment combattu à Rouvray, où il avait été blessé, et en 1427 il avait, avec seize cents hommes, taillé en pièces, sous les murs de Montargis, trois mille Anglais commandés par Warwick, Suffolk et Jean de la Polle.

Il venait de victorieusement défendre Orléans assiégé par Bedfort et avait été de nouveau blessé à la Journée des Harengs.

Élevé au château de Blois, il avait été chargé de la défense de cette ville, en même temps que de celle d'Orléans.

DUNOIS, DIT LE BATARD D'ORLÉANS
D'après une miniature d'un manuscrit français datant de 1450.
(*Bibliothèque nationale.*)

Ayant entendu parler du passage de Jeanne d'Arc à Gien, il envoya sans délai à Chinon deux de ses meilleurs chevaliers, Villars et Jamet du Tillay, l'un et l'autre capitaines du château de Blois. Ils avaient mission de s'enquérir sur la Pucelle.

Les renseignements que rapportèrent les envoyés le convainquirent, et de tous les chefs de l'armée il fut, on peut le dire, le premier qui accueillit Jeanne, le dernier qui songeât à l'oublier. Il fut dans les combats le fidèle compagnon qui la suivit partout. Nous le verrons avec elle à Orléans sous le fort des Tournelles. Nous le retrouverons à Blois, près de l'héroïne, après la délivrance d'Orléans; à Loches, à Patay, il combattra près d'elle; à Reims, il se réjouira des triomphes de la Pucelle plus que des siens mêmes, et sa fidèle sympathie fera contraste avec les méchants propos de ceux qui la blâmeront d'avoir déployé son étendard au sacre du Dauphin. Plus tard, elle sera captive : il ne cessera de songer à la délivrer; nul ne pleurera sa mort avec des larmes plus émues.

DUNOIS, LE BATARD D'ORLÉANS
D'après une statue en pierre peinte du XVe siècle, conservée dans la chapelle du château de Châteaudun.

Au procès de réhabilitation, vingt-cinq ans après la mort de la Pucelle, son dévouement et son culte pour la pieuse et sublime enfant n'auront rien perdu de leur vivacité première, et parmi les divers témoignages rendus à la victime des Anglais et de leurs émissaires, nul, avec le duc d'Alençon, ne mettra en plus grande lumière tour à tour le courage de la guerrière, l'angélique pureté de la vierge, le sentiment de vénération qu'elle répandait autour d'elle et le caractère inspiré de sa mission.

Nul langage n'est plus touchant que celui de ce guerrier si terrible sur les champs de bataille et qui vient rendre à Jeanne, avec l'ingénuité d'un adolescent pieux, le témoignage de son dévouement fidèle et de son admiration.

Il faut lire ce témoignage; il est éloquent et d'une éloquence simple, de sens et de cœur, bien faite pour nous toucher.

Notre temps a le goût du discours simple et droit. Volontiers avec Bossuet il estimerait que « l'éloquence n'a que deux qualités : la vérité et la simplicité ».

Il n'entendra pas sans émotion le langage de ce loyal soldat et de cet homme de bien, et pour amener nos contemporains à penser de Jeanne ce qu'il convient, nul discours peut-être n'est plus opportun que celui de Dunois disant, sans faiblesse comme sans forfanterie ni pédantisme, ce qu'il pense de Jeanne et du caractère de sa mission. Voici son témoignage :

tion, vingt-cinq ans après la mort de la Pucelle, son dévouement et son culte pour la pieuse et sublime enfant n'auront rien perdu de leur vivacité première, et parmi les divers témoignages rendus à la victime des Anglais et de leurs émissaires, nul, avec le duc d'Alençon, ne mettra en plus grande lumière tour à tour le courage de la guerrière, l'angélique pureté de la vierge, le sentiment de vénération qu'elle répandait autour d'elle et le caractère inspiré de sa mission.

Nul langage n'est plus touchant que celui de ce guerrier si terrible sur les champs de bataille et qui vient rendre à Jeanne, avec l'ingénuité d'un adolescent pieux, le témoignage de son dévouement fidèle et de son admiration.

Jeanne d'Arc

Jeanne entend les Voix du Ciel

D'après un carton d'E. Grasset, collection de M.r Gaudin

« Je crois, dit-il, que Jeanne a été envoyée de Dieu. Ses faits et gestes dans la guerre ne paraissent procéder non d'industrie humaine, mais d'inspiration divine.

« Ce que je vais vous dire vous expliquera ma créance.

« J'étais à Orléans, alors assiégé, quand le bruit se répandit que par la ville de Gien venait de passer une jeune fille, vulgairement dite la Pucelle, qui déclarait se rendre auprès du noble Dauphin, avec mission de faire lever le siège d'Orléans et de conduire le Dauphin à Reims pour le sacre.

« Ayant charge de garder la ville d'Orléans et étant lieutenant général

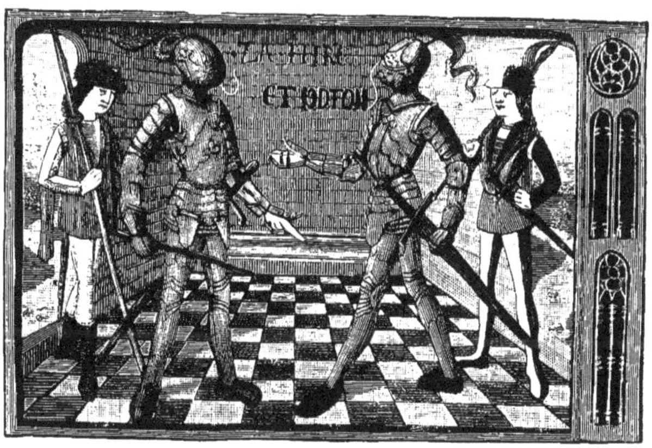

LAHIRE ET XAINTRAILLES
D'après la miniature d'un manuscrit du xve siècle. (*Bibl. nat.*)

du Roi, j'envoyai le seigneur de Villars, sénéchal de Beaucaire, et Jamet du Tillay, depuis bailli de Vermandois, prendre des renseignements sur cette jeune fille.

« Ils me rapportèrent en présence de toute la population d'Orléans, très avide de savoir la vérité sur l'arrivée de cette Pucelle, qu'ils avaient vu Jeanne près du Roi à Chinon ; que le Roi, à première vue, n'avait pas voulu la recevoir et qu'elle avait même dû passer deux jours à attendre une audience, quoiqu'elle persistât à dire : « Je suis venue pour faire lever le siège d'Orléans « et conduire le Roi à Reims. Il me faut des hommes, des chevaux et des « armes ».

Ici Dunois parle du procès de Poitiers et de l'arrivée de Jeanne et de l'armée sous Orléans.

« Ni aux capitaines, ni à moi-même, continue Dunois, il ne nous semblait possible que l'armée qui conduisait le convoi fût capable de résister et de faire entrer les vivres par ce côté. Force était donc de recourir à des bateaux par lesquels le convoi pénétrerait dans la ville. Mais la chose n'allait pas sans difficultés; car il fallait remonter le courant, et le vent était totalement contraire.

« C'est alors que Jeanne me dit : « Êtes-vous le bâtard d'Orléans? « — Oui, répondis-je, et je me réjouis de votre arrivée. — Est-ce vous qui « avez donné conseil que je vienne ici, de ce côté de la rivière, et que je « n'aille pas directement où étaient Talbot et les Anglais? » — Je lui dis : « Moi et de plus sages que moi avons donné ce conseil, croyant faire mieux « et plus sûrement. — En nom Dieu, répliqua Jeanne, « le conseil de Notre Seigneur est plus sûr et plus « sage que le vôtre. Vous avez cru me tromper, « et vous vous trompez davantage vous-mêmes; « car je vous amène meilleur secours qu'il « n'en est jamais venu à chevalier ni roi quel- « conque. Toutefois, il ne vous vient pas par « amour de moi; il procède de Dieu même « qui, à la requête de saint Louis et de saint « Charlemagne, a eu pitié de la ville d'Orléans et « n'a pas voulu que les ennemis eussent à la fois le « corps du duc et sa ville. »

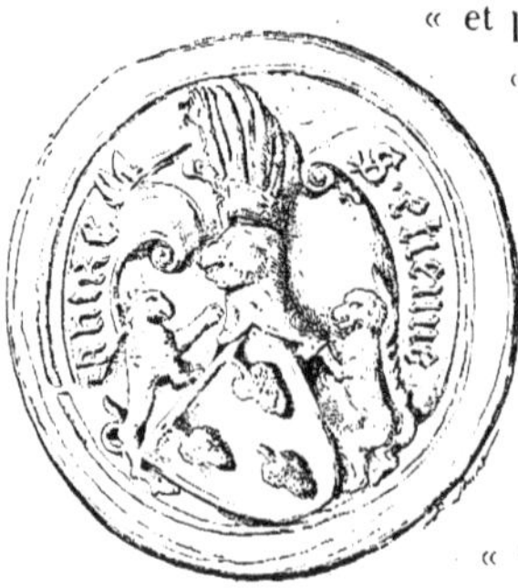

SCEAU DE LAHIRE

Tout à coup le vent change et le succès couronne le dessein de Jeanne.

« D'après ce que je viens de raconter, ajoute le brave Dunois, il me semble visible que les dits et faits de Jeanne dans l'armée étaient chose divine plutôt qu'humaine,... tout cela est de Dieu!

« Je vous citerai un autre fait où je vois également le doigt de Dieu », poursuivit Dunois.

Il raconte alors la bataille livrée le second jour sous Orléans, l'impossibilité où l'armée française était de vaincre, et les instances qu'il fit lui-même pour qu'on se retirât.

« Sur ce, continue-t-il, la Pucelle vient à moi et me requiert d'attendre encore un peu. En même temps elle monte à cheval, se retire dans une vigne, seule à l'écart, et là reste en prière l'espace d'un demi-quart d'heure; puis, elle revient, prend son étendard en ses mains, pressant l'ennemi. A sa vue les Anglais frémissent et sont saisis d'épouvante; les soldats du Roi reprennent cœur et courent à l'escalade. Le boulevard est assailli. Pas de résistance. La bastille est prise : les Anglais qui y étaient se mirent à fuir et tous périrent[1]. »

LAHIRE ET XAINTRAILLES A LA TÊTE DE LEURS GENS D'ARMES
D'après une miniature d'un manuscrit français. (*Bibl. nat.*)

Nous devançons les faits en commentant ce récit des événements passés sous Orléans, mais il nous a paru qu'il était bon de citer ce passage du témoignage de Dunois. On y retrouve Jeanne toute entière. Mais Dunois s'y révèle aussi, avec son âme vaillante et généreuse, plus jaloux de glorifier Jeanne en la mettant en contradiction avec lui-même que de sauvegarder sa propre dignité en cachant le sage conseil que Jeanne lui donna quand elle l'empêcha de fuir. Au cours de son récit, il s'anime. Après vingt-sept ans écoulés, on le croit encore sur le champ de bataille; les faits se succèdent foudroyants, son style est bref, rapide, comme l'action de Jeanne. « Les Anglais frémissent,... les soldats du Roi reprennent cœur,... le boulevard est assailli, la bastille est prise, les Anglais s'enfuient, tous périssent. »

Voilà le bon Dunois devenu peintre de batailles.

Quel sujet, du reste, digne d'un peintre habile! Jeanne enfant, — elle n'avait que dix-sept ans et quelques mois, — lutte tout le jour. La victoire se refuse, les courages faiblissent, les chefs veulent battre en retraite. Dunois, Dunois lui-même veut céder.

1. Joseph Fabre, *Procès de réhabilitation*.

Jeanne arrive, demande un répit de quelques instants, se retire dans une vigne, prie, revient, reprend son étendard, presse l'ennemi; on la suit et la bataille est gagnée. Quelle épopée singulière! Quel heurt perpétuel des choses les plus opposées! Quel contraste de la faiblesse et de la force, de l'âge tendre avec l'expérience consommée!

Le Bâtard d'Orléans clôt sa déposition dans les termes suivants : « Maintenant, de la vie de Jeanne, de ses mœurs et de sa tenue au milieu des hommes d'armes, je n'ai que du bien à dire. Jamais il n'y eut plus sobre qu'elle. Le seigneur d'Aubin, chevalier, aujourd'hui sénéchal de Beaucaire, qui, vu sa grande sagesse et honnêteté, avait été mis par le Roi à côté de Jeanne pour veiller sur elle, m'a dit plusieurs fois qu'il ne croyait pas qu'aucune femme pût être plus chaste que Jeanne ne l'était.

« Elle faisait sonner les cloches à peu près une demi-heure et réunissait les religieux mendiants qui étaient à la suite de l'armée du Roi. Puis elle se mettait en oraison et faisait chanter par les religieux mendiants une antienne en l'honneur de la Bienheureuse Vierge, mère de Dieu[1]. »

Il est facile de voir, par la nature de ce témoignage, en quelle vénération Dunois tenait Jeanne d'Arc et quel était aussi son dévouement pour sa personne.

Mais les sentiments qu'il professait pour la Pucelle et dont il lui donna tant de preuves touchantes ne sont pas le seul lien qui l'unisse à Jeanne.

L'on dirait qu'en mourant celle-ci lui légua, comme un héritage sacré, la tâche de parfaire ce qu'elle laissait inachevé.

C'est Dunois, en effet, qui reconquit pour le Roi cette ville de Paris qu'elle avait si fort souhaité de reprendre aux Anglais.

« Avant sept ans, avait-elle dit à ses juges, les Anglais seront boutés hors de France. » Ils le furent en effet, et c'est Dunois qui, à Formigny, réalisa la prédiction de Jeanne et les bouta hors de France en les chassant de cette malheureuse terre normande qu'ils ne devaient plus fouler qu'en touristes.

Ce fut un secours précieux pour Jeanne d'Arc que la sympathie de Dunois. L'accueil qu'il lui fit et la considération qu'il lui marqua lui conférèrent d'emblée autorité et prestige devant l'armée et ses chefs.

1. Joseph Fabre, *Procès de réhabilitation*, t. I, p. 198 et suiv.

La Pucelle devait toutefois trouver un appui non moins ferme et plus efficace, une consécration plus haute, dans le jugement que porta sur elle un autre fils de la ville de Blois. Nous parlons de Gérard Machet, confesseur du Dauphin.

JEANNE EST PRÉSENTÉE AU ROI
D'après une miniature d'un manuscrit français (*Bibl. nat.*)

Chanoine de Chartres et de Paris, membre de l'Université de cette ville, dont il avait été recteur et vice-chancelier, il devint plus tard évêque de Castres. Ami du docte, probe et pieux Gerson, il eut seul avec lui, dans les rangs de cette corporation fameuse alors inféodée au parti anglais, la sagesse et le courage de rendre témoignage à la vérité de Jeanne d'Arc et à sa mission.

Dès l'arrivée de la Pucelle près du Dauphin, celui-ci voulut qu'elle fût soumise à l'examen de Gérard, dont il avait fait, en même temps que son confesseur, son conseiller intime.

Gérard Machet interrogea longuement Jeanne et lui rendit un témoignage auquel le Dauphin souscrivit.

On a trop négligé de considérer l'importance de la tâche confiée à ce prêtre et le poids de la responsabilité qui lui incomba.

Que fût-il advenu de Jeanne et de sa mission si Gérard Machet l'eût repoussée et, par ses conseils, eût dissuadé le Dauphin de lui accorder confiance?

Dans le songe où Dieu révéla à Mardochée les hautes destinées d'Esther, elle apparaît à celui-ci, nous dit-il, sous l'image d'une humble source qui devient un fleuve large et profond et dont les eaux abondantes rebondissaient.

Il est difficile d'arrêter un fleuve quand son cours s'est établi dans un lit profond et large; mais quand il n'est encore qu'une source, combien aisément on peut rompre le fil de ses eaux!

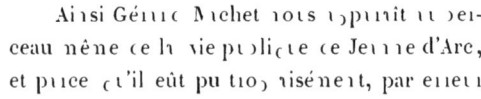

MONNAIE DU DAUPHIN CHARLES VII

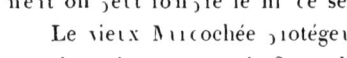

Le vieux Mardochée protégea en sa nièce cette humble source et le fleuve lui dut l'étendue de son cours.

Ainsi Gérard Machet nous apparaît au berceau même de la vie publique de Jeanne d'Arc, et parce qu'il eût pu trop aisément, par erreur ou injustice, nous priver du secours inespéré qu'elle apportait à la France, la France lui est en quelque sorte redevable du bienfait d'avoir eu Jeanne comme libératrice.

Ce que fut pour la Pucelle Durand Laxart à Vaucouleurs, Gérard l'est pour elle à Chinon.

Il y a donc lieu pour les gens de bien que l'esprit de secte n'égare pas, d'opposer ce nom vénérable à celui du triste évêque qu'on nous jette si fréquemment à la face.

Si Cauchon a fait mourir Jeanne, Gérard Machet lui a donné de vivre, d'agir, de combattre pour la France et de la sauver.

Gérard Machet était Blésois. C'est encore un honneur pour la ville de Blois d'avoir assuré à Jeanne d'Arc cet ami sûr.

Trop longtemps ses habitants ont oublié cette gloire locale. Ils s'en sont souvenus enfin à l'appel de quelques hommes de cœur[1].

La Trémoïlle avait dû céder devant la force des événements et permission avait été accordée à la Pucelle de venir vers le Dauphin. Toutefois les hésitations de celui-ci n'avaient point entièrement disparu et quelques défiances le tenaient encore à l'endroit de Jeanne.

1. M. l'abbé Develle a publié sur *Jeanne d'Arc à Blois et à Selles* en Berry un ouvrage fort intéressant. Orléans, Herluison, 1894.

Elle arriva à Chinon le 6 mars 1429. Deux jours durant elle dut attendre qu'on l'admît à audience, et peut-être eût-elle attendu vainement, si Jean de Metz et Bertrand de Poulengy, ses fidèles compagnons, ne s'étaient employés activement en sa faveur.

JEANNE D'ARC, CÉLÈBRE HÉROÏNE FRANÇAISE
D'après la gravure de J. Voyez (1787).

Les onze jours passés en voyage avec Jeanne la leur avaient fait mieux connaître encore. Ils ont dit eux-mêmes, en un témoignage que nous avons cité, quelle admiration enthousiaste excitaient en eux ses discours, sa piété et sa vertu.

Témoins désintéressés, ils parlèrent selon ce qu'ils avaient ressenti et le firent avec l'éloquence des gens de guerre, brève mais loyale, émue et concluante. Ils en entretinrent plusieurs des seigneurs de la cour, et le Dauphin sans doute en eut quelque écho.

Il fut donc résolu que la Pucelle serait admise à audience. Mais, par défiance encore et aussi par une de ces manies qui portent les hommes à demander des prodiges à ceux surtout dont ils semblent n'espérer rien, le Dauphin résolut de se dissimuler et de faire présenter à Jeanne un de ses courtisans en sa place. La Pucelle ne fut pas dupe de ce subterfuge. Elle a raconté elle-même cet incident au procès de Rouen.

« J'allai, dit-elle, sans empêchement jusqu'à mon Roi. Arrivée au village de Sainte-Catherine-de-Fierbois, je commençai par envoyer au château de Chinon, où était le Roi. Vers midi, j'arrivai à Chinon et me logeai dans une hôtellerie. Après le dîner, j'allai trouver le Roi, qui était dans le château.

« ... Quand j'entrai dans la chambre du Roi, je le reconnus entre les nues par le conseil de ma voix, qui me le révéla, et je lui dis que je voulais aller faire la guerre aux Anglais[1]. »

Le Dauphin reçut Jeanne plusieurs fois, l'entretint longuement et fut séduit par la droiture et la sûreté de son jugement, par la netteté de ses déclarations et le dévouement qu'elle montrait pour sa cause. Il fut frappé surtout, dit-on, de l'assurance que Jeanne lui donna de la légitimité de sa naissance.

Le Dauphin toutefois ne voulut rien décider sans avoir pris l'avis de quelques personnages ecclésiastiques considérables et il remit Jeanne à l'examen d'une commission composée de l'évêque de Castres, de celui de Senlis, de celui de Maguelonne[2], de l'évêque de Poitiers et de Pierre de Versailles, depuis évêque de Meaux. Ils interrogèrent Jeanne sur les causes de sa venue, la source et la nature des conseils qui l'avaient poussée à venir et le but qu'elle se proposait.

SCEAU DE LA TRÉMOÏLLE

Jeanne répondit nettement aux questions qui lui furent posées. Toutefois, déjà fidèle à cette union frappante de force et de prudence que l'on remarqua toujours en elle, elle se garda de tout dire aux prélats de ce qu'elle savait : non qu'elle fût capable de quelque mensonge, mais parce qu'elle n'ignorait pas que, si la vérité est bonne en soi, encore ne faut-il la donner aux hommes que dans la mesure où ils la peuvent porter avec fruit pour eux-mêmes et sans que leurs passions ou leur ignorance la puissent inutilement compromettre.

En dépit de la gravité des prélats chargés de l'examiner, Jeanne ne leur confia donc que ce qu'ils pouvaient porter des secrets qu'elle eût pu leur confier.

« Un jour qu'elle dînait avec moi, dit le duc d'Alençon, Jeanne me déclara qu'elle avait été beaucoup examinée, mais savait et pouvait plus de choses qu'elle n'avait dit à ceux qui l'interrogeaient. »

1. Dunois et quelques témoins assurent que Jeanne attendit deux jours avant d'être admise. Il se peut que la Pucelle ait oublié ce détail; mais il n'est pas clair que Jeanne, en disant que « après le dîner » elle alla trouver le Dauphin, parle du jour même de son arrivée à Chinon.

2. Après les premières victoires de Jeanne d'Arc, un envoyé spécial alla à Montpellier porter les « bonnes nouvelles » du succès des armes françaises. C'est peut-être en souvenir de l'évêque de Maguelonne, cité ici, que Jeanne eut pour la ville de Montpellier cette attention marquée.

JEANNE D'ARC EST INTERROGÉE PAR LES DOCTEURS ET SEIGNEURS A POITIERS

D'après une aquarelle de F. DUMONT, publiée dans le *Harper's Magazine* (New-York).

Cette prudence est bien frappante et très admirable en une enfant de dix-sept ans.

La Commission des prélats s'était, du reste, adjoint plusieurs princes, seigneurs et chefs de guerre. Le duc d'Alençon dit qu'il assistait à cet examen.

Au témoignage de Gaucourt, gouverneur d'Orléans, en même temps qu'il faisait examiner Jeanne par les évêques et les seigneurs, le Dauphin, « voulant être plus amplement informé de son état, la fit donner en garde à Guillaume Bellier, son majordome, depuis bailli de Troyes, dont la femme était personne de grande dévotion et de réputation très recommandable ». Il estimait sans doute que, femme elle-même, l'épouse de Guillaume Bellier serait encore plus avisée pour juger Jeanne que les docteurs et les chefs. C'était se montrer avisé lui-même.

Le rapport des juges fut favorable à Jeanne.

L'avis de la dame Bellier fut assurément conforme à ce rapport et le Dauphin commença de croire en Jeanne.

Lui-même l'examinait attentivement, admirait son aptitude à monter à cheval et à manier la lance. Enfin il chargeait des personnages de marque de l'aller visiter et entretenir, et de le renseigner à ce sujet.

Louis de Contes a donné sur ce point d'intéressants détails dans le témoignage qu'il rendit au procès de réhabilitation. Il avait été le page de Jeanne d'Arc et n'avait que quinze ans quand le Dauphin lui confia cette mission. Il était originaire de Normandie, écuyer, seigneur de Novyon et de Rugles.

« L'année où Jeanne vint à Chinon, dit-il, j'avais quatorze ou quinze ans et j'étais, comme page de la suite du seigneur de Gaucourt, capitaine du dit lieu de Chinon.

« Jeanne arriva à Chinon, en compagnie de deux gentilshommes qui la conduisirent au Roi. Plusieurs fois je la vis aller et venir chez le Roi. On lui donna logis dans une tour du château du Coudray, près de Chinon, et je demeurai là avec elle tout le temps qu'elle y resta. J'étais continuellement en sa compagnie pendant le jour; mais la nuit elle avait des femmes avec elle.

« Je me souviens parfaitement qu'au temps où elle habitait la tour du Coudray, des personnages de grand état vinrent pendant plusieurs jours s'entretenir avec elle. Que faisaient-ils ou disaient-ils, je ne sais. Toujours, quand je les voyais arriver, je me retirais.

« A cette même époque et dans cette même tour où j'étais avec elle, je vis maintes fois Jeanne à genoux. Elle finissait en prière; mais je ne comprenais pas bien ce qu'elle disait. Assez souvent elle pleurait[1]. »

Jean Pasquerel, religieux du couvent des Ermites à Tours, et plus tard attaché à la personne de Jeanne en qualité d'aumônier, nous donne quelques autres renseignements touchant cette même époque de la vie de l'héroïne. Citons quelques-unes de ses paroles.

Nous l'avons dit, il n'est histoire de Jeanne qui puisse présenter l'intérêt qu'on trouve dans la lecture du texte même des procès de condamnation et de réhabilitation. Dans le premier, c'est Jeanne qui parle d'elle-même en répondant à ses juges. Dans le second, ce sont les gens qui l'ont connue à Domremy, à Vaucouleurs, à Orléans ou autre part pendant sa campagne.

Voilà pourquoi nous avons choisi à citer maints passages de ces procès-verbaux, en y ajoutant parfois un bref commentaire.

Les amis de Jeanne d'Arc doivent une vive gratitude à M. Joseph Fabre, qui, en publiant sa traduction des deux procès, a mis à la portée de tous les sources où l'on peut puiser pour connaître Jeanne d'Arc telle qu'elle fut.

JEANNE DEVANT LES DOCTEURS A POITIERS

D'après le dessin de Bida publié dans *Jeanne d'Arc*, par Michelet. *Hachette et Cie, éditeurs.*)

Voici quelques extraits du témoignage de Jean Pasquerel :

« Quand j'eus pour la première fois des nouvelles de Jeanne d'Arc et de sa venue à la cour, j'étais dans la ville du Puy, où se trouvaient la mère de Jeanne, ainsi que quelques-uns de ceux qui l'avaient menée au Roi[2].

1. Joseph Fabre, *Procès de réhabilitation*, t. I, p. 207.

2. Tout entière à sa mission et les yeux fixés sur Orléans, Jeanne ne pouvait songer alors à se rendre au Puy; mais nous savons qu'elle y

« Étant entrés en connaissance avec moi, ils me dirent : « Il faut venir avec « nous près de Jeanne; « nous ne vous lâcherons que quand nous « vous aurons conduit « près d'elle ». Je vins donc avec eux à Chinon, puis à Tours.... Il m'a été dit que, quand elle vint au Roi, Jeanne fut visitée à deux reprises par des femmes.... Elle fut notamment visitée, paraît-il, par la dame de Gaucourt et par la dame de Trèves.

... « C'est le seigneur comte de Vendôme qui fut l'introducteur de Jeanne. Elle entra dans l'appartement du Roi, et le Roi l'apercevant lui demanda son nom. Elle répondit : « Gentil Dauphin, « j'ai nom Jeanne la Pucelle; et vous mande le Roi des Cieux par moi que « vous serez sacré et couronné à Reims et que vous serez le lieutenant du « Roi des Cieux qui est roi de France. »

La Pucelle d'Orléans, incitée par le Comte de Dunois, délivre Orléans et fait sacrer le Roi à Rheims. Elle est faite prisonnière à Compiegne, et brulée à Rouen par les Anglois. Le Roi reprend, par ses Généraux, la Normandie, la Guienne et Bordeaux.

CHARLES VII ET LA PUCELLE
D'après le dessin de C.-N. COCHIN, gravé par PRÉVOST.

« Après beaucoup de questions faites par le Roi, Jeanne reprit : « Je « te dis de la part de Messire que tu es vrai héritier de France et fils du Roi, « et il m'envoie à toi pour te conduire à Reims, afin que tu y reçoives ton « couronnement et ton sacre, si tu en as la volonté. »

« A la suite de cet entretien, le Roi dit aux assistants que Jeanne

envoya en pèlerinage quelques-uns des hommes d'armes qui avaient composé son escorte dans le trajet de Vaucouleurs à Chinon. (Siméon Luce, *Jeanne d'Arc à Domremy*, p. CCCIV.)

lui avait parlé de certaines choses secrètes que nul ne savait ni ne pouvait savoir, hormis Dieu, et qu'ainsi il avait bien entière confiance en elle. Tout ce que je viens de dire, je le tiens de Jeanne, car je ne fus témoin de rien.

« Jeanne me disait qu'elle n'était pas contente de tant d'interrogatoires; qu'on l'empêchait d'accomplir la besogne pour laquelle elle était envoyée; qu'elle avait hâte d'agir et qu'il était temps[1]. »

De ces divers témoignages ressortent pour nous les caractères du séjour de Jeanne à Chinon. Le Roi, fort inquiet touchant l'état du pays et le sort qui l'attend lui-même, n'ayant pas le courage de faire œuvre virile pour sortir son royaume de l'état déplorable où l'ont amené les fautes et les malheurs de ses prédécesseurs et les siennes propres, consent à recevoir Jeanne. Il se dissimule toutefois et présente à sa place un des seigneurs de la cour. Si Jeanne se fût laissé prendre à ce piège, le Roi sans doute l'eût sans merci congédiée. La chose eût pu se faire pourtant sans qu'il fût établi que Jeanne n'avait point reçu la mission dont elle se disait chargée. Au fond, le Dauphin, en la soumettant à cette épreuve, avoue implicitement qu'il lui croit quelque pouvoir surnaturel.

Dès la première entrevue, Jeanne le frappe d'étonnement et prend empire sur lui. Elle l'entretient, disait-il quelques jours après, « de choses que nul ne savait, ni ne pouvait savoir, hormis Dieu ».

Toujours hésitant cependant et, de dont il ne le fut pas blâmer, désirant appuyer sa résolution sur l'avis de quelques gens d'Église, le Dauphin charge plusieurs évêques, quelques docteurs et des seigneurs de son entourage d'interroger la Pucelle.

En même temps, d'autres seigneurs et « personnages de grand état » reçoivent mission de se rendre près de Jeanne au château du Coudray. Ils l'interrogent et la retournent en tous sens.

En même temps quelques dames, et entre autres Yolande d'Aragon, la dame de Bellenoit et celle de Trèves, font subir à Jeanne un examen d'un ordre plus intime.

Jeanne répond dans la mesure qu'elle juge opportune; affirme certains points, garde le silence sur certains autres et a bien vite fait de conquérir tous ses juges.

1. Le témoignage de Jean Pasquerel est fort intéressant par la naïveté et la sincérité dont il est marqué. Il est clair toutefois qu'il contient plusieurs inexactitudes. Le bon père, comme il nous le dit, n'avait été « témoin de rien », et tenait seulement de Jeanne le récit de ces événements, dont il intervertit l'ordre plus d'une fois.

L'impatience toutefois finit par la prendre et elle ne peut s'empêcher de maugréer contre tous ces interrogatoires souvent futiles, et quelquefois blessants pour elle.

Il lui fallait prendre patience encore et subir à Poitiers, plusieurs semaines durant, l'examen des évêques et docteurs qui, sur l'ordre du Roi, allaient l'examiner.

Ce fut pour elle une rude épreuve, mais elle ne perdit ni courage ni patience et partit en disant : « En nom Dieu, je sais que j'y aurai bien à faire; mais Messire m'aidera. Or, allons de par Dieu! »

Les procès-verbaux des séances de Poitiers ont été détruits.

C'est chose fort regrettable, car par les trop rares extraits qu'on en possède et le témoignage rendu par quelques-uns des examinateurs de Jeanne, il est visible que nous trouverions dans les différentes réponses de la Pucelle une foule de détails intéressant sa vie et qui sont désormais perdus pour nous.

Il n'est pas moins visible que Jeanne parla à Poitiers, non seulement avec sincérité, mais avec tout l'entrain de son caractère et la vivacité charmante de son esprit.

JEANNE D'ARC
D'après un dessin de RAFFET, gravé par RONSONETTE.

A Rouen nous en retrouverons quelque chose dans les réponses qu'elle fit à ses juges, mais à Poitiers elles ont beaucoup plus d'abandon. Malgré les longueurs qu'on lui imposait, elle sentait bien que sa cause allait à bonne issue, que chaque jour de plus en plus elle gagnait la confiance de tous.

Aussi ne se mettait-elle point en peine pour dire à ses juges sa pensée, riposter en une vive et joyeuse saillie à la subtilité de leurs questions ou de leur dialectique.

A Rouen, au contraire, les circonstances sont autrement graves. Sa vie est en jeu, et elle ne peut ignorer qu'on tirera parti contre elle de ses moindres paroles. Aussi, quand elle s'abandonne, c'est à l'indignation, c'est pour protester contre « les torts et ingravances qu'on lui fait », remettre en droit chemin l'un de ses juges par trop malveillant, ou jeter à la face de Cauchon l'une de ces apostrophes violentes qui l'étourdissaient et le faisaient chanceler un instant, jusqu'à ce que cette âme froide et trop maîtresse d'elle-même se fût reprise et revînt à sang-froid.

Si les pièces du procès de Poitiers nous manquent, nous avons, touchant les incidents de la procédure, plusieurs témoignages fort intéressants.

« LA GENTILLE PUCELLE »
D'après la gravure de GAUCHER (1592).

L'un d'eux nous vient du frère Seguin, dominicain, lequel, avec maître Jean Lombart, professeur de théologie sacrée à l'Université de Paris, fut appelé de cette ville pour interroger Jeanne.

Il y eut maille à partir entre le frère Seguin, « un bien aigre homme », et Jeanne. Mais du moins ce religieux a eu la sincérité de rendre témoignage à la Pucelle lors du procès de réhabilitation, et de citer quelques boutades dont Jeanne l'atteignit.

Citons quelques extraits de son témoignage :

« ... J'ai vu Jeanne pour la première fois à Poitiers.

« Le Conseil du Roi était réuni en cette ville, dans la maison d'une dame La Macée, et parmi les conseillers il y avait l'archevêque de Reims, alors chancelier de France. On m'avait fait venir, ainsi que maître Jean Lombart, Guillaume Le Maire, chanoine de Poitiers, bachelier en théologie, Guillaume Aimery, professeur de théologie sacrée, de l'ordre des frères prêcheurs, frère Pierre Turelure, du même ordre, maître Jacques Maledon et plusieurs autres que je ne me rappelle pas.

JEANNE D'ARC
D'après une ancienne gravure de CHARLES DE GRASSAILLES
(*Bibliothèque nationale.*)

« On nous avait dit que nous étions mandés de la part du Roi pour interroger Jeanne, avec charge de rapporter au Conseil ce qu'il nous semblerait d'elle. On nous envoya, en effet, au logis de maître Rabateau, à Poitiers, pour interroger Jeanne, qui y demeurait. Nous nous y rendîmes et fîmes à Jeanne plusieurs questions.

« Entre autres questions, maître Jean Lombart demanda à Jeanne : « Pourquoi êtes-vous venue? le Roi veut savoir quel mobile vous « a poussée à venir le trouver ». Elle répondit de grande manière : « Comme « je gardais les animaux, une voix m'apparut. Cette voix me dit : « Dieu a « grande pitié du royaume de France ». Ayant ouï ces paroles, je me mis à « pleurer. Puis la voix me dit : « Va à Vaucouleurs. Tu trouveras là un « capitaine qui te conduira sûrement en France et près du Roi. Sois sans « crainte ». J'ai fait ce qui m'était dit. Et je suis arrivée au Roi sans empê- « chement quelconque ».

« Là-dessus, maître Guillaume Aimery la prit à partie :

« D'après vos dires, la voix vous a dit que Dieu veut délivrer le peuple « de France de la calamité où il est. Mais si Dieu veut délivrer le peuple « de France, il n'est pas nécessaire d'avoir des gens d'armes. » — « En « nom Dieu, répondit Jeanne, les gens d'armes batailleront, et Dieu don- « nera victoire. »

Cette réponse plut et maître Guillaume en fut content.

« Moi qui parle, je demandai à Jeanne quel idiome parlait sa voix. — « Un meilleur que le vôtre, » me répondit-elle. Et en effet je parle limousin. — L'interrogeant derechef, je lui dis : « Croyez-vous en Dieu? » — « Oui, mieux « que vous, » me répondit-elle. »

Comme on le voit, Jeanne se mit à l'aise; il y avait bien aussi quelque impatience en son discours et, de fait, on ne saurait s'en étonner. Toutes ces subtilités étaient peu faites pour captiver son âme, inquiète, comme elle le disait, de ne pouvoir agir quand le temps pressait ainsi.

Le frère Seguin, sans garder rancune à Jeanne de ses rebuffades, poursait : « Mais enfin, lui dis-je, Dieu ne veut pas qu'on vous croie, s'il n'apparaît quelque signe qu'il fait qu'on vous croie. Nous ne saurions conseiller au Roi, sur une simple assertion, de vous confier et de mettre en péril des hommes d'armes; n'avez-vous donc rien autre à dire? » Elle répondit : « En nom Dieu, je ne suis pas venue à Poitiers pour faire signes; mais menez-moi à Orléans, et je vous montrerai signes pourquoi je suis envoyée. » Elle ajouta : « Qu'on me donne des hommes en si grand nombre qu'on le jugera bon, et j'irai à Orléans. »

« En même temps, elle nous dit quatre choses, alors à venir, qui sont arrivées depuis....

« Nous rapportâmes tout cela au Conseil du Roi et nous fûmes d'avis que, vu l'extrême nécessité et le péril où était Orléans, le Roi pouvait s'aider d'elle et l'envoyer en cette ville.

« Pour moi, je crois que Jeanne a été envoyée par Dieu; car, quand elle parut, le Roi et ses sujets n'avaient plus d'espérance. Tous croyaient qu'il n'y avait plus qu'à se sauver[1].... »

Maître Jean Barbier, docteur ès lois, avocat du Roi, avait vu Jeanne à Poitiers; il déposa au procès de réhabilitation. Son témoignage ne varie guère, pour le fond, de celui du frère Seguin. Citons seulement ces quelques lignes :

« J'appris de la bouche des docteurs le résultat de leur examen. Ils avaient fait à Jeanne plusieurs questions. Elle répondait à toutes avec grande sagesse, comme eût fait un bon clerc. Aussi étaient-ils émerveillés de ses propos et croyaient-ils qu'il y avait là quelque chose de divin, étant donnés sa vie et ses comportements.

« Finalement, il fut conclu, après force examens et questions, qu'il n'y avait en cela aucun mal ni rien de contraire à la foi catholique, et que, vu la nécessité où étaient alors le Roi et le royaume, prince et sujets étant au désespoir et sans aide sur qui compter, hors de la part de Dieu, le Roi pouvait s'aider de Jeanne[2].

Gérard Machet, confesseur du Roi, qui devint plus tard évêque de Castres, avait expédié à Poitiers un gentilhomme « honnête et prudent », Gobert Thibaut, qu'il avait chargé d'assister à l'examen qui serait fait de Jeanne, avec charge de lui en rapporter la substance.

Plus tard Gobert Thibaut fut appelé à témoigner dans le procès de réhabi-

1. Joseph Fabre, *Procès de réhabilitation*, t. I, p. 151.
2. *Ibidem.*

« C'ÉTAIT PLAISIR DE LA VOIR RÉPONDRE »
Aquarelle de BOUTET DE MONVEL. Extraite de *Jeanne d'Arc* (*Album illustré, Plon et Cie, éditeurs*).

litation ; il le fit en termes pleins d'admiration pour la Pucelle. Il rapporte que devant lui, à Poitiers, Jeanne chargea l'un de ses secrétaires d'écrire aux chefs anglais en son nom une lettre dont il cite les premiers mots et que nous possédons encore.

Un autre témoin, François Garivel, conseiller général du Roi, nous donne ce détail : « Il fut demandé à Jeanne pourquoi elle appelait le roi Dauphin. Elle répondit : « Je ne l'appellerai pas roi jusqu'à ce qu'il aura été couronné « et sacré à Reims. C'est dans cette cité que j'entends le mener ».

Désireux de donner au lecteur une idée juste du séjour de Jeanne dans la ville de Poitiers et de l'examen qu'elle y subit, nous avons mis sous ses yeux, selon notre habitude, le texte des principaux témoignages rendus plus tard à la Pucelle par ceux qui l'avaient vue et fréquentée pendant le procès.

Les procès-verbaux, comme nous l'avons dit, sont depuis longtemps disparus. C'est un dommage réel, car à voir combien fréquemment, pendant le procès de Rouen, Jeanne y renvoie ses juges, on comprend qu'il s'y trouvait nombre de documents importants.

En dépit de cette lacune, on peut se faire une idée de ces divers incidents. Pendant plus de trois semaines Jeanne est interrogée, examinée par quelques évêques, des docteurs, des hommes graves, seigneurs, écuyers et conseillers du Roi. L'examen porte surtout sur la vie et les mœurs de la Pucelle. Sur ce point tout le monde tombe d'accord pour lui rendre le témoignage le plus favorable.

En ce qui est de sa mission et de ses voix, il est visible que les examinateurs éprouvèrent quelque embarras à se prononcer. On voit que les nettes et fermes déclarations de Jeanne les surprennent et les troublent, mais s'imposent à eux. Son attitude ne les étonne pas moins. La vivacité et le naturel de ses réponses les déroutent.

Tout pesé, on la déclare bonne chrétienne, très honnête fille, et, « vu la gravité des circonstances où se trouvait le Dauphin », on ajoute qu'il n'y avait faute ni péril à laisser Jeanne agir, à « s'aider d'elle » et à lui fournir les moyens de donner sous Orléans le signe par lequel elle promettait d'établir l'inspiration divine de sa mission.

Les juges terminèrent ainsi leur déclaration écrite : « ... Le Roi, attendu la probation faite de ladite Pucelle, en tant que lui est possible, et nul mal ne trouve en elle, et considère sa réponse, qui est de démontrer signe divin devant Orléans; vu sa constance et sa persévérance en son propos et ses requêtes instantes d'aller à Orléans, pour y montrer le signe de divin secours, ne la doit point empêcher d'aller à Orléans avec ses gens d'armes. Mais la doit faire conduire honnêtement, en espérant en Dieu. Car la mettre en suspicion ou délaisser sans apparence de mal, serait répugner au Saint-Esprit et se rendre indigne de l'aide de Dieu, comme dit Gamaliel en un conseil des Juifs en regard des apôtres ».

Comme on le voit, les juges ne s'engagent guère, et si Jeanne avait compté sur leur ferme appui pour s'imposer au Dauphin et à l'armée, la pauvre enfant eût été singulièrement déçue.

Mais il en allait tout autrement. Jeanne, avisée autant que vaillante, subissait ces retards qu'elle ne pouvait empêcher, se prêtait à cette procédure à laquelle il ne lui était pas possible de se soustraire; mais son impatience fut grande pendant ces six semaines qu'on lui faisait perdre.

A diverses reprises elle laissa voir sa hâte et ne dissimula pas son ennui.

JEANNE D'ARC DU LIS, PUCELLE D'ORLÉANS
D'après le tableau de CAUMONT du XVIe siècle. (*Hotel de Ville de Rouen.*)

Enfin les débats étaient terminés; on n'avait trouvé « nul mal en elle », on n'osait pas « l'empêcher d'aller à Orléans pour y montrer le signe » qu'elle promettait. En un mot, on la laissait faire. C'est tout ce qu'elle désirait. Aussi, sans perdre plus de temps, se mit-elle à l'œuvre sans autre délai.

Le Roi n'hésitait plus, ou du moins passa outre à ses hésitations; poussé du reste par les événements, il résolut de faire essai du réconfort et secours que lui promettait la Pucelle et l'envoya à Tours. C'était, croit-on, vers le 20 avril. Il y avait deux mois bientôt que Jeanne avait quitté Vaucouleurs.

Ces jours avaient été bien laborieux pour la Pucelle. Elle avait dû, presque encore enfant, subir l'assaut de la curiosité futile qu'excitaient son arrivée, la singularité de son œuvre et le caractère de sa personne; subir aussi l'effort de ceux qui désiraient savoir quelle elle était, d'où elle venait, où elle voulait en venir. Dans le conseil, nous dirions aujourd'hui la commission d'enquête, composée par le Dauphin pour l'examiner, se rencontraient les hommes les plus divers. On y voyait des évêques habitués à prendre place et parole dans le Conseil du Roi, des moines apportant en leur examen les coutumes et l'esprit du cloître avec la rigueur de la scolastique. Les gens de guerre les coudoyaient, considérant les choses en hommes de leur métier, de grands seigneurs assez peu disposés à accorder lettres de noblesse à Jeanne en reconnaissant le bien-fondé de son entreprise, la force de son génie et le caractère surnaturel de ses voix.

C'est plaisir de voir Jeanne répondre à tous, employer avec chacun, par une dextérité native, l'argument qui lui convenait personnellement. Elle redresse alertement la théologie un peu âpre du frère Seguin, ramène Jean Lombard dans le chemin du bon sens et de la foi quand il s'en éloigne par subtilité d'arguments. Avec les dames, princesses et duchesses, elle est digne, courtoise, presque grande dame, et cela les charme. Elle traite d'égal à égal, comme un soldat vieilli dans les camps, avec d'Alençon et Dunois. Gobert Thibaut, envoyé par Gérard Machet, confesseur du Roi, survient à son tour. Il est homme judicieux autant que loyal et brave. D'un mot Jeanne le conquiert. Elle lui frappe sur l'épaule et dit : « Je voudrais bien avoir plusieurs hommes d'aussi bonne volonté », et voici Gobert qui lui appartient maintenant, sans compter Gérard Machet, qui aura demain des sympathies encore plus vives pour Jeanne par le fait de la satisfaction que son homme de confiance ressent lui-même de l'accueil de la Pucelle.

C'est un jour sous lequel la Pucelle se révèle admirable et l'un des cotés de sa personne bien digne d'être étudié. Que de souplesse, que d'apropos, quelle familiarité toujours digne, quelle fierté de bon aloi, sans hauteur! Elle suffit à tout et excelle dans les labeurs les plus variés.

Enfant vraiment extraordinaire, elle reste toujours l'une de nous, par sa simplicité, sa douceur, son naturel, mais comme l'humanité dans cette simplicité, tant elle a de grandeur ou plutôt de majesté, tant elle est bonne dans la force et forte dans la bonté.

Il n'est vraiment pas étrange que l'art hésite, balbutie, s'avoue vaincu, devant cette figure à la fois si étrange et si nette. L'art est « simpliste », il tâche de bien dire une chose, mais n'en dit qu'une à la fois : or il y a des choses si diverses et tant de choses à la fois à dire de Jeanne!

LA PUCELLE
D'après un émail du XVIe siècle.
(*Collection de M. Jarry* d'Orléans.)

Saluons l'effort généreux de l'art français devant cet idéal à la fois irrésistiblement attrayant et perpétuellement décevant.

Aussi bien, si nos meilleurs artistes nous permettent d'estimer qu'aucun d'eux ne nous a encore donné la Jeanne d'Arc de nos pensées, de notre amour et de nos rêves, il y a dans leur aveu ceci de consolant, que l'art continuera de s'efforcer, que longtemps durera cette noble émulation des belles intelligences servies par un habile pinceau ou un ciseau puissant.

Notre peuple continuera ainsi de considérer les œuvres dont l'hommage va à notre héroïne.

L'attente enfante le désir; le désir maintient l'âme en éveil; ainsi l'âme même de notre peuple ne se détournera point du culte de celle de ses enfants qui lui fait tant honneur.

S'il faut louer Jeanne d'Arc ou plutôt l'admirer pour le calme et la stratégie avisée dont elle fait preuve devant ce tribunal composé d'éléments si divers, peut-être ne serait-il que de justice de louer le Dauphin — l'occasion de le faire est si rare — pour la manière dont il avait composé le tribunal devant lequel devait comparaître Jeanne d'Arc avant d'être admise à conduire l'armée.

La vérité est une en elle-même. Je veux dire qu'un principe est un. Mais la vérité, si elle ne se modifie pas selon les esprits qui la considèrent, a cependant divers aspects et ne frappe point tous les hommes de la même manière ni dans la même mesure.

La diversité des esprits fait la diversité même de l'étude des principes et de leurs applications.

Les peuples sages l'ont toujours entendu ainsi : et voilà pourquoi les assemblées qu'ils ont chargées de faire et de changer les lois, sont composées d'hommes dont la situation, l'humeur et les facultés sont diverses.

En cette grave question de savoir quel crédit il fallait accorder à la Pucelle et jusqu'à quel point on pouvait fonder sur son action publique l'espérance de sauver la France et de la délivrer de l'étranger, Charles VII tint à s'entourer des lumières de tous. Il faut l'en louer.

JEANNE D'ARC
D'après le médaillon de A. Le Véel.

CHARLES VII REMETTANT A JEANNE D'ARC L'ÉPÉE POUR COMBATTRE
D'après le bas-relief de Gois (1802).

IV

TOURS ET BLOIS

TOURS — LA MAISON MILITAIRE DE JEANNE D'ARC
BLOIS — RÉFORME DE L'ARMÉE

LA VIERGE ARMÉE
D'après une gravure sur bois du début du siècle.

Entre les diverses villes où Jeanne s'arrêta, celle de Tours dut lui laisser un souvenir particulièrement agréable. Elle n'y eut aucune épreuve, elle y goûta de vraies joies.

Le procès de Poitiers était terminé. L'examen dont Jeanne avait été l'objet avait été long et plein d'ennuis pour elle, mais les choses avaient tourné à l'avantage et à l'honneur de la Pucelle. Le Roi, enfin convaincu, avait donné ordre de lui composer une maison militaire et de lui faire confectionner un étendard.

Pour ces diverses choses et sur l'ordre du Roi, Jeanne s'était rendue à Tours. Elle y arriva un peu après la mi-avril (1429). Les deux plus jeunes de ses frères, Jean et Pierre, étaient venus la rejoindre. Jean de Metz et Bertrand de Poulengy, qui l'avaient accompagnée de Vaucouleurs à Chinon, étaient restés près d'elle et, avec l'autorisation du Roi, devaient faire partie de sa suite. Elle eut pour chef de sa maison militaire Jean d'Aulon, écuyer; pour page, Louis de Coutes, qui nous est déjà connu et dont nous avons reproduit le témoignage. Un autre page, du nom de Raimond, lui fut encore connu. On leur adjoignit quelques valets et des hérauts d'armes.

Enfin un religieux de l'ordre de Saint-Augustin, nommé Jean Pasquerel, fut présenté à Jeanne et devint son aumônier.

Celui-ci a raconté, dans le témoignage qu'il rendit lors du procès de réhabilitation, comment il fut appelé à ce ministère : « Quand j'eus pour la première fois des nouvelles de Jeanne, dit-il, et de sa venue à la cour, j'étais dans la ville du Puy, où se trouvait la mère de Jeanne, ainsi que quelques-uns de ceux qui l'avaient menée au Roi ».

L'ANGE DE FRANCE
D'après une miniature peinte sur parchemin : initiale d'un antiphonaire du XVe siècle. (*Collection de M. G. Spetz.*)

A ce sujet, il est bon de rappeler que plusieurs auteurs ont pensé qu'il ne s'agissait point ici de la ville du Puy. Il semble cependant que c'est bien dans cette ville que se rendit la mère de Jeanne. En 1428, le Vendredi Saint coïncidait avec le jour de l'Annonciation. A cette occasion un jubilé fut accordé au pèlerinage fameux de Notre-Dame du Puy. De nombreux pèlerins s'y rendirent, la mère de Jeanne d'Arc fut du nombre.

Un jubilé avait eu lieu à Roc-Amadour, autre pèlerinage non moins fameux, en 1428[1]. On s'y rendit en grand nombre de toutes les parties de la France, et avec grande dévotion. Quand, quelques mois après, — et dans la même année liturgique, — Jeanne d'Arc vint à Chinon, les habitants de Cahors

1. Les grands pardons ou jubilés avaient lieu à Roc-Amadour lorsque la fête de Pâques coïncidait avec la fête Saint-Marc (25 avril). Ce fait se produisit en 1428.

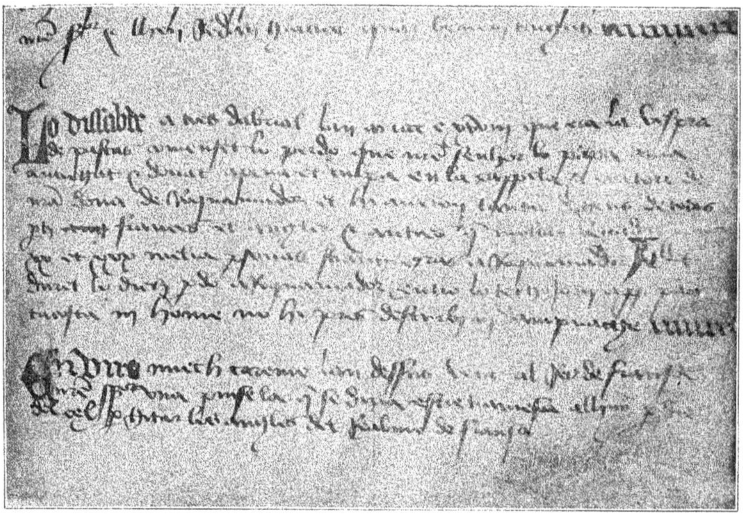

FAC-SIMILÉ DE L'EXTRAIT DU FOLIO CLXIII DU « LIVRE TANNÉ » DE CAHORS

Nous donnons ci-dessous la copie en écriture usuelle du texte gothique, avec la traduction littérale en regard. Nous avons indiqué entre parenthèses le sens des abréviations usitées à cette époque.

Lo dissabde a tres dabrial lan m. iiii. c. xxiij. que era la vespra de pascas comenset lo perdo que n̄re (nostre) senhor lo papa avia autregat et donat a pena et culpa en la cappella et oratori de n̄ra (nostra) dona de Roquamador et hi aneron tantas de gens de totas p̄ts (parts) frances et angles et autres q̄ (que) moltas regadas avia xx et xxx milia p̄sonas (personas) strangieras a Roquamador.

Duret lo dich perdo a Roquamador entro lo tern jorn ap̄p (apres) pantacosta ni home no hi pres desturbi ni dampnatge.

Enviro miech careme lan dessus vent al Rey de Fransa n̄re (nostre) sh̄r (senhor) una piusela q̄(que) se dizia estre tramesa all rey p(per) dio del cel p̄(per) gitar los anglés del Realme de Fransa.

Le samedi au trois d'avril lan mil quatre cent vingt huit qui était la vêpre des Pâques commença le pardon que notre seigneur le pape avait octroyé et donné à peine et coulpe en la chapelle et oratoire de notre dame de Rocamador et y allèrent tant de gens de tous partis français et anglais et autres que plusieurs rangées avaient 20 et 30 mille personnes étrangères à Rocamador.

Dura le dit pardon à Rocamador jusqu'au troisième jour après Pentecôte. Nul homme ne y prit empêchement ni dommage.

Environ mi-carême lan susdit vint au Roi de France notre seigneur une Pucelle qui se disait être envoyée (transmise) au Roi par Dieu du ciel pour faire sortir les anglais du Royaume de France.

se plurent à penser que c'était à la ferveur de leurs prières que la France était redevable de ce « grand secours » qu'avait apporté Jeanne à la France en faisant sacrer le Dauphin et chassant les Anglais de plusieurs villes qu'ils occupaient. Aussi les consuls cadurciens firent-ils consigner la chose dans les annales de leur ville. On retrouve leur décision notifiée au « Livre Tanné ».

En souvenir de cette circonstance, des fêtes ont eu lieu pendant huit jours à Roc-Amadour sur l'initiative de Mgr l'évêque de Cahors, et tout fait prévoir qu'elles se renouvelleront chaque année[1].

Revenons au récit du bon Pasquerel. « Étant entrés en connaissance avec moi, ils (ceux qui avaient amené Jeanne à Chinon) me dirent : « Il faut venir « avec nous près de Jeanne. Nous ne vous lâcherons que quand nous vous « aurons conduit près d'elle ». Je vins donc avec eux d'abord à Chinon, puis à Tours.

« J'étais précisément lecteur dans un couvent de cette ville. A Tours, Jeanne demeurait pour lors dans la maison de Jean Dupuy, bourgeois de la ville. C'est en ce logis que nous la trouvâmes.

« Mes compagnons lui dirent : « Jeanne, nous vous avons amené ce bon « père. Quand vous le connaîtrez bien, nous sommes certains que vous « l'aimerez bien ». Jeanne leur répondit aussitôt : « Le bon père me rend « bien contente. J'ai déjà entendu parler de lui plusieurs fois, et dès demain « je veux me confesser à lui ».

« Le lendemain, je l'ouïs en confession et je chantai la messe devant elle. Depuis cette heure, j'ai toujours suivi Jeanne et je n'ai cessé d'être son chapelain jusqu'à Compiègne[2]. »

Le Roi fit faire à la Pucelle une armure complète. On lui donna des chevaux pour elle et les gens de sa suite.

Jeanne toutefois, à l'épée qui faisait partie de son armure, en préféra une autre qu'elle fit venir de Sainte-Catherine-de-Fierbois. Elle a raconté devant ses juges de Rouen comment la chose se passa.

« Aviez-vous une épée? lui demanda-t-on. — J'avais une épée que j'avais prise à Vaucouleurs. — N'avez-vous pas eu une autre épée? — Étant à Troyes ou à Chinon, j'envoyai querir une épée dans l'église Sainte-Catherine-de-Fierbois, derrière l'autel. Elle y fut trouvée aussitôt toute rouillée. — Comment saviez-vous que cette épée était là? — Je sus qu'elle était là par mes voix. Oncques je n'avais vu l'homme qui l'alla chercher. J'écrivis aux gens d'église du lieu qu'ils m'envoyassent cette épée, et ils me l'envoyèrent. Elle

1. Les consuls de Cahors n'étaient pas les seuls à estimer que les prières de leurs compatriotes eussent valu à la France le bienfait de la mission de Jeanne d'Arc. Un avocat fameux du temps, Nicole de Savigny, avait dit : « Toutes les fois que le Vendredi Saint tombe le jour de l'Annonciation, il arrive des choses merveilleuses et extraordinaires ». Un annotateur de ses œuvres ajoutait : « Il en fut ainsi en 1429, où, presque aussitôt après Pâques, la Pucelle prit les armes, leva bannières contre les Anglais, les chassa d'Orléans, etc. »

2. Joseph Fabre, *Procès de réhabilitation*, t. I, p. 217 et suiv.

La Vocation de Jeanne

D'après le groupe en marbre de Antonin Mercié

cette circonstance, des fêtes ont eu lieu pendant huit jours par l'initiative de Mgr l'évêque de Cahors, et tout fait prévoir ... se renouvelleront chaque année[1].

Revenons au récit du bon Pasquerel. « Étant entrés en connaissance avec ceux qui avaient amené Jeanne à Chinon, ils me dirent : « Il faut venir avec nous près de Jeanne. Nous ne vous lâcherons que quand nous vous aurons conduit près d'elle ». Je vins donc avec eux d'abord à Chinon, puis à Tours.

« J'étais précisément lecteur dans un couvent de cette ville. A Tours, Jeanne demeurait pour lors dans la maison de Jean Dupuy, bourgeois de la ville. C'est en ce logis que nous la trouvâmes.

Mes compagnons lui dirent : « Jeanne, nous vous avons amené ce bon père. Quand vous le connaîtrez bien, nous sommes certains que vous l'aimerez bien ». Jeanne leur répondit aussitôt : « Le bon père me rend bien contente. J'ai déjà entendu parler de lui plusieurs fois, et dès demain je veux me confesser à lui ».

« Le lendemain, je l'ouïs en confession et je chantai la messe devant elle. Depuis cette heure, j'ai toujours suivi Jeanne et je n'ai cessé d'être son chapelain jusqu'à Compiègne[2]. »

Le Roi fit faire à la Pucelle une armure complète. On lui donna des chevaux pour elle et les gens de sa suite.

Jeanne toutefois, à l'épée qui faisait partie de son armure, en préféra une autre qu'elle fit venir de Sainte-Catherine-de-Fierbois. Elle a raconté devant ses juges de Rouen comment la chose se passa.

« Aviez-vous une épée? lui demande-t-on. — J'avais une épée que j'avais prise à Vaucouleurs. — N'avez-vous pas eu une autre épée? — Étant à Tours ou à Chinon, j'envoyai querir une épée dans l'église Sainte-Catherine-de-Fierbois, derrière l'autel. Elle y fut trouvée aussitôt toute rouillée. — Comment saviez-vous que cette épée était là? — Je sus qu'elle était là par mes voix. Onques je n'avais vu l'homme qui l'alla chercher. J'écrivis aux gens d'église du lieu qu'ils m'envoyassent cette épée, et ils me l'envoyèrent. Elle

1. Les consuls de Cahors n'étaient pas les seuls à estimer que les prières de leurs compatriotes eussent valu à la France le bienfait de la mission de Jeanne d'Arc. Un avocat fameux du temps,

Hachette & Cie. — Jeanne d'Arc

La Vocation de Jeanne

D'après le groupe en marbre de Antonin Mercié

Imp. Wittmann, Paris.

était sous terre, mais fort avant et derrière l'autel, comme il semble. Au fait, je ne sais pas au juste si elle était devant l'autel ou derrière. Je crois bien avoir alors écrit qu'elle était derrière.

« Dès qu'elle fut retrouvée, les gens d'église du lieu la frottèrent. La rouille tomba aussitôt sans efforts. Ce fut un marchand d'armes de Tours qui l'alla chercher. Les gens d'église de Fierbois me l'ornèrent d'un fourreau; ceux de Tours également. Les deux fourreaux qu'ils me firent étaient, l'un de

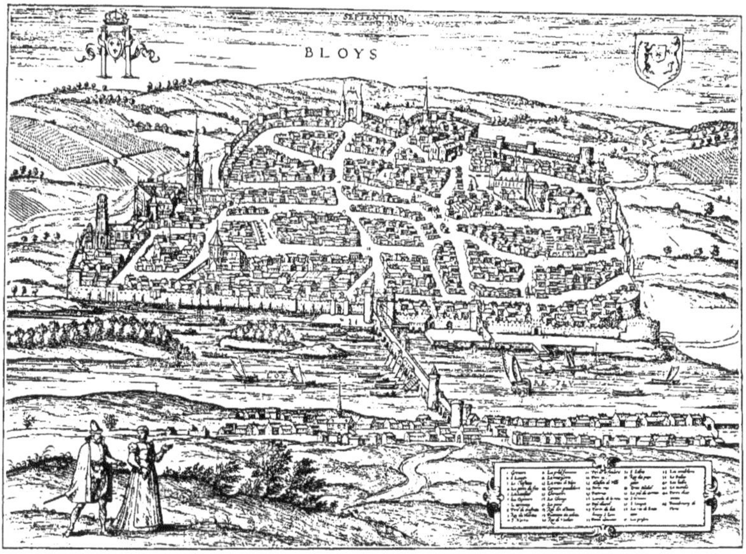

PLAN DE LA VILLE DE BLOIS D'APRÈS UNE GRAVURE DU XVIe SIÈCLE
(*Collection de M. l'abbé Develle.*)

velours vermeil, l'autre de drap noir. J'en ai fait faire un troisième de cuir bien fort.

— Aviez-vous l'épée de Fierbois quand vous fûtes prise? — Quand je fus prise, je ne l'avais point. Je la portai constamment depuis que je l'eus, jusqu'à mon départ de Saint-Denis, après l'assaut de Paris. — Quelle bénédiction fites-vous ou fites-vous faire sur elle? — Je ne l'ai ni bénite, ni fait bénir. Je ne l'eusse su faire. — Vous teniez beaucoup à cette épée? — Je l'aimais bien, parce qu'elle avait été trouvée dans l'église de Sainte-Catherine, que j'aimais bien.... — N'avez-vous pas quelquefois posé votre épée sur un autel pour qu'elle fût plus fortunée? — Non; que je sache. — N'avez-vous jamais fait des prières pour qu'elle fût plus fortunée? — Il est bon à savoir que j'eusse voulu que mon harnois fût bien fortuné. — Aviez-vous votre épée quand vous fûtes prise? — Non, j'en avais une qui avait été prise sur un Bourguignon.... A Saint-Denis, j'ai offert une épée et des armes; mais ce n'était pas cette épée[1]. »

Quand la pucelle enfant reçut à Tours son armure et son épée avec les fourreaux magnifiques qui l'accompagnaient, elle ne soupçonnait pas qu'un jour on forgerait sur cet incident des accusations aussi perfides et aussi tenaces.

C'est aussi à Tours qu'elle fit faire son étendard. Elle le décrit ainsi[2] : « J'avais une bannière dont le champ était semé de lis. Le monde y était figuré, et deux anges, un de chaque côté. Elle était de couleur blanche, de cette toile qu'on appelle boucassin. Il y avait écrit dessus, Jhésus-Maria, comme il me semble. Elle était frangée de soie....

« J'avais une bannière dont le champ était semé de lis. »
D'après le tableau d'A. Grellet.

— Qu'aimiez-vous mieux, votre bannière ou votre épée?

— J'aimais beaucoup plus, voire quarante fois plus, ma bannière que mon épée.... C'était moi-même qui portais ladite bannière quand je chargeais les ennemis. Je n'ai jamais tué personne. »

Tel était, en effet, l'étendard de Jeanne; elle ne le décrit que sommairement; il faut aux détails qu'elle donne en ajouter quelques autres. On voyait sur cet étendard l'inscription Jhésus-Maria, l'image de Dieu assis sur les nuées, portant le Monde dans sa main, et de chaque côté un ange lui présentant une fleur de lis qu'il bénissait. Sur le revers, l'écu de France tenu par deux anges.

Jeanne s'était fait faire une autre bannière plus petite, un pennon; on y voyait peint le mystère de l'Annonciation; la Vierge et l'Ange tenaient un lis à la main.

Jeanne présida elle-même à la confection

1. Joseph Fabre, *Procès de condamnation*.
2. *Ibidem*.

de son étendard. Si les représentations qu'on nous en a gardées sont fidèles, la composition de cette bannière, la noblesse du sujet, l'harmonie des couleurs qui s'y voient, dénotent chez l'héroïne un goût fort pur et un sens esthétique remarquable.

Jeanne, du reste, révélait cette distinction du goût dans les moindres détails de sa personne et de sa mise.

Les courtisans en étaient dans l'admiration, et les dames elles-mêmes l'eussent prise volontiers pour une des leurs, tant elle avait de grâce et de grandeur.

Un jeune seigneur, Guy de Laval, exprimait cette impression à sa mère dans une lettre heureusement conservée.

Il faut en lire le passage suivant :

JEANNE D'ARC
D'après le tableau de PINTA.
(*Collection de M. Prieur.*)

« Et fit ladite Pucelle très bonne chère (recueil) à mon frère et à moi, armée de toutes pièces, sauf la tête, et la lance en main. Et, après que nous fûmes descendus de selle, j'allai à son logis la voir et fit venir le vin, et me dit qu'elle n'en ferait bientôt boire à Paris; et semble toute chose divine de son fait, et de la voir, et de l'ouïr. Et la vis monter à cheval armée tout en blanc, sauf la tête, une petite hache en sa main, sur un grand coursier noir qui à l'huis (la porte) de son logis se démenait très fort et ne souffrait qu'elle montât. Et lors elle dit : « Menez-le à la croix » qui était devant l'église, auprès, au chemin. Et lors, elle monta, sans qu'il se mût, comme s'il fût lié. Et lors se tourna vers l'huis de l'église, qui était bien prochain et dit en assez douce voix de femme :

« Vous les prêtres et gens d'église, faites processions et prières à Dieu. »

« Et lors se retourna à son chemin en disant : « Tirez avant, tirez avant », son étendard ployé que portait un gracieux page, et avait sa hache petite en la main.

« Un de ses frères, qui est venu depuis huit jours, partait aussi avec elle, tout armé en blanc.

... « La Pucelle m'a dit en son logis, quand je la suis allé voir, que trois

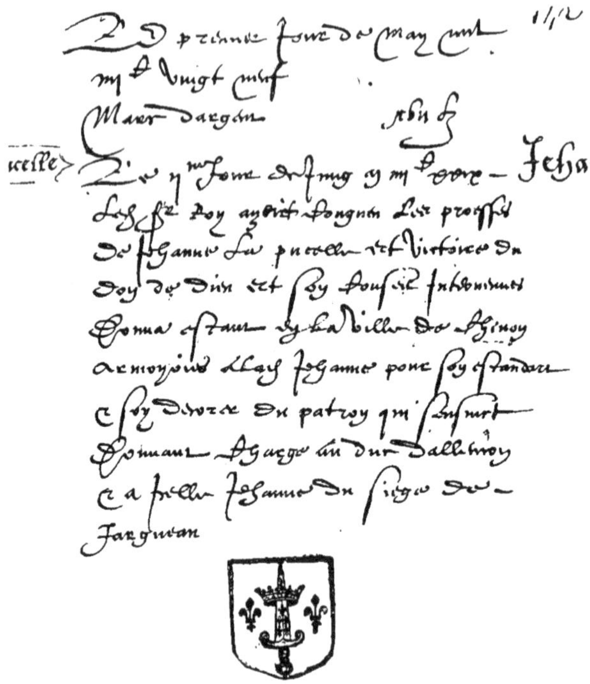

CONCESSION D'ARMOIRIES FAITE PAR LE ROI CHARLES VII A JEANNE D'ARC LE 2 JUIN 1429
D'après le manuscrit d'un registre français daté de 1559. (*Bibl. nat.*, n° 5524.)

Nous donnons ci-dessous la traduction littérale du texte gothique.

Le premier jour de may mil iiijc vingt-neuf.
marc d'argan xvij sz.

JEHANNE
DE LA PUCELLE

Le ijme jour de jung m. iiijc xxix le dit Seigneur Roy ayant congneu les proesses de Jehanne la Pucelle et victoires du don de Dieu et son conseil intervenues donna estant en la ville de Chinon armoyries a la dite Jehanne pour son estandart et soy decorer du patron qui sensuict donnant charge au duc Dallenson et a icelle Jehanne du siege de Jargueau.

Le premier jour de mai 1429,
le marc d'argent à dix-sept sous.

JEANNE
DE LA PUCELLE

Le deuxième jour de juin 1429, ledit seigneur roy, ayant connu les prouesses de Jeanne la Pucelle et les victoires remportées par le don de Dieu et son conseil, donna, étant en la ville de Chinon, des armoiries à ladite Pucelle, pour décorer son étendard et elle-même, dont le modèle s'ensuit, donnant au duc d'Alençon et à la dite Jeanne la charge du siège de Jargeau.

jours avant mon arrivée elle avait envoyée à vous, mon aïeule, un bien petit anneau d'or, mais que c'était bien petite chose, et qu'elle vous eût volontiers envoyé mieux, attendu l'estime qu'elle a pour vous[1]. »

1. L'aïeule de Guy et Henri de Laval dont il est parlé ici, était la veuve de Du Guesclin, et c'était sans doute en souvenir du grand homme de guerre que Jeanne avait eu pour sa femme cette attention.

Copyright. 1895.] [Par Harper frères.

JEANNE D'ARC EST ARMÉE CHEVALIER, A BLOIS

D'après le dessin de F. DUMONT publié dans le *Harper's Magazine*.

En lisant ces lignes, on sent le même charme que Guy de Laval. En ceci encore, du reste, on peut voir combien Jeanne est toujours restée de son sexe. Nous l'avons vue douce et tendre pleurer à la vue des blessés, comme nous la verrons pleurer encore à la vue de ses propres blessures, ayant, ainsi que toute femme, horreur du sang; nous la voyons ici avec une grâce qui eût fait croire, ainsi qu'on le disait autour d'elle, qu'elle avait été élevée à la cour.

Aussi bien il en est de Jeanne comme de tous les hommes de véritable génie : ils ont une aptitude universelle et excellent en tout ce qui est digne d'eux.

Un autre trait qui montre bien encore la femme, la jeune fille toujours présente en Jeanne, se rapporte à son séjour à Tours. Elle s'était prise de la plus vive affection pour la fille du peintre qui lui fit son étendard. Plus tard, quand celle-ci dut se marier, elle s'inquiéta de lui faire constituer une dot et lui envoya un pourpoint de velours qu'elle tenait du don de l'un des princes du sang.

Jeanne quitta Tours. Ce ne dut pas être sans regret, car elle y avait goûté des joies très douces.

Avec Orléans et Reims, cette ville forme une sorte de trilogie sereine dans la vie de Jeanne. A Orléans toutefois elle « eut fort à peiner » et à combattre. A Reims l'envie lui fit sentir ses basses atteintes. A Tours, au contraire, tout est joie pour elle. On dirait ses fiançailles fleuries avec la France dont elle allait prendre la main dans la sienne, pour la conduire à la victoire.

A Tours donc revient l'honneur consolant de rester par excellence la ville des souvenirs joyeux de Jeanne. Plus d'une fois, aux jours désolés de la captivité, lorsque, abandonnée de tous, persécutée par ses juges, elle vit qu'elle n'avait plus rien à attendre de la justice humaine, le cœur et la pensée de la Pucelle durent se reporter vers ces murs. Les joies du passé n'empêchent pas les épreuves présentes d'être douloureuses, mais elles mettent comme un baume sur la blessure dont on souffre, baume souvent plus efficace que celui même des rêves d'avenir meilleur, auxquels nous convie l'espérance.

Je dirai de Blois, comme de Vaucouleurs, qu'on a mal compris l'importance et la grandeur des événements qui s'y sont accomplis pour Jeanne d'Arc.

Sa mission avait reçu l'approbation des évêques et des docteurs. Le Roi avait souscrit à cette décision; c'était bien. Mais que de choses restaient à faire à la Pucelle, et combien ces choses étaient laborieuses!

Il fallut d'abord et sans délai prendre autorité sur l'armée et ses chefs. Elle est depuis un temps très long en décadence. Sans doute on vient de réunir quelques compagnies, et Jeanne pouvait plus tard estimer à dix ou douze mille hommes le nombre de ceux qui la composaient.

Mais que sont les soldats sans la discipline et la confiance?

La discipline était rompue. Livrés à eux-mêmes, les soldats erraient à l'aventure et tout ordre avait disparu.

Avec la discipline il fallait rétablir ce qui en est le soutien. Le vice s'était fait une large place parmi cette soldatesque. Le pillage et le vol étaient devenus comme de droit commun; avec l'absence de discipline était venue la licence des mœurs.

Enfin, depuis longtemps habituée à la défaite, l'armée avait perdu, avec l'espoir du triomphe, le courage de combattre.

Il fallait en quelques jours remédier à tout cela : ramener l'ordre dans les rangs, en bannir la licence et ranimer la confiance dans les âmes françaises.

Qu'on n'aille pas imaginer que Jeanne d'Arc demeurât étrangère à ces sollicitudes : ce serait mal la connaître.

Le triomphe remporté sur ses examinateurs de Poitiers ne lui avait inspiré ni orgueil, ni oubli des charges qui l'attendaient pour le lendemain. Judicieuse et grave, elle avait prévu tous les obstacles; mais, avec la promptitude de son admirable génie et le secours continuel que Dieu lui accordait par le ministère de ses voix, elle suffit et en quelques jours avisa à toutes les nécessités.

Elle releva d'abord l'autorité du Dauphin, alors si compromise. Il est frappant de voir avec quel respect elle en parle devant les chefs et les soldats, quelles images ingénieuses et saisissantes elle emploie pour faire entendre à ces hommes la vraie mission du Roi parmi eux, la délégation qu'il a reçue de Dieu, auquel la France appartient en propre, mais que le prince possède « en commande ».

On n'entend pas d'elle une parole qui fasse quelque allusion aux faiblesses de Charles, aux lenteurs prolongées et fatigantes qu'il lui a imposées. Non, il

L'ENVOYÉE DE DIEU
D'après un médaillon d'E. Dropsy.

n'est que le « gentil[1] Dauphin », et comme Jeanne n'est venue que pour le faire sacrer à Reims, ainsi l'année entière ne doit avoir qu'une pensée, ne rechercher qu'un but : rendre par ses luttes victorieuses ce sacre possible.

Judicieuse observatrice du cœur humain et habile à mettre en jeu les nuances de ses sentiments, elle appelle Charles VII « le Dauphin ». On s'en étonne, on s'en plaint même : « Je l'appellerai ainsi jusqu'au jour où il sera sacré ». Il semble qu'elle veuille, en lui donnant seulement ce titre, exciter chez le prince le désir de la royauté même, aiguiser malicieusement l'ardeur des soldats par cette espérance de le faire roi et l'ennui qu'ils doivent éprouver de n'avoir à leur tête qu'un prince non couronné.

Quant aux seigneurs qui entourent celui-ci, Jeanne les a dès longtemps jugés. Elle sait leur égoïsme à l'endroit de leurs propres intérêts, l'indifférence qu'ils entretiennent pour ceux du prince.

Elle n'ignore pas les embûches que depuis six semaines ils sèment sur son chemin à toute occasion, l'envie dont ils la poursuivent secrètement, la défiance qu'ils tâchent d'entretenir à son sujet et l'ennui qu'ils éprouvent du prestige qu'elle s'est déjà attiré.

Regnault de Chartres l'accompagne à Blois, mais c'est moins pour la soutenir que pour l'entraver. La Trémoïlle, au contraire, est resté près du Dauphin : ce n'est pour autre chose sans doute que pour atténuer dans l'esprit du prince l'espoir qu'il commence de mettre en Jeanne, la confiance qu'il accorde à son courage, à sa vertu et à ce qui semble divin dans son entreprise.

1. Noble Dauphin.

Mais Jeanne garde en elle silencieux ces sentiments, tant elle a une haute idée de l'autorité, une persuasion forte et profonde qu'il n'est point de société possible si les sujets ne gardent le respect envers ceux qui tiennent le pouvoir!

Elle défend la renommée des courtisans, pour fortifier celle du prince même.

A son exemple, chacun parmi les chefs de l'armée reprend le rang qui lui convient, et l'ordre renaît parmi les soldats.

Elle n'excelle pas moins à punir du camp la licence. Elle intervient de sa personne pour en chasser les filles de joie, interdit le blasphème et convertit à cet endroit La Hire lui-même, qui ne jurera plus que par son « Martin Bâton », comme le lui a conseillé Jeanne.

LES ARMES DE JEANNE D'ARC
Revers d'un médaillon d'E. DROPSY.

Mais elle va plus loin dans cette réforme, et c'est ici qu'elle révèle peut-être une sagesse encore plus haute, en même temps qu'une foi aussi ferme qu'éclairée.

Elle n'ignorait pas, en effet, que le courage militaire doit avoir dans l'âme du soldat un fondement solide pour demeurer ferme et ne se réduire pas seulement à l'élan passager qui vient de l'ivresse du combat.

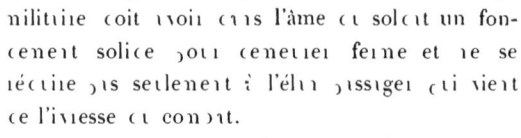

Elle savait bien que l'âme n'est vraiment supérieure aux périls et à la mort qu'autant qu'elle a pris sur elle-même un empire fort et durable.

Elle s'inspirait en cela de cet esprit du christianisme dont elle était si profondément imbue et qui fait de l'empire sur soi-même, sur ses passions et ses désirs le premier fondement de la vertu.

Les hommes n'entendent pas volontiers cette maxime, et la plupart d'entre eux estiment que la meilleure manière de vivre consiste à repousser la contrainte, attendu qu'à leur avis la licence n'est autre chose que la pleine liberté.

Il faut qu'ils sachent qu'il en va tout autrement. Ce n'est pas seulement la religion, comme on serait tenté de le croire, qui condamne une telle maxime et en déplore les conséquences; la vraie philosophie et le ferme bon sens s'accordent avec la religion pour juger cette grave erreur et l'estimer propre à engendrer une foule de maux.

« Abstiens-toi et supporte, » tel était le conseil préféré de l'un des plus graves parmi les philosophes de l'antiquité. Les hommes qui parmi nous demeurent fidèles aux traditions des maîtres anciens ne renieront ni cette maxime ni le précepte de la morale chrétienne.

JEANNE D'ARC FLEUR DE LA CHEVALERIE
D'après un dessin à la sanguine de VIGNON. (XVIIe siècle, *Bibl. nat.*)

C'est que l'homme est tel, en effet, qu'il ne se domine pas aisément et que, s'il se laisse aller sans contrainte à la pente de sa nature, il franchit inévitablement les limites du devoir.

Paulin de Nole, cité par Bossuet, fait à cet endroit une fine et bien judicieuse remarque : « J'ai connu, dit-il, ce qu'il n'était pas bon de faire quand je ne me suis pas modéré dans ce qui m'était permis[1] ».

Quel homme de bien dira le contraire et qui n'a maintes fois dans son existence de chaque jour reconnu la grande sagesse de cette maxime?

Qui n'amasse pas dispense, qui n'économise point prodigue son bien.

Qui ne tend pas au calme en vient à la colère et qui donne à son cœur toute liberté arrive à la licence.

1. *Quod non expediebat admisi dum non tempero quod licebat.*

Propres à toutes les situations, ces maximes ont une spéciale opportunité et une gravité particulière pour ceux qui mènent la vie des camps.

Le désordre et l'extrême liberté des mœurs ne s'y font en effet qu'une place trop large et trop facile, et le soldat, peut-être par cela même qu'il est esclave de la discipline que les hommes lui imposent, est plus empressé de se mettre à l'aise avec la loi de Dieu et les préceptes de la conscience.

JEANNE D'ARC
D'après la statue
de Mme la duchesse d'Uzès.

C'est au sein de cette licence cependant que, avec les mœurs qui se dissolvent, s'attiédit et disparaît bientôt la valeur. Les caractères s'abaissent, l'image de la patrie perd son prestige et sa beauté, au milieu de tant d'objets offerts en pâture aux passions.

Une armée vicieuse offre toujours une forte prise à l'ennemi qui l'attaque.

Ainsi pensait Jeanne. Aussi son effort se porta-t-il de ce côté avec une vigueur qui touchait à l'audace et qui ne laissa pas de surprendre grandement ceux qui l'entouraient.

Dès le premier jour qu'elle passa à Blois, elle s'efforça de faire entendre aux soldats des paroles de conversion et de pénitence. Sachant combien l'homme respecte difficilement la limite qui sépare le licite du défendu, ainsi que nous le remarquions tout à l'heure, elle conseilla, avec la confession, le jeûne et l'abstinence.

Je sais que nous sommes loin de telles pensées et je ferai sourire quelques hommes sans doute en disant ces choses aussi simplement. Les rieurs seront-ils assurés d'avoir le bon sens de leur côté? Qu'ils y songent et qu'ils répondent.

Aussi bien nous avons Jeanne d'Arc de notre bord, et ce n'est pas peu de chose. Je ne serais pas étonné que de notre bord aussi se rangeassent, — en secret peut-être, mais avec conviction, — quelques-uns de nos chefs d'armée les plus autorisés.

En tous les cas, l'issue de l'entreprise de Jeanne et l'heureux succès de son dessein montrent combien elle avait été sagement inspirée. L'exemple qu'elle donne en cette conjoncture à ceux qui conduisent les peuples et les armées suffit à établir l'heureuse et féconde influence de la vertu sur le courage militaire.

Ainsi fit donc Jeanne d'Arc, et l'on ne peut ne pas s'étonner quand on songe qu'elle n'avait pas encore dix-huit ans à cette époque. Je ne sais rien de grand, rien d'étrange aussi comme cette simple et ferme assurance, et je l'admire encore davantage quand je songe à ceux qui l'entouraient et dont la présence et l'éclat devaient, semble-t-il, tant affaiblir le prestige dont elle avait besoin aux yeux de l'armée.

La reine de Sicile, en effet, belle-mère du Dauphin, arrivait à Blois en même temps que Jeanne d'Arc. Le duc d'Alençon l'accompagnait, avec Ambroise de Loré et l'amiral Louis de Culan. L'archevêque de Reims, Regnault de Chartres, les suivait aussitôt avec le sire de Gaucourt. Le maréchal de Boussac et le sire de Rais, chargés du commandement de l'armée, ainsi que La Hire et Poton de Xaintrailles, vinrent aussi.

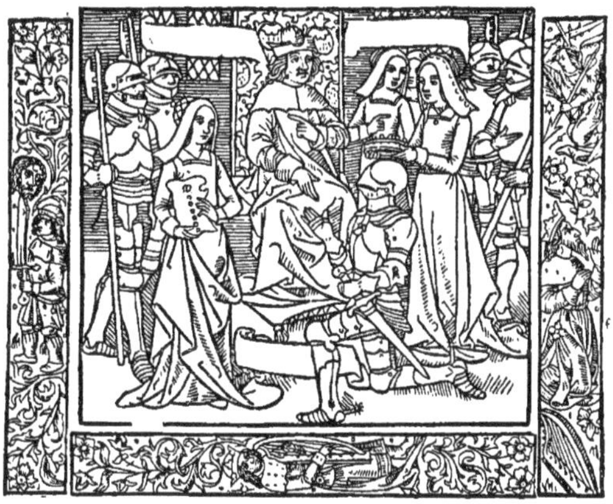

JEANNE ARMÉE CHEVALIER PAR LE ROI
Gravure tirée des Vigiles de Charles VII. (*Bibl. nat.*)

Quelle place se faire au milieu de tout ce monde de la cour? Et cependant quelle action pouvait avoir Jeanne si de prime abord elle ne s'imposait par une notoriété personnelle?

La reine de Sicile, Yolande d'Aragon, si fortement attachée au parti national, était évidemment bienveillante pour Jeanne, et cette bienveillance pouvait être de grand appui pour la Pucelle. Mais, d'autre part, la présence de cette princesse à Blois, par cela même qu'elle attirait l'attention de la foule et de l'armée en même temps qu'elle ranimait l'espoir de la cité, devait détourner plus ou moins les regards qui se seraient portés vers Jeanne.

La présence du duc d'Alençon, quoique désirée par l'héroïne, avait pour elle aussi les mêmes périls.

Quant à Regnault de Chartres, Jeanne ne pouvait se dissimuler sa sourde opposition.

Enfin le maréchal de Boussac et le sire de Rais ayant reçu du Dauphin le commandement de l'armée, Jeanne devait encore dans leur présence rencontre un obstacle, car il fallait que le commencement lui servît, au risque d'échouer dans son entreprise.

Avec un art plus admirable que celui qu'elle allait déployer dans la guerre, la vaillante et prudente enfant sut tout mener à bien malgré les mille obstacles qui pouvaient l'arrêter au début même de sa mission. Sa personne, sa conduite, ses discours, lui firent en quelques heures une place qui n'était et ne pouvait être celle de personne. Ce furent les princes et la reine qui tinrent le second rang : elle occupa le premier sans l'avoir ambitionné, sans intrigues comme sans esprit de hauteur par le seul ascendant qu'elle prit sur tous les esprits. Le peuple ne vit qu'elle, elle seule fut la libératrice de demain et le véritable chef de l'armée parmi tant d'autres réputés fameux.

Qu'on ne dise point qu'une âme grande comme celle de Jeanne d'Arc trouve naturellement ce qui échappe aux âmes ordinaires et que, sans longues recherches, notre héroïne conçut ce qu'il convenait de faire pour s'élever au-dessus des foules, au-dessus même des princes et des princesses.

Il n'en va point ainsi, et si, selon le juste mot de Pascal, « dans une grande âme tout est grand », c'est que la résolution et l'effort sont à la hauteur des actes qu'il faut produire. Le labeur est la règle des hommes de génie comme celle des hommes de facultés modestes, car, pour « avoir la tête dans les cieux, ils ont cependant les pieds par terre », et sont sujets à nos faiblesses. — « Le génie, a-t-on dit, et combien cette pensée est forte, n'est qu'une plus grande aptitude à la patience. »

Quelle délicatesse n'ajoutait pas au reste à l'action publique de Jeanne en cette circonstance sa condition de jeune fille si difficile et d'où devait dépendre le succès de l'œuvre de régénération qu'elle rêvait. Mais, d'autre part, quel tact parfait ne lui fallut-il pas pour n'excéder en rien de l'un ou de l'autre côté!

Quel visage convenait-il de faire devant l'armée? De quelle allure s'avancerait-elle quand, paraissant pour la première fois devant les soldats, elle serait l'objet de la curiosité universelle?

Modeste et timide, ainsi qu'il convient à une jeune fille, ne passerait-elle pas pour prude? Sa réserve ne serait-elle pas estimée crainte? Et alors quel chef aurait-on là?...

Au contraire, vaillante, assurée, le front haut et noble, tenterait-elle de conquérir de prime saut et de lutte brève l'autorité, par ce quelque chose qui impose le respect aux hommes quand on paraît devant eux sans crainte? Soit: mais alors ne blesserait-elle pas à la fois et la modestie de maintien qui

JEANNE D'ARC ET LES SAINTS CHAMPÊTRES
D'après la peinture de JOSEPH AUBERT dans l'abside de l'Église Notre-Dame-des-Champs à Paris.

convient à un adolescent, plus encore à une adolescente, et cette autre modestie, celle de l'esprit, sans laquelle l'homme passe pour céder à l'orgueil et éloigne de lui-même la juste admiration qu'on lui eût accordé s'il eût été plus humble?

Platon a dit que c'est l'âme qui fait le corps et surtout la physionomie : Jeanne fut elle-même, et sur son front l'on vit le reflet des dons si rares de son âme.

La conquête fut du reste rapide, et le jour même de son arrivée à Blois elle y régna souverainement sur tous.

Admirons cette âme maîtresse d'elle-même dans la gloire comme dans l'épreuve.

Elle l'était du reste aussi dans la guerre, et, malgré son impatience d'agir, elle voulut écrire aux Anglais, avant de les attaquer, pour les exhorter à se retirer sans coup férir.

Elle leur envoya donc ce message que nous reproduisons entièrement ici :

« Roi d'Angleterre, et vous duc de Bethfort, qui vous dites régent du royaume de France; Guillaume de la Poule, comte de Suffort, Jehan sire de Thalebot, et vous, Thomas, sire d'Escalles, qui vous dites lieutenants dudit de Bethfort, faites raison au Roi du Ciel de son sang royal. Rendez à la Pucelle cy envoyée de par Dieu, Roi du Ciel, les clefs de toutes les bonnes villes que vous avez prises et violées en France.

ACTIONS DE GRACES !
Statue en marbre polychrome d'ALLOUARD.

« Elle est venue de par Dieu, le Roi du Ciel, pour réclamer le sang royal; elle est toute preste de faire paix, si vous lui voulez faire raison, par ainsi que France vous mettez sus (rendez) et payiez de ce que l'avez tenue.

« Et entre vous, archers, compagnons de guerre gentils et autres qui êtes devant la bonne ville d'Orléans, allez-vous-en, de par Dieu, en vos pays, et si ainsi ne le faites, je suis chef de guerre et, en quelque lieu que j'atteindrai vos gens en France, je les en ferai aller, veuillent ou non veuillent; et s'ils ne veulent obéir, je les ferai tous mourir; et s'ils veulent obéir, je les prendrai à merci. Je suys cy venue de par Dieu, le Roi du Ciel, corps pour corps, pour vous bouter hors de toute France encontre tous ceux qui voudroient porter trahison, malengin ni dommage au Royaume de France. Et n'ayez point en votre opinion que vous ne tiendrez mie le royaume de France de Dieu, le Roi du Ciel, fils de Sainte-Marie; mais le tiendra le roi Charles, vrai héritier; car Dieu le Roi du Ciel le veut ainsi et lui est révélé par la Pucelle; laquelle entrera à Paris à bonne compagnie.

« Si vous ne voulez croire les nouvelles de par Dieu de la Pucelle, en quelque lieu que nous vous trouverons, nous frapperons dedans, et ferons un si grand carnage que encore y a-t-il mille ans que en France ne fut si grand, si vous ne faites raison. Et croyez fermement que le Roi du Ciel enverra plus de force à la Pucelle que vous ne lui sauriez mener de tous assaulx à elle et à ses bonnes gens d'armes; et aux horions verra-t-on qui aura meilleur droit du Dieu du Ciel.

L'attaque du Château des Tournelles

D'après le carton d'Albert Maignan, collection de Mr. Champigneulle

Roi d'Angleterre, et vous duc de Bethfort, qui vous dites régent du [illegible] de France; Guillaume de la Poule, conte de Suffort, Jehan sire de [illegible], et vous, Thomas, sire d'Escalles, qui vous dites lieutenants dudit [illegible] faites raison au Roi du Ciel de son sang royal. Rendez à la Pucelle cy envoyée de par Dieu, Roi du Ciel, les clefs de toutes les bonnes villes que vous avez prises et violées en France.

« Elle est venue de par Dieu, le Roi du Ciel, pour réclamer le sang royal; elle est toute preste de faire paix, si vous lui voulez faire raison, par ainsi que France vous mettez sur (rendez) et payiez ce que l'ayez tenue.

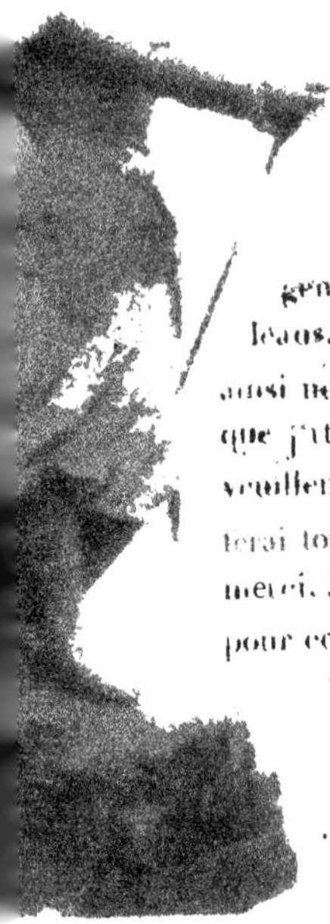

« Et entre vous, archers, compagnons de guerre gentils et autres qui êtes devant la bonne ville d'Orleans, allez-vous-en, de par Dieu, en vos pays; et si ainsi ne le faites, je suis chef de guerre et, en quelque lieu que j'atteindrai vos gens en France, je les en ferai aller, veuillent ou non veuillent; et s'ils ne veulent obéir, je les ferai tous mourir; et s'ils veulent obéir, je les prendrai à merci. Je suys cy venue de par Dieu, le Roi du Ciel, corps pour corps, pour vous bouter hors de toute France encontre tous ceux qui voudroient porter traïson, mal ni dommage au Royaume de France. [illegible] en votre opinion que vous ne [illegible] royaume de France de Dieu, le [illegible] Sainte-Marie; mais le tiendra [illegible] heritier; car Dieu le Roi du Ciel [illegible] est révélé par la Pucelle; laquelle [illegible] bonne compaignie.

Si vous ne voulez croire les nouvelles de par Dieu de [illegible] que [illegible] vous trouverons, nous frapperons dedans, [illegible] grand corrage que encore y a-t-il mille ans que en France ne fu [illegible] faites raison. Et croyez fermement que le Roi du Ciel

Jeanne d'Arc

L'attaque du Château des Tournelles

D'après le carton d'Albert Maignan, collection de Mr Champigneulle

JEANNE ENVOIE AUX ANGLAIS UN MESSAGE LEUR ENJOIGNANT DE SORTIR DE FRANCE
D'après la gravure en couleurs de ROGER, d'après SERGENT.
Tirée de la *Collection des portraits des grands hommes*, Paris, 1788-1792. (*Bibliothèque nationale*.)

« Vous, duc de Bethfort, la Pucelle vous prie et vous requiert que vous ne vous faites pas détruire. Si vous faites raison, encore pourrez venir en sa compaignie, où que les François feront le plus bel fait qu'oncques fut fait pour la chrétienté.

« Et faites réponse en la cité d'Orléans, si voulez faire paix, et si ainsi ne le faites, de vos bien grans dommages vous souviengne brièvement.

« Escrit le mardi de la semaine sainte.

« De par la Pucelle. »

Au procès de Rouen on interrogea longuement l'héroïne sur cette lettre.

« Voici, lui dit l'un des juges, en quels termes vous avez écrit au Roi, notre sire, au duc de Bedfort, et à d'autres. La reconnaissez-vous ?

— Oui, sauf trois mots. Au lieu de « rendez à la Pucelle », il faut :

JEANNE PACIFICATRICE
D'après la statue de CHAMPIGNEULLE pour le monument de Bermont.

« rendez au Roi ». Les mots « chefs de guerre » et « corps pour corps » n'étaient pas dans la lettre que j'ai envoyée.

— N'est-ce pas un seigneur qui vous a dicté cette lettre?

— Aucun seigneur ne m'a oncques dicté cette lettre; c'est moi-même qui l'ai dictée avant de l'envoyer; il est vrai que je la montrai à quelques-uns de mon parti.

— Est-ce que vous pensez, continue l'interrogateur, qu'il advienne mal aux Anglais?

— Avant qu'il soit sept ans, les Anglais laisseront encore un bien plus grand gage qu'ils n'ont fait devant Orléans. Ils perdront tout en France.

— Que voulez-vous dire?

— Les Anglais éprouveront en France plus grande perte qu'ils n'eurent oncques et ce sera par grande victoire que Dieu enverra aux Français.... Je sais cela par révélation aussi sûrement que je vous vois là devant moi. »

Selon la remarque de plusieurs auteurs, cette lettre, citée au procès (22 mars), ne fut adressée que près de deux mois plus tard aux Anglais. Outre que ce délai de l'envoi ne répond guère à la prestesse ordinaire de Jeanne, il donne à penser que les chefs la gardèrent comme un message à effet, dont ils tireraient parti, l'occasion favorable se présentant.

Quoi qu'il en soit, cette lettre de Jeanne aux Anglais ne ressemble point aux autres conservées d'elle, et l'on s'explique qu'à l'époque de son jugement elle n'ait pas reconnu comme authentiques plusieurs des passages qu'elle contient.

Les Anglais la reçurent avec fureur; ils insultèrent grossièrement Jeanne, et retinrent prisonnier son envoyé, avec le dessein de le mettre à mort.

Pendant qu'on achevait les derniers préparatifs matériels, Jeanne poursuivait avec une activité non moins grande la réforme morale de l'armée. Elle avait fait venir un grand nombre de prêtres et de religieux, et sans discontinuer ils entendaient la confession des gens d'armes.

Elle-même se tenait fréquemment et longuement en prière dans l'église du Saint-Sauveur.

C'est à Blois aussi qu'elle fit faire un nouvel étendard, un peu différent de son étendard de guerre.

Elle y fit représenter l'image de Jésus crucifié.

Elle avait toujours eu une grande dévotion pour le crucifix, et l'on sait que c'est le seul souvenir qu'elle réclama sur le bûcher. D'autre part, le vocable de l'église du Saint-Sauveur où elle réunissait les soldats, à Blois, lui inspira peut-être aussi cette décoration de son étendard.

L'ÉPÉE DE LA FRANCE
D'après la gravure de LE BLOND. (XVIIe siècle, *Bibl. nat.*)

C'est un souvenir honorable de plus pour la cité blésoise.

Enfin c'est dans cette même église qu'elle fut faite chevalier et reçut l'armure de guerre. On sait combien étaient graves et touchants les détails de cette cérémonie, à la fois religieuse et guerrière.

Celle où Jeanne d'Arc reçut cette sorte de consécration militaire dut être fort émouvante, et il est à regretter qu'aucun souvenir ne nous en ait été gardé par les chroniqueurs.

Quelques restes demeurent du chœur de l'église du Saint-Sauveur dans laquelle cette cérémonie eut lieu, à Blois. Plusieurs immeubles enserrent ces ruines vénérables. On assure que quelques hommes de cœur et de foi songent à en faire l'acquisition. Nous souhaitons vivement que ce louable dessein reçoive exécution.

Tout était prêt. L'armée quitta Blois le 28 avril pour aller à Orléans. Elle était précédée de prêtres et de religieux portant des croix et des bannières et chantant des psaumes auxquels répondaient les gens d'armes. Aux psaumes on ajoutait un verset du *Veni Creator*.

L'heure tant désirée de la Pucelle était enfin venue. Sa longue épreuve prenait fin; elle allait pouvoir déployer librement son étendard, voler à Orléans, donner au Dauphin, à la cour et aux docteurs le « signe » qu'on lui avait tant de fois demandé en preuve de sa mission et qu'elle-même avait promis avec une sérénité si grande, une espérance si fière et si ferme.

A la sortie de Blois, le front de la Pucelle devait être radieux, son allure inspirée et noble. Sa hacquenée, comme intelligente des sentiments de l'héroïne qu'elle portait, devait marcher d'un pas alerte et déjà vainqueur. Les yeux de Jeanne de temps à autre s'élevaient au ciel en prière d'actions de grâces pour le passé, en silencieuses supplications pour l'avenir.

LE DÉPART DE JEANNE

D'après la statue d'ARMAND LE VÉEL.

LA VILLE D'ORLÉANS DE 1428 A 1429
D'après une reconstitution faite par M. Lisch, architecte du Gouvernement.

V

ORLÉANS ET REIMS

DÉLIVRANCE D'ORLÉANS — SUR LA ROUTE DE REIMS LE SACRE DU ROI CHARLES VII

LA VIERGE LORRAINE
D'après une gravure de CHADOWICKI.

JEANNE voulait se rendre directement à Orléans en suivant la rive droite de la Loire. Elle n'ignorait pas que ce pays était occupé par l'armée anglaise, et qu'on aurait, en prenant cette voie, à passer sous le feu de ses bastilles. Mais elle assurait que Talbot et Suffolk céderaient à l'effort de notre armée et qu'on arriverait quand même.

Les chefs ne se laissèrent point aller à cet enthousiasme et se dirigèrent par la rive gauche. Ils évitaient ainsi les Anglais, dont le fleuve les séparait, et comptaient de cette manière arriver plus sûrement.

Aussi bien les secrètes pensées de plusieurs d'entre eux se laissaient voir en cela, et l'on put comprendre qu'autant il leur semblait opportun de faire usage de l'intervention de Jeanne et du prestige qu'elle exerçait sur l'armée pour seconder leur propre action, autant ils étaient résolus à ne lui accorder point le commandement en chef et la suprême direction des opérations.

C'est pour cette cause qu'ils la laissaient libre de réformer les mœurs de l'armée et de donner carrière à son zèle pieux. Cela leur était à secours. Mais dès le premier jour nous les voyons tenter de tenir conseil en dehors d'elle et de prendre leurs résolutions sans la consulter.

Dans la conjoncture présente, Jeanne, qui ignorait la géographie du pays, se laissa induire en erreur et suivit la rive gauche de la Loire. On traversa donc ce fleuve par le pont de Blois, on passa devant Beaugency et Meung, sans que l'ennemi, qui ne se sentait pas en force de ce côté, essayât d'arrêter l'armée, et l'on arriva à Olivet, sous Orléans, derrière le camp des Anglais, établi sur la rive gauche.

En chemin, on passa la nuit, et Jeanne, pour la première fois, coucha en rase campagne et sans quitter son armure. Elle en éprouva quelque souffrance; mais au lever elle reprit vaillamment la route, comme si la nuit eût été bonne et de plein sommeil.

En arrivant sous Orléans, Jeanne s'aperçut de l'erreur en laquelle on l'avait induite, et s'en plaignit avec quelque amertume. Ce fut Dunois qui porta le poids de son déplaisir. Il a raconté la chose au procès de réhabilitation; nous avons cité ce passage de son témoignage.

Jeanne, après avoir gourmandé Dunois, ne songea plus qu'à réparer la faute qu'on avait commise en agissant contrairement à son dessein. Comme il fallait donc faire parvenir aux Orléanais, au travers du fleuve, les vivres qu'on avait apportés, on pensa à faire venir des bateaux d'Orléans vers la rive où se trouvait l'armée.

Malheureusement le vent était contraire. Mais Jeanne assurait qu'il n'en fallait avoir cure, et que tout à l'heure le vent changerait de direction : ce qui arriva.

Écoutons Dunois raconter cela : « Tout aussitôt, dit-il, et comme instantanément, le vent qui était contraire, et qui rendait fort difficile que les bateaux où étaient les vivres pussent remonter le fleuve dans la direction d'Orléans, tourna et devint favorable.

« En conséquence, les voiles furent tendues immédiatement. J'entrai dans les bateaux et avec moi y entra Nicolas de Giresme, aujourd'hui grand prieur de France. Nous longeâmes l'église Saint-Loup, et nous passâmes outre malgré les Anglais. Dès ce moment j'eus bonne espérance de Jeanne, plus que je n'avais fait jusque-là.... »

Voilà donc le convoi de vivres en sûreté; mais il fallait aussi faire passer l'armée, et comment l'aurait-on pu aux regards et sous le coup du feu des Anglais?

Les chefs proposaient de retourner jusqu'à Blois, d'y repasser le pont et de revenir par la rive droite de la Loire jusqu'à Orléans. C'était reconnaître à nouveau la sagesse de l'avis premier de Jeanne. Mais il était trop tard, et il en coûtait à celle-ci de sembler reculer devant l'ennemi en reprenant le chemin de Blois, d'où l'on venait.

Cependant Dunois pressait Jeanne de venir avec lui à Orléans. Depuis le jour où il leur avait parlé d'elle et de son arrivée à Chinon, les Orléanais s'étaient pris d'enthousiasme pour la Pucelle. On commentait les prophéties qui semblaient l'annoncer, on se répétait les propos de l'héroïne, et, comme le font les hommes après avoir longtemps désespéré, on reprenait espoir avec véhémence et l'ardeur du peuple tournait au délire.

SIÈGE D'ORLÉANS

D'après la miniature d'un manuscrit français « Les Vigiles de Charles VII », daté de 1484. (*Bibliothèque nationale.*)

Sans doute, Jeanne venait déjà de répondre à leur attente en leur faisant parvenir des vivres; mais ce bienfait n'était rien auprès de sa présence. C'était Jeanne qu'on voulait voir, sa voix qu'on voulait entendre.

Dunois insista donc pour emmener Jeanne jusqu'à la ville. La Pucelle résistait; elle ne voulait à aucun prix, disait-elle, laisser seuls ses gens si bien préparés et qui, en son absence, se croyant peut-être délaissés, pourraient modifier leurs bonnes dispositions.

Dunois s'adressa alors aux autres chefs; il les supplia de n'emmener point Jeanne avec eux, mais de la laisser, de regagner Blois et de venir la rejoindre à l'autre rive. Ils y consentirent et Jeanne se décida alors à suivre Dunois jusqu'à

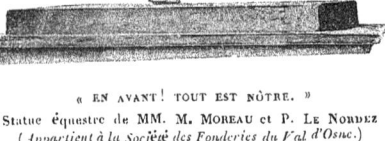

Orléans. Mais, obligée d'abandonner momentanément les siens, elle leur laissa la bannière autour de laquelle ils avaient coutume de prier; elle leur laissa aussi son aumônier Jean Pasquerel avec les prêtres qui l'avaient accompagnée depuis Blois, et traversa la Loire en bateau, avec Dunois, La Hire et deux cents lances. Ils atteignirent la rive droite.

« EN AVANT! TOUT EST NÔTRE. »
Statue équestre de MM. M. MOREAU et P. LE NORDEZ
(*Appartient à la Société des Fonderies du Val d'Osne.*)

Sur cette rive les Anglais n'avaient qu'une seule bastille, dite de Saint-Loup. Pour leur ôter toute idée d'essayer d'empêcher Jeanne et sa petite troupe de passer, les Orléanais sortirent en masse et assaillirent la bastille. Ils en rapportèrent même une bannière.

Cependant le convoi de vivres pouvait être déchargé. Quant à Jeanne, elle se tenait dans la campagne avec Dunois, La Hire et les deux cents hommes. On avait, en effet, résolu de ne la faire entrer dans la ville que le soir : on eût redouté pendant le jour quelque mêlée tumultueuse de la part de la foule, tant celle-ci l'attendait avec un enthousiasme impatient.

Elle y entra le soir du 29 avril, vers huit heures. Elle était armée de toutes pièces et montée sur son cheval blanc. Sa bannière la précédait. Dunois l'accompagnait en costume de gala, et un certain nombre de seigneurs, des gens d'armes et quelques bourgeois d'Orléans lui formaient cortège.

La foule se précipita à sa rencontre. Chacun voulait lui baiser les mains et la toucher, et quand on ne le pouvait, on tâchait de toucher sa monture. Ce n'étaient que cris de joie, exclamations d'espoir et de triomphe. Beaucoup d'entre eux portaient des torches, et l'un des assistants faillit avec la sienne mettre le feu à la bannière de Jeanne.

Ils croyaient, disaient-ils, voir Dieu en la personne de Jeanne. Ils se sentaient tout réconfortés et « comme désassiégés » par la vertu divine qu'on leur avait dit être dans cette simple pucelle.

Quant à Jeanne, elle recevait tous ces hommages à la fois avec modestie

Copyright, 1895.] [Par Harper, frères.

SOUS LE FORT DES TOURNELLES

D'après le dessin de F. DUMONT, publié dans le *Harper's Magazine*.

et émotion; elle ne cachait pas la joie douce qu'elle en ressentait, mais n'en tirait aucune gloire personnelle. Cette attitude ne faisait qu'accroître l'enthousiasme et elle eut grand'peine à gagner la maison de Jacques Boucher, trésorier du duc d'Orléans, près de la porte Bannier. Elle y fut reçue avec ses deux frères, qui pour cette fois ne songeaient pas à la noyer; Jean de Metz et Bertrand de Poulengy, ses deux compagnons de route entre Vaucouleurs et Chinon, lesquels toujours fidèles avaient leur place marquée en ce premier triomphe de Jeanne, se tenaient aussi près d'elle.

Les tristes juges de Rouen devaient lui faire grief de ces incidents, tous

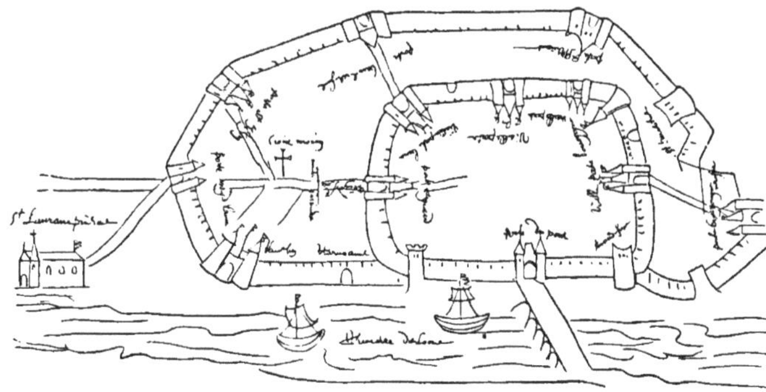

LES ENCEINTES DE LA VILLE D'ORLÉANS
D'après un ancien plan.

les prétextes leur étant bons pour arriver à perdre celle dont ils avaient à l'avance résolu la condamnation. — « Ne connaissiez-vous pas les sentiments de ceux de votre parti quand ils vous baisaient les pieds, les mains et les vêtements? — Beaucoup d'eux me voyaient volontiers, répond Jeanne; cependant ils ne baisaient les mains le moins que je pouvais. Mais venaient les pauvres gens volontiers à moi, parce que je ne leur faisais point de déplaisir et plutôt les supportais à mon pouvoir. »

A partir de ce jour, Jeanne d'Arc était devenue le chef réel de l'armée. Ses adversaires cependant n'avaient pas renoncé complètement à leurs sentiments de basse jalousie et devaient plus d'une fois encore tenter de l'éloigner des conseils du Dauphin et d'agir sans elle; mais le peuple l'avait consacrée par ce triomphe et la première place lui appartenait désormais sans conteste possible.

Ici, devons-nous entreprendre de raconter avec détails les événements de la délivrance d'Orléans? La trame en est assez compliquée, et s'il est labomieux pour l'historien de la mettre en pleine lumière, il ne l'est guère moins pour le lecteur de la suivre en ce détail.

Aussi bien, que voulons-nous voir? Jeanne, et elle surtout. Son fait et sa personne disparaîtraient facilement au milieu du tumulte des événements et du grand nombre de ceux qui y prennent part.

Il nous a donc paru plus opportun de demander à quelques-uns de ceux qui la suivirent pendant ces quelques jours, de nous communiquer leurs souvenirs.

Avec eux nous suivrons la Pucelle comme pas à pas; nous verrons mieux ce qu'elle fut à Orléans, et dans quels sentiments elle conduisit ce fait d'armes, le plus brillant de sa brève et admirable carrière.

SIÈGE D'ORLÉANS
D'après la miniature d'un manuscrit français du XVe siècle.
(*Bibliothèque nationale.*)

D'autre part, le calme et la naïveté du récit que nous font ces témoins prouve d'une manière touchante la sincérité de leur témoignage. Ces grandes choses gagnent à être dites simplement, sans emphase et même sans songer à la louange formelle. Trop souvent le panégyriste se guinde, ou du moins se hausse et s'enfle, avec sincérité du reste, par le fait de l'admiration qu'il ressent et plus encore peut-être par le fait de celle qu'il veut inspirer au lecteur. Au fond le sujet y perd en grandeur et en vérité.

Laissons donc, touchant ces graves événements d'Orléans, la parole aux amis de Jeanne d'Arc, à ceux qui l'ont vue agir, entendre parler, et que de leur discours loyal et autorisé la figure de l'héroïne apparaisse à nos yeux en sa clarté pure et en sa sereine grandeur.

Écoutons d'abord le page de Jeanne, Louis de Contes.

« A Orléans, Jeanne fut logée dans la maison du trésorier de la ville, en face la porte Bannier. Il me semble même que dans cette maison elle reçut le sacrement de l'Eucharistie.

« Le lendemain de notre entrée dans la ville, Jeanne alla trouver le seigneur Bâtard d'Orléans et parla avec lui. Au retour, elle était fort courroucée, parce que, disait-elle, on avait décidé qu'il n'y aurait pas d'attaque ce jour-là.

« AYEZ BON CŒUR, VOUS AUREZ LA BASTILLE SOUS BREF DÉLAI. »
Bas-relief de FOYATIER. (*Musée Jeanne d'Arc*, à Orléans.)

« Néanmoins elle alla à un boulevard des Anglais et, parlant aux Anglais qui étaient dans le boulevard en face d'elle, elle leur dit : « En nom Dieu, retirez-vous, « sinon je vous chasserai ». L'un d'eux, appelé le Bâtard de Granville, lui dit plusieurs injures : « Veux-tu donc, lui « criait-il, que nous nous « rendions à une femme? » Et il traitait de mescréans les Français qui étaient avec elle.

« Sur ce, Jeanne revint à son logis et monta dans sa chambre. Je croyais qu'elle allait dormir, lorsque presque aussitôt elle descendit et me dit : « Ha! sanglant garçon, vous ne « me disiez pas que le sang de France fût répandu ». En même temps, elle m'ordonna d'aller quérir son cheval.

« Pendant que j'y allais, elle se fit armer par la dame de la maison et sa fille. A mon retour, je la trouvai déjà armée. Elle me commanda d'aller chercher aussitôt son étendard qui était resté dans sa chambre; et je le lui passai par la fenêtre. L'étendard une fois dans sa main, elle partit au galop vers la porte de Bourgogne. « Courez après elle », me dit l'hôtesse. Ainsi fis-je.

« Il y avait en ce moment une escarmouche vers la bastille Saint-Loup, et dans cette escarmouche le boulevard fut pris.

« En route, Jeanne rencontra quelques Français blessés, ce qui la fâcha beaucoup. Pourtant les Anglais se préparaient à une bonne défense. Jeanne s'avança contre eux en hâte. Aussitôt qu'ils l'aperçurent, les Français se mirent à pousser de grands cris, et fut prise la bastille Saint-Loup.

«.... Le soir, Jeanne vint souper dans son hôtel. Elle était très sobre. Bien des fois, en toute une journée, elle n'a mangé qu'un morceau de pain. J'admirais qu'elle mangeât si peu. Lorsqu'elle restait chez elle, elle mangeait seulement deux fois par jour.

« Le lendemain, vers trois heures, les hommes d'armes du Roi passèrent le fleuve pour marcher contre la bastille de Saint-Jean-le-Blanc, qu'ils prirent, ainsi que la bastille des Augustins. Jeanne passa la Loire avec eux. J'étais là, lui présent. On rentra à Orléans, et Jeanne coucha dans son hôtel avec quelques femmes, selon son habitude. Chaque nuit, autant que possible, elle avait une femme pour compagne de lit. Quand elle n'en pouvait trouver, en guerre et en campagne, elle couchait tout habillée.

L'ARMÉE DU ROI ASSIÈGE LA VILLE D'ORLÉANS
D'après la miniature d'un manuscrit français du XVe siècle.

« Le jour suivant, malgré l'opposition de plusieurs seigneurs qui trouvaient qu'elle voulait mettre les gens du Roi en grand péril, Jeanne fit ouvrir la porte de Bourgogne, ainsi qu'une petite porte sise près de la grosse tour, et passa l'eau avec les hommes d'armes pour aller attaquer la bastille du pont, que les Anglais tenaient encore.

« Là les gens du Roi restèrent en action depuis la première heure jusqu'à la nuit. Jeanne fut blessée et l'on dut lui ôter son armure pour la panser.

JEANNE AU COMBAT
D'après un bas-relief exécuté par Gois en 1804; actuellement à Orléans.

« Aussitôt pansée, elle s'arma de nouveau et alla avec les autres à l'attaque et à l'assaut.

« Ayez bon cœur, leur disait-elle; ne vous retirez pas; vous aurez la bastille sous bref délai. »

Elle ajoutait, à ce qu'il me semble : « Quand vous verrez que le vent pousse les bannières vers la bastille, elle sera à vous ».

« Tant y a qu'on était sur le soir et que les gens du Roi, voyant qu'on n'avançait pas et que la nuit était proche, commençaient à désespérer de la prise de cette bastille. Jeanne persistait quand même et promettait que sans faute on aurait la bastille ce jour-là.

« Sur son assurance, on se disposa à un dernier assaut. Cette fois, les Anglais cessèrent toute résistance. L'épouvante les saisit et presque tous furent noyés. Devant cette suprême attaque, ils n'avaient pas même cherché à se défendre.

« Le lendemain, tous les Anglais qui étaient à Orléans se retirèrent à Beaugency et à Nevers.

« ...Le jour du combat venu, les Anglais décampèrent de Beaugency. Les gens du Roi de se mettre à leurs trousses en compagnie de Jeanne. La Hire conduisait l'avant-garde : de quoi Jeanne fut fort contrariée, car elle désirait beaucoup avoir la charge de l'avant-garde. La Hire tomba sur les Anglais. On se battit et la victoire fut à nos hommes. Presque tous les ennemis furent tués.

« Jeanne, qui était très compatissante, eut grande pitié d'une telle boucherie. Voici un trait qui le prouve. Un Français qui conduisait quelques Anglais captifs venait de frapper l'un d'eux à la tête si fortement, que l'homme

JEANNE D'ARC AU SIÈGE D'ORLÉANS
Gravure d'ABRAHAM BOSSE, d'après VIGNON, pour *la Pucelle* de CHAPELAIN.

tombé comme mort. A cette vue, Jeanne descendit de cheval et fit confesser l'Anglais en lui soutenant la tête et en le consolant selon son pouvoir[1]. »

Jean Pasquerel, l'aumônier de Jeanne, qui l'accompagnait partout, nous donne en sa déposition quelques détails qui complètent le récit du page Louis de Contes. En lui, l'observateur, on le voit, s'est placé à un autre point de vue et considère particulièrement en Jeanne le côté spirituel.

Son récit, fort simple, comme celui du page, nous montre en Jeanne la vierge pieuse. Il nous dit aussi à quelle source toujours renouvelée par les pratiques chrétiennes elle puisait le courage de lutter et la force de vaincre.

« Le troisième jour, dit-il, on arriva à Orléans... Quant à moi, sur l'ordre de Jeanne, je retournai à Blois avec les prêtres et la bannière. Peu de jours après, à la suite d'une quantité d'hommes d'armes, je revins à Orléans, par la Beauce, avec la bannière et les prêtres, sans aucun empêchement. Avant notre arrivée, Jeanne se rendit au-devant de nous, et nous entrâmes tous ensemble dans la ville. Il n'y eut aucune résistance; nous introduisîmes des vivres sous les yeux mêmes des Anglais. C'était là chose merveilleuse. Les Anglais étaient en grande puissance et en grande multitude, excellemment armés et prêts au combat; et ils s'apercevaient bien que les gens du Roi faisaient maigre figure vis-à-vis d'eux. Ils nous voyaient; ils entendaient chanter nos prêtres au milieu desquels j'étais, portant la bannière. Eh bien, ils restèrent tous

1. Joseph Fabre, *Procès de réhabilitation*, t. I, p. 221 et suiv.

et en le consolant selon son pouvoir¹. »

Jean Pasquerel, l'aumônier de Jeanne, qui l'accompagnait partout, nous donne en sa déposition quelques détails qui complètent le récit du page Louis de Contes. En lui, l'observateur, on le voit, s'est placé à un autre point de vue et considère particulièrement en Jeanne le côté spirituel.

Son récit, fort simple, comme celui du page, nous montre en Jeanne la Vierge pieuse. Il nous dit aussi à quelle source toujours renouvelée, par les pratiques

'e de CHAPELAIN.

de lutter et la force de vaincre.

·riva à Orléans.... Quant à moi, sur l'ordre
e les prêtres et la bannière. Peu de jours
mmes d'armes, je revins à Orléans, par la
tres, sans aucun empêchement. Ayant vu
-devant de nous, et nous entrâmes tous
aucune résistance ; nous introduisîmes des
is. C'était là chose merveilleuse. Les Anglais
grande multitude, excellemment armés et
it bien que les gens du Roi étaient maigre
ient ; ils entendaient chanter nos prêtres
la bannière. Eh bien, ils restèrent tou

Entrée triomphale de Jeanne à Orléans

d'après le tableau de J. J. Scherrer (Musée d'Orléans)

Imp. Ch. Wit..

impossibles, et ni prêtres ni hommes d'armes n'eurent à subir aucune attaque.

« A peine étions-nous à Orléans, que, pressés par Jeanne, les hommes d'armes sortirent de la ville pour aller attaquer les Anglais et faire l'assaut de la bastille de Saint-Loup. Ce jour-là, d'autres prêtres et moi nous nous rendîmes, l'après-midi, au logis de Jeanne. Au moment où nous arrivions, nous l'entendîmes qui criait : « Où sont ceux qui me doivent armer? Le sang « de nos gens coule par terre? »

« Ayant été armée, elle sortit précipitamment et courut à la bastille de

« EN NOM DIEU, RETIREZ-VOUS, OU JE VOUS CHASSERAI! »
D'après un dessin de VALENTINI.

Saint-Loup, où avait lieu l'attaque. En route, Jeanne rencontra plusieurs blessés. Elle eut une très grande douleur.... Il y eut là beaucoup d'Anglais mis à mort. Jeanne s'en affligeait beaucoup, parce que, disait-elle, ces pauvres gens avaient été tués sans confession, et elle les plaignait fort. »

A la vue de cette mort imprévue, Jeanne s'effrayait, et sa délicate conscience s'inquiétait pour son propre salut. « On ne peut jamais trop nettoyer sa conscience », disait-elle sans cesse comme à Rouen, et « sur place, continue Jean Pasquerel, elle se confessa à moi. En même temps, elle me prescrivit d'avertir publiquement tous les hommes d'armes de confesser leurs péchés et de rendre grâces à Dieu pour la victoire obtenue, sinon elle ne les tiendrait plus et ne resterait plus même en leur compagnie.

« Le soir du même jour, étant en mon logis, Jeanne me dit que le lendemain, qui était le jour de l'Ascension de Notre-Seigneur, elle s'abstiendrait de guerroyer et de s'armer par révérence de cette fête solennelle, et que, ce jour-là, elle voulait se confesser et communier. Elle le fit ainsi. Elle ordonna même que nul ne pensât à sortir le lendemain de la ville, et à aller attaquer ni faire assaut, qu'il ne se fût préalablement confessé. Elle ajouta qu'on prît garde que des femmes dissolues ne fissent partie de sa suite, car, à cause de leurs péchés, Dieu permettrait qu'on fût le dessous.

« C'est en ce jour de l'Ascension que Jeanne écrivit aux Anglais retranchés dans leurs bastilles.... La lettre une fois écrite, elle prit une flèche, attacha au bout sa missive avec un fil, et ordonna à un archer de la lancer aux Anglais, en criant : « Lisez, ce sont nouvelles ».

Les Anglais lisent la lettre, puis se mettent à crier et à insulter grossièrement Jeanne. « A ces mots, poursuit Jean Pasquerel, Jeanne se met à soupirer et à pleurer abondamment, invoquant le Roi des Cieux à son aide. Bientôt elle fut consolée, parce que, disait-elle, elle avait des nouvelles de son Seigneur.

« Le soir, après souper, Jeanne me dit qu'il ne fallait le lendemain matin me lever plus tôt que le jour de l'Ascension, et que je la confesserais de très grand matin.

« En conséquence, le lendemain vendredi, je me levai dès la pointe du jour; je confessai Jeanne et je chantai la messe devant elle et ses gens. Puis elle et les hommes d'armes allèrent à l'attaque, qui dura du matin jusqu'au soir. Ce jour-là, la bastille des Augustins fut prise après un grand assaut.

« Jeanne, qui avait l'habitude de jeûner tous les vendredis, ne le put cette fois, parce qu'elle avait eu trop à faire. Ainsi elle soupa. Elle venait d'achever son repas, lorsque vint à elle un noble et vaillant capitaine dont je ne me rappelle plus le nom. Il dit à Jeanne : « Les capitaines sont assemblés en
« conseil. Ils ont reconnu qu'on était bien peu de Français en égard au
« nombre des Anglais, et que c'était par grande grâce de Dieu qu'ils avaient
« obtenu quelques avantages.... Dès lors, le conseil ne trouve pas expédient
« que les hommes d'armes fassent demain une sortie ».

« Jeanne répondit : « Vous avez été à votre conseil et j'ai été au mien.
« Or, croyez que le conseil de mon Seigneur s'accomplira et tiendra et que
« le vôtre périra ». Et, s'adressant à moi qui étais près d'elle : « Levez-vous
« demain de très grand matin, encore plus que vous ne l'avez fait aujour-
« d'hui, et agissez le mieux que vous pourrez. Il faudra vous tenir toujours

« QUAND LE VENT POUSSERA LES BANNIÈRES VERS LA BASTILLE, ELLE SERA A VOUS. »
D'après une peinture murale exécutée par LENEPVEU au Panthéon.

« près de moi, car demain j'aurai fort à faire et plus ample besogne que je « n'eus jamais eue. Et il sortira du sang de mon corps au-dessus du sein ».

Le lendemain le combat a lieu, et Jeanne, l'après-dîner, fut frappée d'une flèche au-dessus du sein. Quand elle se sentit blessée, elle eut peur, elle pleura et puis dit : « Je suis consolée ».

ORLÉANS DÉLIVRÉ PAR LA PUCELLE D'ORLÉANS (8 MAI 1429)
Gravures extraites du recueil de Jean de Bie (1636). (*Bibl. nat.*)

« On appliqua sur sa blessure de l'huile d'olive avec du lard, poursuit Pasquerel, et, ce pansement fait, Jeanne se confessa à moi en pleurant et se lamentant. Ensuite elle retourna derechef à l'assaut en criant : « Clasdas, Clasdas, renti, renti au Roi des Cieux. Tu m'as insultée, j'ai grande « pitié de ton âme et de celles des tiens ».

« A ce moment, Clasdas, armé de la tête aux pieds, tomba dans la Loire et fut noyé. Jeanne, émue de pitié, se mit à pleurer fortement pour l'âme de Clasdas et des autres, noyés en grand nombre. »

Pasquerel ajoute à son récit cette remarque :

« J'ai souvent entendu Jeanne répéter qu'il n'y avait dans son fait qu'un pur ministère; et quand on lui disait : « Mais rien de tel ne s'est vu comme ce qui se voit en votre fait; en aucun livre on ne lit telles choses »; elle répondait : « Mon « seigneur a un « livre dans lequel « aucun clerc « n'a lu, si fort soit-il en cléricature ». Citons encore ces lignes du témoignage de l'aumônier de Jeanne : « Souvent, la nuit, je l'ai vue se mettre à genoux en priant Dieu pour la prospérité du Roi et pour l'achèvement de la mission qu'elle tenait de Dieu.

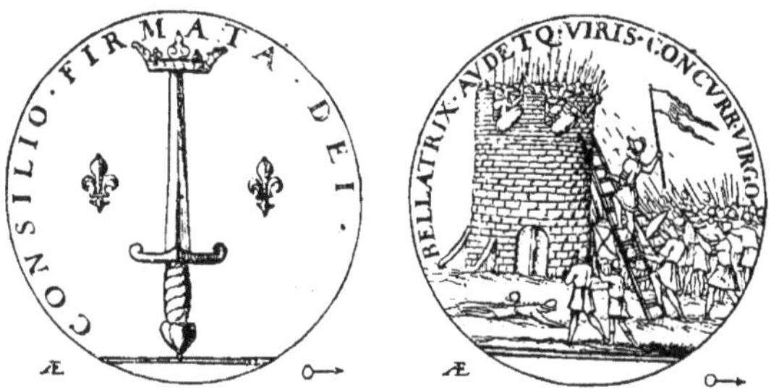

MÉDAILLES FRAPPÉES EN L'HONNEUR DE JEANNE D'ARC
Extraites du recueil de Jean de Bie. (*Bibl. nat.*)

JEANNE COMBATTANT
Gravure de DUPLESSIS-BERTAUX d'après LA FITE.

« ... Quand on était en campagne, les vivres manquaient quelquefois; mais jamais Jeanne n'avait voulu manger des aliments reçus du pillage.

« Elle avait une grande pitié des soldats, même de ceux qui étaient du parti des Anglais. »

Puisque nous avons voulu recueillir des lèvres mêmes de ceux qui en furent les témoins les faits de Jeanne d'Arc au siège d'Orléans, il y aurait lieu de citer longuement encore le témoignage de l'intendant de la Pucelle, le chevalier messire Jean d'Aulon. Le rapport qu'il rédigea pour le procès de réhabilitation abonde en détails fort intéressants. Mais déjà les témoignages cités ont eu quelque étendue et nous pourrions fatiguer le lecteur en y ajoutant celui-ci.

Nous voulons toutefois citer ces quelques lignes. La déposition de Jean d'Aulon ne fut pas traduite en latin; nous avons la bonne fortune, — trop rare en ce procès, — de la posséder en langue française.

« Dit (Jean d'Aulon) que incontinent, il (lui) qui parle suyvit ladicte Pucelle; mais sitost ne sceut aller qu'elle ne feust jà à icelle porte.

« Dit que, ainsi qu'ils arrivoient à icelle porte, virent que l'on apportait l'un des gens d'icelle cité (Orléans), lequel était très fort blécié. Et adonc ladicte Pucelle demanda à ceux qui le portaient qui estait cestuy homme; lesquels lui respondirent que c'était un François. Et lors elle dist que jamais n'avait veu sang de François que les cheveulx ne luy levassent ensur » (sur la tête).

La déposition de Simon Beaucroix, écuyer, contient aussi de fort intéressants détails. Nous lui empruntons seulement ce passage : « Le lendemain, les gens du Roi sortirent pour combattre les Anglais. Ceux-ci à la vue des nôtres s'enfuirent. Voyant les Anglais fuir et les Français se mettre à leur poursuite, Jeanne dit aux Français : « Laissez-les aller, ne les tuez pas; qu'ils « se retirent, leur retraite me suffit ».

Voilà donc Jeanne telle que nous la montrent les gens de sa suite ou plutôt de son intimité, son aumônier, son page, son intendant, en ces jours fameux de la délivrance d'Orléans.

Nous la retrouvons telle que nous l'avons vue jusqu'ici à Domremy, à Vaucouleurs et à Chinon. Plusieurs autres, à sa place, auraient pris à Orléans une attitude qu'ils n'avaient pas la veille. La gloire est venue avec le succès et avec la gloire l'autorité ou plutôt la puissance. Les seigneurs pâlissent près d'elle, et la majesté même de la personne royale subit quelque ombre.

Jeanne reste simple, douce et vaillante. Nature vraiment grande, où les dons les plus divers et parfois les plus opposés se rencontrent et se fondent en une harmonie parfaite, en un équilibre qui ne se rompt jamais, avec un charme indéfinissable.

LE SIÈGE D'ORLÉANS
D'après le tableau de BOREL, gravé par MARCHAND (1789).

Aussi en un jour conquiert-elle la place éminente que jusqu'alors on lui a refusée ou du moins disputée. « Dès ce moment, dit loyalement Dunois, j'eus bonne espérance de Jeanne plus que je n'avais fait jusque-là. » Lui seul peut-être, parmi les chefs, l'avoua avec cette sincérité; mais tous, quoi qu'ils fissent, subirent ce prestige étrange et fort que Jeanne imposait autour d'elle.

Elle est à la fois véhémente et sage. Dès le lendemain de son arrivée à Orléans, elle veut combattre. Le conseil s'y oppose et, nous dit Louis de Contes, « elle fut courroucée qu'il n'y eût pas d'attaque ».

Bientôt toutefois, toujours souple et maîtresse d'elle-même, elle se reprend, et la voilà qui va droit à la bastille où sont les Anglais, parlemente elle-même avec eux et les exhorte à se retirer. Les Anglais l'insultent, elle rentre au logis et se met au lit.

A peine elle a commencé de dormir qu'un grand bruit la réveille : c'est une escarmouche qui s'ouvre avec l'Anglais. Jeanne se lève en hâte, et il faut entendre les propos qu'elle tient et que nous rapportent les divers témoins.

En quels mots singulièrement pénétrants elle traduit son impatience et sa colère : « Où sont ceux qui ne doivent armer?... Le sang de nos gens coule par terre!... » Son page arrive tout effaré : « Ah! sanglant garçon, lui crie-t-elle, tu ne me disais pas que le sang de France fût répandu! » — « Le sang de France! » Avait-on dit le mot avant elle? Et tout à l'heure elle dira encore : « Je n'ai jamais vu couler sang de Français que les cheveux ne me dressent ensur ».

Mais voici qu'on l'arme; tout le monde y aide : son hôtesse, noble dame, épouse du trésorier du duc d'Orléans, qui se met à la besogne pour ceci comme une simple suivante; puis Charlotte, sa fille, qui tout à l'heure couraît aux côtés de Jeanne; puis Jean d'Aulon, l'intendant de la Pucelle, qui lui boucle tant bien que mal un coin de l'armure. Pendant cela, le page est allé querir l'étendard dans la chambre; il le passe par la fenêtre à l'héroïne, qui part au triple galop. « Le feu en jaillit des pierres du pavé, » dit un témoin. « Courons après elle, » crie l'hôtesse à Louis de Contes. Jean d'Aulon veut la suivre aussi, mais « sitôt ne sut aller qu'elle ne fût déjà à la porte de Bourgogne ».

Et Jeanne va, va toujours, au galop de son cheval.

Quelle scène!

Et cette autre? Au plus fort de sa course elle rencontre un soldat blessé qu'on transporte. La guerrière fait place à la douce vierge, et la voilà qui s'arrête court, descend de sa monture, presse le moribond, comme si elle eût voulu remplacer près de lui, à « ce pas de la mort », comme elle disait à Rouen, sa mère absente, et, gémissant, dit ce beau mot que nous citions tout à l'heure : « Je n'ai jamais vu de sang français que les cheveux ne me dressent ensur ».

Mais la voici remontée à cheval; les Français l'aperçoivent. Dès lors ce sont des cris de joie, c'est la lutte héroïque, et en un instant c'est la victoire.

Jeanne, après ce haut fait, rentre en son logis; il est tard. Elle mange un peu de pain, se met au lit et dort de son bon sommeil de jeune fille ou plutôt d'enfant.

Le lendemain elle retourne au combat. Gaucourt tient fermée la porte de Bourgogne et refuse de l'ouvrir. « Vous êtes un méchant homme », lui dit Jeanne. Elle insiste, la foule la seconde et Gaucourt les laisse passer.

Le combat s'engage. Jeanne est blessée, ainsi qu'elle l'avait annoncé la veille à Jean Pasquerel. A la vue de son sang, elle gémit, se lamente, pleure : elle est femme. Mais on la panse avec de l'huile et du lard. Elle « se sent

JEANNE BLESSÉE SOUS ORLÉANS
D'après un dessin d'A. DE NEUVILLE publié dans l'*Histoire de France* de GUIZOT. (*Hachette et Cie, éditeurs.*)

consolée », sourit, revient au combat, ranime l'ardeur des gens d'armes, et les Anglais sont battus.

Voici qu'un jour La Hire a pris le commandement de l'avant-garde. Jeanne en maugrée ingénument, comme une enfant déçue, et sur l'heure et sur place dit son fait à La Hire. C'est que, nous dit son page, « Jeanne en était fort courroucée, car elle désirait beaucoup avoir la charge de l'avant-garde ».

Mais, véhémente et impatiente du repos, elle ne perd rien de sa douceur; elle va dans quelques instants rencontrer un soldat anglais que l'on malmène. Elle descend de cheval, reprend vertement celui qui a frappé cet homme, prend dans ses mains la tête du blessé, la pose sur ses genoux, le console et le fait confesser.

Ne faisant rien comme autrui et toujours heureuse en ses idées, elle veut écrire aux Anglais. Comment envoyer le messager? Ils lui gardent ses hérauts et les menacent de mort. Elle appelle un archer, attache la lettre par un fil à une flèche et la fait lancer dans la bastille anglaise, en disant : « Lisez, ce sont nouvelles ».

Là-dessus les Anglais l'insultent. En entendant leurs injures, elle pleure, mais se recueille, en prend son parti et dit : « Je suis consolée, mon Seigneur m'a donné de ses nouvelles ».

Elle, si douce aux blessés, si sensible à l'injure, n'est pas moins vaillante dans la conduite de ses desseins qu'intrépide sur le champ de bataille.

Dunois lui annonce, non sans embarras, que le conseil a décidé que l'on

JEANNE D'ARC
D'après une statue
de BEYLARD.

ne connaîtra plus avant quelques jours. « Vous avez été à votre conseil, j'ai été au mien; le conseil de mon Seigneur tiendra et s'accomplira, et le vôtre périra. » Là-dessus elle décide qu'on se battra le lendemain; elle annonce à son aumônier qu'elle sera blessée au-dessus du sein, et qu'il ne la faudra pas laisser seule.

Le combat a lieu et la victoire le couronne.

En vérité, quelle figure placer près de celle de Jeanne? Y a-t-il rien au monde qui rappelle son fait, personne qui lui ressemble même de loin?

Quel impétueux génie! quelle volonté véhémente, prompte et toujours efficace! Près de cela, combien de douceur, de bonté, de compassion, d'ingénuité, de timidité féminine! Que de charme étrange dans les larmes qu'elle verse et les gémissements qui lui échappent! Et tout aussitôt quelle fierté souveraine quand elle impose ses volontés aux grands!

Chef-d'œuvre de la main de Dieu, fleur touchante et suave en même temps que belle de notre terre de France, honneur du sexe qui est le sien, et modèle parfait du courage viril le plus assuré!

Et avec tous ces dons, et au milieu des succès qu'obtient son action, quelle constante modestie, quelle humilité bien comprise! On lui dit, et bien justement du reste : « Rien de tel ne s'est vu comme ce qui se voit en votre fait; en aucun livre on ne lit de telles choses. — C'est un certain ministère que j'ai reçu, répond-elle, et voilà tout. Il a plu à Dieu ainsi faire pour une simple pucelle ».

C'est là sans doute sa plus belle victoire, car elle la remporte sur elle-même. De cette humilité on ne la vit jamais se départir un instant et, contraste bien frappant, cette humilité n'a d'égale en elle que la dignité haute et forte avec laquelle cette enfant de dix-huit ans impose sa volonté quand il le faut.

Après Orléans comme après Reims, et pendant toute son épopée glorieuse, même et surtout en ses malheurs, Jeanne est restée humble et forte devant la souffrance, devant les grands comme devant le péril. Elle l'a été aussi devant la gloire, dont « la fascination » cependant, au dire de Bossuet, « est plus forte que celle de la beauté même ».

Elle fut toujours humble dans le triomphe, comme elle fut jusqu'à la fin douce dans la lutte.

Chose étrange et pénible, Michelet, qui de Jeanne d'Arc a si bien écrit, et qui l'a si noblement racontée, en ce chef-d'œuvre qu'il lui a consacré et qui est un hymne plutôt qu'une histoire, Michelet a accusé Jeanne d'orgueil et

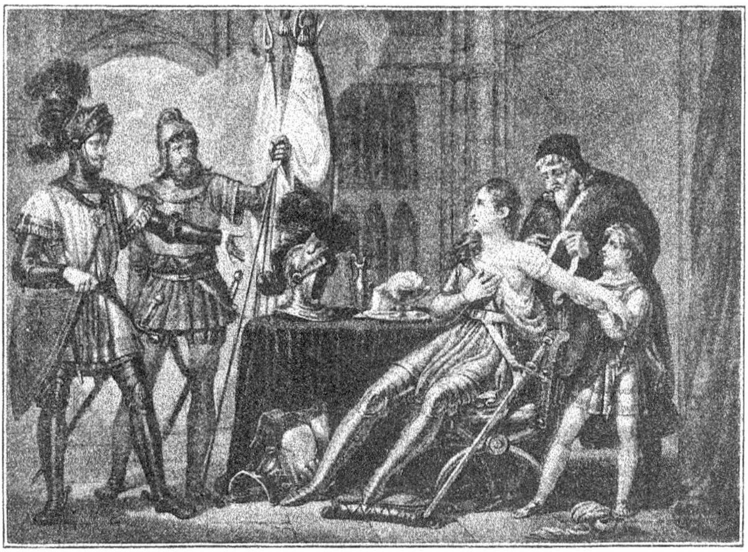

JEANNE BLESSÉE A ORLÉANS
D'après une lithographie de CHASSELAT (1819).

de cruauté. Singulière prétention d'une grande intelligence plus injuste que femme en sa revanche, frappant exemple des incohérences parfois sublimes en leur forme, mais réelles cependant, dont ce fort et clair génie ne se défendait pas assez.

Il faut le laisser parler lui-même et l'on jugera ce que ses paroles ont d'incompréhensible et de bizarre : « Il fallait que Jeanne souffrît. Si elle n'eût pas eu l'épreuve de la purification suprême, il serait resté sur cette sainte figure des ombres douteuses parmi les rayons ; elle n'eût pas été dans la mémoire des hommes la Pucelle d'Orléans.

« Elle avait dit, en parlant de la délivrance d'Orléans et du sacre de

Reims : « C'est pour cela que je suis née ». Ces deux choses accomplies, sa sainteté était en péril.

« Guerre, sainteté, deux mots contradictoires; il semble que la sainteté soit tout l'opposé de la guerre, qu'elle soit plutôt l'amour de la paix. Quel jeune courage se mêlera aux batailles sans partager l'ivresse sanguinaire de la lutte et de la victoire?... Elle disait à son départ qu'elle ne voulait se servir de son épée pour tuer personne. Plus tard elle parle avec plaisir de l'épée qu'elle portait à Compiègne, « excellente, dit-elle, pour frapper d'estoc et de taille ». N'y a-t-il pas là l'indice d'un changement? La sainte devenait un capitaine. Le duc d'Alençon dit qu'elle avait une singulière aptitude pour l'arme moderne, l'arme meurtrière, celle de l'artillerie.

ENTRÉE TRIOMPHANTE DE L'ARMÉE ROYALE A ORLÉANS
D'après un dessin de PHILIPPOTEAUX, tiré de l'*Histoire de France* éditée par LAHURE.

« Chef de soldats indisciplinables, sans cesse affligée, blessée de leurs désordres, elle devenait rude et colérique au moins pour les réprimer. Elle était surtout impitoyable pour les femmes de mauvaise vie qu'ils traînaient après eux. Un jour elle frappa de l'épée de sainte Catherine, du plat de l'épée seulement, une de ces malheureuses. Mais la virginale épée ne soutint pas le contact : elle se brisa et ne se laissa reforger jamais ».

Continuons la citation, si pénible soit-elle.

« Peu de temps avant d'être prise, elle avait pris elle-même un partisan bourguignon, Franquet, d'Arras, un brigand exécré dans tout le Nord. Le bailli royal le réclama pour le pendre. Elle le refusa d'abord, pensant

APRÈS LA VICTOIRE. — JEANNE RENDANT GRACES A DIEU
D'après le bas-relief de FOYATIER. (*Musée Jeanne d'Arc*, à Orléans.)

l'échanger, puis elle se décida à le livrer à la justice. Il méritait cent fois la corde; néanmoins, d'avoir livré un prisonnier, consenti à la mort d'un homme, cela eût altéré, même aux yeux des siens, son caractère de sainteté.

« Malheureuse condition d'une telle âme tombée dans les réalités de ce monde, elle devait chaque jour perdre quelque chose de soi. Ce n'est pas impunément qu'on devient tout à coup riche, noble, honoré, l'égal des seigneurs et des princes. Ce beau costume, ces lettres de noblesse, ces grâces du Roi, tout cela aurait sans doute altéré sa simplicité héroïque.

« Mais le plus grand péril pour la sainte, c'était sa sainteté même.... Et pourtant ce n'était pas orgueil.... »

Après cette lecture, je m'informe près des bons esprits et je leur demande si l'on peut mettre un verbiage plus sonore au service d'une thèse plus creuse.

Aux dévots de notre Jeanne, je demande si l'on peut insulter, de bonne foi peut-être, mais plus cruellement à notre héroïne.

Jeanne cruelle! Jeanne orgueilleuse! Où donc l'avez-vous vu, et se peut-il, pour la douleur de ceux qui vous lisent ici, que ce soit votre plume, charmante inspirée de Jeanne, qui écrive ces deux mots? Se peut-il encore que vous, qui, d'une main si vigoureuse et d'ailleurs si légitimement vengeresse, avez fustigé les juges misérables de Jeanne, aujourd'hui, inconscient, dans l'entraînement d'une imagination plus riche que votre jugement n'est ferme, vous donniez, hélas! la main à ces hommes pour l'accuser de cette manière! Car eux aussi ont accusé Jeanne d'orgueil et de cruauté, et puisque la victime a répondu, permettez qu'elle réponde encore et qu'elle se lave d'une accusation que vous n'eussiez jamais dû lancer contre elle et qui ternit, d'une ombre qui demeurera, les pages du livre que vous lui avez consacré.

En ce qui est de l'épée, d'abord, Jeanne a déclaré ne s'en être jamais servie. « Qu'aimiez-vous mieux, lui demande-t-on, de votre bannière ou de votre épée? — J'aimais beaucoup plus, répond-elle, voire quarante fois plus ma bannière que mon épée. — Qui portait votre bannière? — C'était moi-même qui la portais, quand je chargeais les ennemis, pour éviter de tuer personne : je n'ai jamais tué personne. »

Il est vrai que lorsqu'on demanda à Jeanne si elle avait eu d'autre épée que celle de sainte Catherine-de-Fierbois, elle répondit : « De Lagny à Compiègne j'ai porté l'épée du Bourguignon que je vous ai dit, parce que c'était une bonne épée de guerre et bonne à donner de bonnes buffes et de bons torchons ». Mais que signifient d'abord au juste ces expressions de « buffes » et de « torchons »? Ce ne sont pas les mots que Jeanne eût employés si elle eût voulu dire que cette épée tuait sûrement un ennemi. Elle déclare d'ailleurs ne l'avoir « portée » — et non pas s'en être servie — que de Lagny à Compiègne. Livra-t-elle en ce laps de temps beaucoup de combats? Pourquoi dès lors s'appuyer sur ce pitoyable argument pour établir qu'elle fut cruelle depuis Orléans et Reims?

Autre argument, peut-être plus pitoyable encore : c'est parce que Jeanne « excellait dans l'artillerie », selon le témoignage de Dunois, et que cette arme est « meurtrière », qu'elle mérite d'être taxée de cruauté. L'artillerie est meurtrière, mais elle est moins « cruelle » que la lance et l'épée; car il y a moins de cruauté à tuer de loin un homme qu'on voit à peine, qu'à le percer sur place et à un pas de soi, et c'est pour cette raison que la guerre avec les armes à longue portée, telle que nous la faisons aujourd'hui, est moins sanguinaire que les mêlées des siècles passés. Au moins ceux qui se tuent, ne se connaissent pas et ne se voient point.

Michelet parle, pour le besoin de sa théorie, des « soldats indisciplinables » que conduisait Jeanne, « sans cesse affligée, blessée de leurs désordres ». Où donc a-t-on vu ces soldats? et ne sait-on pas au contraire le prestige que Jeanne exerçait sur l'armée et les vertus qu'elle sut développer dans ses rangs? Et c'est pour cette cause cependant que Michelet l'accuse d'être devenue « rude et colérique ».

« Elle était, dites-vous, impitoyable pour les femmes de mauvaise vie. » L'en blâmez-vous et les justifiez-vous contre elle?

Un jour, il est très vrai, elle frappa l'une d'elles « du plat de son épée ». Est-ce un crime? Le même écrivain ajoute : « Mais la virginale épée ne soutint pas le contact, elle se brisa et ne se laissa reforger jamais ». — Qu'est-ce que ce pathos et pour qui, de Jeanne ou de la prostituée, l'épée se prononçait-elle,

CATHÉDRALE D'ORLÉANS
D'après une photographie.

ا

La Délivrance d'Orléans

D'après le tableau d'Aman Jean (Musée d'Orléans)

s'il vous plaît, à supposer avec vous qu'elle se prononçât pour quelqu'un, qu'elle se fît « priser », par mauvaise humeur, à l'endroit de la besogne qu'on lui faisait faire, et poussât l'entêtement, l'eût-on cru? jusqu'à « ne se laisser plus reforger jamais ».

Pitoyables arguments, indignes d'un tel esprit et par trop injurieux pour Jeanne.

Et le brigand Franquet, d'Arras, dont Michelet nous dit lui-même qu'il « méritait cent fois la mort », voici que Jeanne est jugée cruelle, non pour l'avoir fait tuer, mais pour avoir fini, — ayant d'abord « refusé de le livrer », — par l'abandonner à la justice.

ENTRÉE DE JEANNE D'ARC A ORLÉANS
D'après le dessin de MM. Trouvé et Carot pour le missel de Jeanne d'Arc, édité par Lelarge, à Paris.
(*Collection de M. l'abbé Lemerle.*)

Les juges de Rouen essayèrent de forcer une accusation contre Jeanne sur cet incident. Ce serait peut-être une raison suffisante aux yeux d'un admirateur de Jeanne d'Arc pour n'en tirer point un grief contre elle. Mais laissons-la se défendre.

« N'est-ce pas un péché mortel, lui demandait-on, que de prendre un homme à rançon et de le faire mourir prisonnier?

— Je n'ai pas fait cela.

— Ne vous souvenez-vous pas de Franquet, d'Arras, qu'on fit mourir à Lagny?

— Je consentis qu'on le fît mourir, s'il l'avait mérité, pour ce qu'il confessa être meurtrier, larron et traître.

— Donnez-nous des détails sur cette affaire.

ENTRÉE DE JEANNE D'ARC A ORLÉANS
Bas-relief de FOYATIER.

— Le procès de Franquet dura quinze jours, et en fut juge le bailli de Senlis, avec les gens de justice de Lagny. Je requérais qu'on me donnât ce Franquet pour l'échanger contre un homme de Paris, maître d'hôtel *A l'Ours*. Or je sus que cet homme était mort, et ce bailli me dit que je voulais faire grand tort à la justice en délivrant ce Franquet. Alors je dis au bailli : « Puisque mon homme est mort, que je voulais avoir, faites de ce Franquet ce que vous devez faire par justice ».

Voilà donc sur quoi se fonde Michelet.

Et « l'orgueil » prétendu de Jeanne, qui « chaque jour perd quelque chose de soi »? Et cet engouement où la jettent la richesse, les honneurs et les titres? Est-ce « tout cela » qui « altère sa simplicité héroïque »?....

Bien peu « héroïque », en vérité, une « simplicité » qui se laisse « altérer » à ce prix!

Si Jeanne eût été femme à céder à de telles tentations, nous devrions refuser à sa mémoire le culte que nous lui rendons. Car c'est peu que d'avoir vaincu les autres, fût-ce les Anglais, quand on ne peut se vaincre soi-même et qu'un peu d'or et quelques titres font sombrer notre vertu, si fière soit-elle sur les champs de bataille.

Ce qui est vrai, c'est que c'est surtout après Orléans et Reims que Jeanne a été grande, et l'épreuve qu'elle a portée jusques au bûcher, avec un si ferme courage, la place infiniment plus haut que la délivrance d'Orléans, ou le sacre du Dauphin.

Si nous avons insisté sur cette déplorable erreur de Michelet, c'est que d'une part nous avons cru qu'il eût été le premier à la reconnaître et à la renier après réflexion plus mûre, et que de l'autre le style de cet écrivain revêt un tel prestige aux yeux d'un grand nombre, qu'il importait de relever l'accusation dont Jeanne d'Arc était l'objet de sa part et de ne laisser point planer sur sa chère et sainte mémoire une ombre propre à l'atteindre.

Nous ne servons aucune passion; la vérité et la justice sont ici, avec Jeanne, nos seules clientes. Nous défendons aussi le trésor d'honneur de la France, puisque Jeanne est la perle la plus pure de son diadème et qu'il y aurait crime à permettre qu'on en ternît l'éclat.

Il se faisait tard quand, le 8 mai, le fort des Tournelles fut pris par Jeanne d'Arc et son armée. Les Anglais s'enfuirent, un grand nombre périrent sur

DÉCAPITATION DE FRANQUET D'ARRAS

D'après un dessin à la plume tiré des *Chroniques de Monstrelet*, manuscrit exécuté à Gênes en 1510. (*Bibl. nat.*)

place. La Pucelle refusa de rentrer dans la ville aussitôt après la victoire. Elle passa dans le fort une partie de la nuit; elle redoutait en effet de la part des Anglais un retour offensif. Une fois rassurée, elle rentra dans Orléans; les habitants avaient à la hâte restauré le pont qui conduisait des Tournelles à la cité; Jeanne prit ce chemin pour rentrer et tint ainsi la promesse qu'elle avait faite le matin même.

La population entière vint au-devant d'elle. Jeanne se dirigea, suivie de la foule, vers les diverses églises, et donna ainsi la première idée de la procession solennelle que chaque année célèbre Orléans en souvenir de sa délivrance.

Quelques années après la mort de Jeanne, en effet, l'évêque d'Orléans eut la généreuse idée de l'instituer, de concert avec les échevins, et cette touchante tradition a été reprise au début de notre siècle. Tous les ans, le 8 mai, le panégyrique de Jeanne d'Arc est prononcé à la cathédrale, devant le clergé et les représentants des pouvoirs civils et militaires. Une procession est faite ensuite jusque sur l'emplacement qu'occupait jadis le fort des Tourelles. La

L'ENTRÉE A ORLÉANS
D'après la peinture murale du Panthéon, par LENEPVEU.

veille, la municipalité remet l'étendard de Jeanne à l'évêque, qui en a la garde jusqu'au lendemain soir.

La ville d'Orléans s'est fait honneur par la fidélité de son souvenir et de sa reconnaissance. Pendant les siècles trop longs où la France a semblé oublier Jeanne, Orléans s'en est souvenu. Si un jour le pays entier consacre au culte de l'héroïne une fête nationale, celles d'Orléans n'en souffriront pas. La France se plaira à reconnaître qu'en célébrant la fête de Jeanne d'Arc elle n'a fait que s'inspirer de l'exemple de la cité orléanaise et que c'est à la flamme de son cœur noble et fidèle qu'elle a rallumé le flambeau trop longtemps éteint de son admiration, de son amour et de son culte enthousiaste pour la vaillante enfant qui lui rendit la vie avec l'indépendance.

JEANNE VICTORIEUSE
D'après la statue de LE VÉEL.

Le 9 mai était un dimanche. Talbot, ne voulant point paraître fuir devant les Français, rangea ses troupes en bataille devant la ville. Les Orléanais sortirent aussitôt en masse avec la garnison. Mais Jeanne étant survenue ne permit pas de combattre, parce que c'était un jour de prière. Elle ne voulait pas non plus qu'on fît des Anglais un massacre qu'elle jugeait inutile. Elle ordonna donc de dresser deux autels et l'on y dit la messe. L'office terminé, elle dit à ceux qui persistaient à vouloir combattre : « Regardez si les Anglais ont le visage ou le dos tourné vers vous. — Ils regardent vers Meung, lui répondit-on. — En nom Dieu, reprit Jeanne, ils s'en vont, laissez-les aller. Vous les aurez une autre fois ».

Les Anglais se retirèrent en effet, laissant dans les bastilles un matériel considérable, dont les soldats français s'emparèrent.

Jeanne toutefois ne s'endormit pas dans la victoire, et dès le lendemain elle quitta Orléans, afin de se rendre près du Dauphin. Là, des luttes d'un autre genre l'attendaient et allaient soumettre sa haute vertu à une rude épreuve.

La délivrance d'Orléans fut un fait d'une particulière importance. La nouvelle eut en France un retentissement considérable. La situation stratégique de cette place, l'imprévu et la rapidité de la défaite des Anglais depuis longtemps habitués à vaincre, l'étrangeté merveilleuse de l'action de Jeanne d'Arc, l'enthousiasme qu'elle avait éveillé dans le peuple et l'armée, tout donnait à cet événement une marque de prodige qui frappa tout le monde.

La condition des Anglais en France était grandement changée et, d'agresseurs qu'ils étaient, ils devenaient l'objet d'un retour agressif formidable, dont Jeanne était l'âme et le chef incontesté.

Le prestige de la Pucelle était en effet à son apogée, et tous, parmi les chefs, comptaient nécessairement avec elle.

S'ensuivait-il qu'aucun d'eux ne dût songer désormais à l'entraver secrè-

JEANNE ACCLAMÉE PAR LES HABITANTS DE CHATEAUDUN
D'après le tableau de LECHEVALLIER-CHEVIGNARD. (*Musée de Châteaudun.*)

tenent? Loin de là. Le succès aiguise l'envie et l'irrite. Il en fut ainsi pour Jeanne, et La Trémoïlle, avec Regnault de Chartres et nombre d'autres, s'ils firent semblant de s'incliner devant la Pucelle, n'en furent que plus fortement résolus à chercher sa perte.

Jeanne, du reste, toujours avisée, veillait, et ce fut, dans les jours qui suivirent la victoire d'Orléans, un spectacle bien digne d'étude que cette lutte entre elle et les grands. Ils y mirent toute leur astuce : elle y opposa toute la vaillance de sa nature, fortifiée d'une finesse clairvoyante qu'il était difficile de mettre en échec et d'une promptitude de parole et d'actes qui déroutaient les plus habiles, renversaient en un instant les plans les plus longuement médités.

En retour, quelques bons et graves esprits lui rendaient témoignage. Gérard Machet, confesseur du Roi, lui demeurait fidèle; Jacques Gelu, archevêque d'Embrun, la défendait, et Gerson, chancelier de l'Université, cet homme de bien doublé d'un savant, consacrait à sa louange quelques pages aussi éloquentes que courageuses.

Ce travail fut fait en forme de mémoire, quelques jours après la délivrance d'Orléans, 14 mai 1429. Gerson devait mourir deux mois après; ce fut sans doute le dernier écrit de cet homme, si justement renommé comme l'une des plus grandes lumières du xve siècle.

Qu'on veuille bien lire de son travail magistral les quelques extraits suivants[1]. Après avoir loué Jeanne d'Arc de sa foi, sa piété, son amour de Dieu et du prochain et son dévouement pour la France, il poursuit en ces termes :

GERSON, DÉFENSEUR DE LA PUCELLE
Panneau en bas-relief du xve siècle.
(Collection de Mgr le Nordez.)

« On ne doit pas se hâter de traiter comme faux les faits qui s'autorisent de sérieuses probabilités; et parmi les faits probables, on doit incliner à juger vrais ceux qui sont soutenus par les plus solides raisons.

« C'est le cas pour la mission de Jeanne. Qu'on considère les heureux effets de l'apparition de la Pucelle et la justice de la cause qu'elle défend; qu'on envisage les vertus de cette héroïne qui triomphe des Anglais par son instinct de guerrière, comme sainte Catherine triomphait des docteurs par sa science de philosophe; qui au sein de la victoire demeure inaccessible à la vanité et à la haine; qui au milieu de l'enthousiasme populaire vit dans l'humilité et la prière; qui dans le choc universel des ambitions ne convoite ni profits, ni honneurs; qu'on songe au bon témoignage que lui rendent tant de grands hommes de guerre qui se font petits devant elle, tout en s'accordant le plus possible avec elle à rester dans les sentiments de cette humaine prudence dont on ne peut s'écarter sans tenter Dieu; qu'on remarque enfin l'effet produit par Jeanne sur les ennemis de la France, qui à son approche, éteints par l'épouvante, fuient en criant comme des femmes en couche; et l'on verra qu'il n'est ni impie ni déraisonnable de penser que cette jeune fille, émule des Machabées, est une envoyée de Dieu. La main du Seigneur est là.

« Quant à blâmer la Pucelle de porter un habit d'homme, c'est être

1. Cité par M. Joseph Fabre au *Procès de réhabilitation*, tome II, p. 175.

l'esclave des textes de l'Ancienne et de la Nouvelle Loi, sans comprendre l'esprit qui les a inspirés. Sauvegarder la pudeur est le but de toutes les défenses faites. Or que remarquons-nous ici? C'est que Jeanne s'habille en homme pour préserver plus sûrement sa vertu et pour mieux combattre les ennemis de sa patrie et de son Roi. Gardons-nous donc de chicaner l'héroïne à propos d'une misérable question de vêtements et honorons en elle la bonté de Dieu, qui, faisant d'une vierge la libératrice de ce royaume, a revêtu sa faiblesse de la force d'où nous vient le salut.

« Que si (le ciel nous en garde!) il arrivait que les événements tournassent à l'encontre de ses espérances et des nôtres, il ne faudrait pas s'en autoriser pour conclure que Jeanne soit l'instrument de l'esprit malin. Il faudrait plutôt se demander si nos déceptions n'auraient pas pour cause nos fautes, nos blasphèmes, nos ingratitudes, qui, irritant la colère de Dieu, feraient de nous les victimes des secrètes décisions de sa justice.

... « Le secours de Dieu nous est assuré. Faute de vertu, de foi et de reconnaissance, ne rendons pas le miracle inutile. »

SOUVENIR DE LA FÊTE COMMÉMORATIVE DONNÉE EN L'HONNEUR DE JEANNE D'ARC À ORLÉANS

Copie de la bannière exécutée au XVIe siècle.

En quittant Orléans, Jeanne alla à Blois. On fut grandement heureux de la revoir. Elle s'y arrêta à peine et se rendit à Tours, puis

SOUVENIR DE LA FÊTE COMMÉMORATIVE DONNÉE EN L'HONNEUR DE JEANNE D'ARC À ORLÉANS
Copie de la bannière exécutée au XVIe siècle (revers).

à Loches, où était le Dauphin. Le dessein arrêté de Jeanne était de conduire sans délai le prince à Reims, afin de l'y faire sacrer. Elle entendait bien quelle force apporterait à sa cause et à son parti cet événement considérable et s'inquiétait, non sans raison, que les Anglais ne pussent les devancer en faisant sacrer roi de France leur jeune monarque.

Le roi fit grand accueil à Jeanne et convoqua sans retard les chefs principaux de l'armée et les seigneurs. Les projets de Jeanne essuyèrent de leur part une assez forte opposition. On alléguait l'importance des armées anglaises, la nécessité d'augmenter l'effectif des troupes françaises avant de risquer une nouvelle bataille. Les gens d'armes dont on pouvait disposer étaient, disait-on, trop peu nombreux pour assurer au Dauphin une escorte suffisante.

Enfin, convenait-il d'abandonner aux Anglais les villes qu'ils tenaient encore sur les bords de la Loire? N'était-ce pas leur faciliter l'occupation du Midi de la France, qu'ils pourraient envahir pendant que les troupes du Roi iraient vers le Nord pour gagner Reims?

Jeanne répondait qu'elle n'avait pas besoin de tant de soldats qu'on le pensait pour assurer la sécurité du Dauphin; que les villes se rendraient spontanément à lui sur son passage. Elle ajoutait qu'elle avait peu de temps

JEANNE D'ARC
D'après la statue de FOYATIER érigée place du Martroi, à Orléans.

devant elle, qu'elle ne « durerait qu'un an », qu'il fallait profiter avec astuce du temps qui lui restait et agir sans lenteurs.

Les seigneurs insistèrent. Dunois s'entremit et la Pucelle consentit à reprendre, avant toute autre expédition, les quelques villes qui bordaient la Loire et qu'occupaient les Anglais.

A Loches, elle avait retrouvé Gérard Machet, évêque de Castres. Un jour que celui-ci était au conseil du Roi, de compagnie avec Christophe d'Harcourt et Robert Le Maçon, seigneur de Trèves, Jeanne survint avec Dunois et frappa à la porte. « Presque aussitôt, raconte Dunois, elle franchit le seuil, se mit à genoux et, tenant embrassées les jambes du Roi, elle lui dit ces paroles ou d'autres semblables : « Gentil « Dauphin, ne tenez pas davantage tant et de si interminables conseils; « mais venez au plus vite à Reims pour prendre votre digne couronne. — « Est-ce votre conseil qui vous dit cela? lui demanda le seigneur d'Harcourt. « — Oui, répondit-elle, et je suis très fort aiguillonnée là-dessus! » D'Harcourt reprit : « Ne voudriez-vous pas dire ici, en présence du Roi, la manière « de votre conseil quand il vous parle? » Jeanne lui répondit en rougissant : « Je crois comprendre ce que vous voulez savoir et je vous le dirai volon-

« tiers. » Alors le Roi : « Jeanne, vous plaît-il bien de déclarer ce que vous « demandez en présence des personnes ici présentes? — Oui », répondit-elle, et elle ajouta les paroles suivantes ou d'autres semblables : « Quand je « suis contrariée en quelque manière parce qu'on fait difficulté d'ajouter « foi à ce que je dis de la part de Dieu, je me retire à l'écart et je prie Dieu, « me plaignant à lui de ce « que ceux à qui je parle me « ne croient pas facilement. « Ma prière à Dieu achevée, « j'entends une voix qui me « dit : « Fille Dé (fille de « Dieu), va, va, va, je serai « à ton aide, va! » Et quand « j'entends cette voix, j'ai « grande joie; même je « voudrais toujours l'en- « tendre ».

MAISON DU COMMENCEMENT DU XVIe SIÈCLE, RUE DU TABOURG, A ORLÉANS

(C'est dans cette maison qu'est installé actuellement le musée Jeanne d'Arc.)

« Et, chose frappante, en répétant le langage de ses voix, elle était dans un ravissement merveilleux, les regards levés vers le ciel.

« J'ai encore souvenir, poursuit Dunois, qu'après les victoires que j'ai rappelées, les seigneurs du sang royal et les capitaines voulaient que le Roi allât en Normandie et non à Reims. Mais la Pucelle fut toujours d'avis qu'il fallait aller à Reims pour y faire sacrer le Roi. Comme raison de son opinion, elle disait que, le Roi une fois sacré et couronné, la puissance de ses adversaires irait toujours en diminuant, et que, finalement, ils ne pourraient nuire ni au royaume ni à lui. Tout le monde se rangea à l'avis de Jeanne. »

Le Roi s'en vint à Saint-Aignan, dans le Berry, pendant que Jeanne se rendait à Selles, à quelques lieues de là. On avait résolu d'y réunir les troupes.

JEANNE D'ARC
Statue de Gois érigée en 1802, à Orléans.

C'est en ce temps que Guy de Laval la rencontra. Il était venu vers le Dauphin et celui-ci, voulant qu'il connût Jeanne, pria celle-ci de venir à son devant. Le jeune seigneur fut charmé de l'accueil de la Pucelle, et c'est sous l'empire de ce sentiment qu'il écrivit à sa mère la lettre dont nous avons donné un extrait.

Après cette entrevue, Jeanne se rendit à Romorantin.

Les chefs de l'armée l'y rejoignirent; le duc d'Alençon, chargé du commandement en chef de l'expédition, était là; Dunois et Gaucourt vinrent aussi.

Les événements allaient se précipiter et grandir la gloire de Jeanne avec sa renommée de grand capitaine.

Le 9 juin, la petite armée rentrait dans Orléans, où elle était accueillie avec joie. Jeanne, particulièrement, y recevait les marques d'un enthousiasme toujours grandissant. « Ils ne pouvaient se saouler de la voir », dit le *Journal du siège*.

Deux jours après, l'armée quittait Orléans; elle comprenait environ huit mille hommes. On s'avança vers Jargeau, que le comte de Suffolk défendait avec sept cents hommes choisis et pourvus de canons; ils se promettaient de disputer chèrement la victoire.

Malgré les hauts faits accomplis à Orléans par la Pucelle, tous ne lui accordaient pas encore leur confiance.

On se demandait si la délivrance de cette ville n'avait pas été l'œuvre d'un favorable hasard, d'un entraînement heureux mais irréfléchi, et d'une sorte de panique dont les Anglais, surpris de la nouveauté de l'événement, n'avaient pu se défendre.

Un certain nombre de chefs et de soldats songèrent donc à se retirer. Quelques-uns même partirent, et l'énergie de Jeanne ne suffit qu'à peine à retenir les autres.

« Il y eut discussion, dit le duc d'Alençon, entre les capitaines. Les uns étaient d'avis qu'on donnât assaut contre Jargeau; les autres étaient d'avis contraire, alléguant la grande puissance des Anglais et leur grande multitude.

« Voyant ces difficultés entre nous, Jeanne nous dit : « Ne craignez « multitude que ce soit; n'hésitez pas à donner l'assaut aux Anglais. Dieu « conduit notre œuvre. Si je n'avais l'assurance que Dieu conduit notre « œuvre, j'aimerais mieux garder les brebis que de m'exposer à si grands « périls ».

D'Alençon ne donne évidemment ici que quelques-unes des paroles de Jeanne; mais on comprend par cette simple citation quel fut le fond et quelle fut aussi la force de son discours. C'est toujours par l'annonce ferme de la victoire qu'elle remet en bonne place les volontés. C'est en affirmant avec cet accent que la foi et la croyance à ses voix lui donnaient, qu'elle fortifia les courages ébranlés. Quelques-uns semblaient peut-être estimer que Jeanne songeait à soi plus qu'aux autres, et que l'amour de la gloire l'entraînait. D'un mot bref et simple, mais concluant, elle rétablissait la vérité et, comparant les ennuis journaliers qu'on lui causait, le rude labeur qu'il lui fallait conduire, à la paix qu'elle eût goûtée au milieu des siens : « Si je n'avais pas l'assurance que Dieu conduit notre œuvre, disait-elle, j'aimerais mieux garder les brebis que de m'exposer à de si grands périls ».

ATTAQUE DE JARGEAU
Miniature d'un manuscrit français « Les Vigiles de Charles VII » (1484).

« Sur ces paroles de Jeanne, poursuit le duc d'Alençon, nous poussâmes vers Jargeau, croyant gagner le faubourg et y passer la nuit. Mais, sachant notre approche, les Anglais vinrent au-devant de nous et, tout d'abord, ils nous repoussèrent.

« Voyant cela, Jeanne prit son étendard et se mit à attaquer, en invitant les hommes d'armes à avoir bon cœur.

« Nous fîmes si bien, que les gens du Roi purent se loger cette nuit-là dans les faubourgs de Jargeau[1]. »

C'est ce que Jeanne avait souhaité dès le commencement de la journée. L'attaque devait être reprise le lendemain : toutefois Jeanne, selon sa coutume de tout faire pour éviter l'effusion du sang, tint à adresser sommation aux Anglais. Elle leur conseilla de partir : ils auraient la vie sauve; sinon on les prendrait d'assaut.

Suffolk désirait traîner en longueur, dans l'espoir que quelques renforts lui arriveraient; mais on ne tomba point dans le piège. On lui répondit qu'il pouvait encore partir, emmenant même les chevaux, mais que si la chose ne se faisait sur l'heure, on n'accorderait aucun autre sursis.

Toujours rusé, Suffolk entreprit de parlementer secrètement avec La Hire, plus vaillant soldat qu'habile diplomate, et qui commandait l'avant-garde. Heureusement on eut avis de la chose et l'on rappela La Hire.

D'Alençon fait ce récit dans son témoignage : « Nous étions en conseil, lorsqu'il nous fut raconté que La Hire conférait avec le duc de Suffolk. A cette nouvelle, les autres et moi, qui avions la charge de l'expédition, nous fûmes mécontents de La Hire. Il fut mandé et vint[2] ».

L'assaut fut donc résolu.

Ici se place l'incident que nous avons raconté et dans lequel Jeanne, avec enjouement, prend à partie le duc d'Alençon, qui estimait sage de retarder le combat, et lui demande s'il a peur. Puis la Pucelle, prenant le combat, avertit le duc de quitter la place qu'il occupe; le sire du Lude l'y remplace et est tué raide par un boulet.

L'assaut fut rude : les Anglais se défendaient vigoureusement. Il durait depuis quatre heures et la victoire était toujours incertaine. Les chefs, d'Alençon lui-même quoique général en chef, durent prendre part à l'action, et le duc descendit dans le fossé.

Jeanne était au premier rang, animant les hommes, du geste, de la parole et de l'exemple. Elle montait à l'échelle, son étendard en main, quand une grosse pierre atteignit sa bannière et se brisa lourdement sur son casque. Elle fut renversée et tomba de l'échelle. On s'empressait autour d'elle, mais déjà elle était relevée et criait aux gens d'armes : « Amis, amis, sus, sus, notre Sire a condamné les Anglais! Ils sont nôtres à cette heure, ayez bon courage! »

1. Joseph Fabre, *Procès de réhabilitation*, t. I, p. 176.
2. *Ibidem*, t. I, p. 178.

Excités par ces paroles, les Français redoublent d'efforts et les Anglais se retirent vers les fossés. « Nos soldats les y poursuivirent, dit d'Alençon, et leur tuèrent plus de onze cents hommes. »

L'un des frères du duc de Suffolk fut tué dans cette mêlée, et Suffolk lui-

JEANNE D'ARC A LOCHES

D'après une aquarelle de BOUTET DE MONVEL, extraite de l'album *Jeanne d'Arc*. (*Plon et Cie, éditeurs.*)

même fut fait prisonnier. Un écuyer d'Auvergne le pressait : « Es-tu gentilhomme? lui dit le duc. — Oui, répondit l'autre. — Es-tu chevalier? reprit le duc. — Non, » répondit l'étranger.

Le duc alors le fait chevalier sur place et se rend à lui.

L'autre frère de Suffolk fut pris aussi. Les soldats pillèrent la ville, l'église et tout ce qu'ils rencontrèrent.

Ainsi donc Jeanne était toujours et en toutes choses l'âme de l'expédition et l'auteur de la victoire. C'est à ses plans qu'on devait finalement se ranger, c'est elle qui conduisait le combat, qui relevait les courages quand ils faiblissaient, et par quelque geste imprévu ou quelque vif propos décidait du triomphe.

Le lendemain de la prise de Jargeau, la garde de la ville ayant été assurée, Jeanne avec d'Alençon rentra à Orléans.

Nouveau triomphe pour elle et accueil plus que chaleureux de la part des

BATAILLE DE PATAY
Bas-relief de FOYATIER. (*Musée Jeanne d'Arc*, à Orléans.)

habitants. Elle y passa deux jours, expédia au Roi des nouvelles de la prise de Jargeau et reçut quelques nouveaux seigneurs et capitaines qui n'avaient pas encore rejoint l'armée : tels les seigneurs de Laval et de Lohéac, Chauvigny et la Tour d'Auvergne.

Le mardi la Pucelle dit à d'Alençon : « Je veux demain, après-midi, aller voir ceux de Meung; faites que la compagnie soit prête à partir à cette heure ». Les choses se passèrent selon son désir, et l'on alla à Meung. Les Anglais s'étaient fortifiés à l'entrée du pont. Il fut occupé, et, maîtres de ce passage, les Français évacuèrent la ville et se hâtèrent de se rendre à Beaugency.

Chemin faisant on rallia encore quelques soldats, et sans retard on fit une attaque contre les Anglais. Ceux-ci cédèrent, abandonnèrent la ville et se retirèrent dans le château. Les Français s'établirent alors en face et prirent position, afin d'empêcher l'ennemi d'en sortir.

C'est sur ces entrefaites qu'on apprit que le connétable de Richemont s'avançait avec un corps d'armée pour s'unir aux Français. Le connétable était depuis quelque temps en disgrâce auprès du Dauphin, moins du reste par le fait des sentiments personnels du prince que par le mauvais vouloir et les intrigues de La Trémoïlle. Pour conserver plus intact l'ascendant qu'il avait pris sur le faible Charles VII, La Trémoïlle éloignait de son mieux de la personne du Roi tous les seigneurs qui pouvaient acquérir près de lui quelque crédit.

Le Dauphin, trop docile à cette néfaste influence, avait banni Richemont de la cour et lui avait interdit de prendre part aux opérations.

Richemont souffrait de cette inaction. Aussi, voyant les succès de la Pucelle et espérant pouvoir employer au profit de son rapprochement avec le Dauphin l'autorité de Jeanne, songea-t-il à l'expédient qu'il employait maintenant.

Quoique vaincus, les Anglais étaient encore à craindre; les Français n'étaient pas en nombre suffisant; il arrivait donc avec un renfort dont il serait difficile à d'Alençon de refuser le secours.

Le moment, du reste, était particulièrement propice et les circonstances servaient ses desseins mieux qu'il n'eût pu l'espérer.

La volonté du Dauphin était si formelle, que les chefs, d'Alençon et Jeanne elle-même, ne purent apprendre sans déplaisir la nouvelle de son arrivée. Le duc d'Alençon montrait particulièrement sa mauvaise humeur, et il en vint à dire à Jeanne, chez laquelle il voyait sans doute une louable tendance à la conciliation : « Si le connétable vient, moi je m'en irai ».

Les conjonctures étaient graves; l'armée, disloquée par le départ du duc, n'eût pu continuer sa campagne. Les Anglais reprenaient confiance et la division des Français faisait leur force.

Jeanne, consciente de ce péril, employa à le conjurer toutes les admirables ressources de son esprit.

Le lendemain, avant l'arrivée du conné-

ATTAQUE DU PONT DE JARGEAU
ET JEANNE
A L'ÉGLISE DE NOTRE-DAME DE CLÉRY

D'après le vitrail de LÉON OTTIN
à l'église Notre-Dame-de-Cléry.

26

JEANNE D'ARC COMBATTANT
D'après un croquis d'AUGUSTE PRÉAULT.
(*Musée Jeanne d'Arc*).

table, on annonce que les Anglais s'avançaient en grand nombre. On crie « Aux armes! ». D'Alençon déclare qu'il va se retirer; mais le danger est imminent, l'ennemi approche et Jeanne fait appel au cœur du duc pour le décider à rester : « Il faut s'aider », lui dit-elle.

Remettant alors à plus tard à vider le débat relatif à Richemont, d'Alençon vole au combat, et les Anglais, après une courte lutte, sont forcés de rendre le château. Ils se retirent avec un sauf-conduit, que d'Alençon leur accorde en qualité de lieutenant du Roi.

Le succès rend débonnaire. D'Alençon, victorieux, se montra plus conciliant. Jeanne se chargea de faire accepter au Dauphin la soumission du connétable et dit à celui-ci : « Ah! beau connétable, vous n'êtes pas venu de par moi; mais, puisque vous êtes venu, vous serez le bienvenu ».

Le connétable jura devant elle et les chefs de servir loyalement le Roi, et on l'admit.

Les événements s'étaient précipités par ce fait qu'un homme d'armes était venu assurant qu'un corps d'armée considérable, composé d'Anglais, s'avançait en hâte. La chose était vraie : c'était Talbot, qui s'était dirigé vers Jargeau pour secourir les siens. De passage à Janville, il avait appris les dernières victoires du parti français, la prise de Jargeau, l'occupation du pont de Meung et le sort qui menaçait Beaugency.

A ces nouvelles, Falstolf fut d'avis qu'on laissât Beaugency se défendre, qu'on attendît des renforts ou qu'on laissât du moins aux soldats anglais, effrayés des succès foudroyants de Jeanne, le temps de se reprendre.

Mais l'intrépide Talbot se refusa à ces temporisations et déclara que, fût-il seul, il irait au combat.

Il fallut bien céder, et Falstolf avec Talbot partirent. Beaugency était déjà pris quand ils en approchèrent. La Pucelle n'avait eu qu'à paraître, et les Anglais, dont la plupart avaient été battus à Orléans, avaient estimé la lutte impossible.

Ceux qui avaient pu s'échapper de Beaugency prirent le chemin de Paris,

BATAILLE DE PATAY (18 JUIN 1428)
D'après une gravure tirée des *Mémorables journées de France*; Paris, 1647. (*Bibliothèque nationale.*)

et, rencontrant l'ancienne garnison de Meung, l'entraînèrent avec eux dans la même direction.

Lorsque Beaugency fut pris, les Français eurent hâte de profiter de leur premier avantage, et après avoir rejoint les Anglais de leur proposer le combat. Talbot, qui avait pris les devants avec l'avant-garde des troupes anglaises, s'arrêta en un lieu appelé Patay. On lui annonça l'arrivée des Français; il se résolut vaillamment à la lutte et s'adossa solidement à un bois, afin de soutenir plus aisément l'attaque en attendant l'arrivée du gros de l'armée, que conduisait Falstolf.

Cependant les Français arrivaient sans trop savoir où se pouvait trouver l'ennemi, quand un cerf qu'ils avaient effrayé, s'élançant du côté des Anglais, y tomba à l'improviste. Les Anglais, à sa vue, poussèrent des cris; on sut ainsi qu'ils étaient là.

Il fallut prendre rapidement conseil. D'Alençon hésitait à engager la

JEANNE A LA BATAILLE DE JARGEAU
Bas-relief de Foyatier. (*Musée Jeanne d'Arc*, à Orléans.

bataille et demanda à Jeanne ce qu'il fallait faire. Quelques chefs craignaient et disaient qu'il serait bon de s'assurer des chevaux. « Avez-vous de bons

PRISONNIERS AMENÉS A JEANNE D'ARC APRÈS LA BATAILLE DE PATAY
Bas-relief de Foyatier. (*Musée Jeanne d'Arc*, à Orléans.)

éperons? » dit alertement la Pucelle. Quoi! fallait-il donc, à son avis, songer à fuir? « Nenni, reprit Jeanne, ce sont les Anglais qui fuiront, et il faudra de bons éperons pour les suivre. » On hésite cependant encore. « En nom Dieu, reprend plus vivement Jeanne, quand ils seraient pendus aux nues, nous les aurons, parce que Dieu nous les envoie pour que nous les châtiions. »

« Elle affirmait, dit d'Alençon, qu'elle était sûre de la victoire : « Le

BATAILLE DE PATAY (18 JUIN 1428)
Dessin à la plume tiré des *Chroniques de Monstrelet*, manuscrit exécuté à Gênes en 1510.

« gentil Roy, disait-elle, aura aujourd'hui la plus grande victoire qu'il ait eue « depuis longtemps. Et, m'a dit mon conseil, qu'ils seront tous nôtres ». De fait, l'ennemi fut battu et mis en pièces sans difficulté.

« Entre autres, Talbot fut pris. Il y eut grande tuerie d'Anglais, et l'on s'en vint au village de Patay, en Beauce. C'est là que Talbot fut amené devant moi et le seigneur connétable. Jeanne était présente. Je dis à Talbot : « Vous « ne croyiez pas ce matin qu'il vous adviendrait ainsi »? Talbot répondit : « C'est la fortune de la guerre ». Nous retournâmes ensuite vers le Roi, et il fut décidé qu'on irait sur Reims pour le sacre[1]. »

Ainsi donc, en quelques jours, par la conduite de Jeanne, cette campagne

1. Joseph Fabre, *Procès de réhabilitation*.

APRÈS LA VICTOIRE
Statue de PAUL AUBERT.

de la Loire avait été menée à bonne fin. Le 6 juin, Jeanne était à Selles, le lendemain à Romorantin; le 9, elle revient à Orléans; le 11, elle prend Jargeau; le 13, elle est de retour à Orléans; le mercredi, elle chasse du pont de Meung les Anglais; le jeudi, elle est sous Beaugency et bientôt en prend le château; le 18, elle remporte la victoire de Patay.

Pour cette fois son prestige était irrésistible. Elle se rendit près du Dauphin avec d'Alençon, et l'on songea à partir pour Reims.

Ce ne fut pas sans peine d'ailleurs que la Pucelle y décida le Dauphin. La Trémoïlle ne cessait pas de travailler sourdement contre Jeanne. Le rapprochement du connétable de Richemont lui était particulièrement désagréable, et il en voulait à Jeanne de cet événement dans la mesure même où elle s'était employée à le mener à fin.

Habile toutefois autant que haineux, il se gardait de combattre en face l'influence de Jeanne. Sentant combien celle-ci était puissante pour l'heure présente, il se contentait d'atténuer dans l'esprit du Dauphin la satisfaction que le prince ressentait des succès de la Pucelle et les espérances qu'il en pouvait concevoir.

Les intrigues de La Trémoïlle ne réussirent qu'à demi. Le Dauphin ne repoussa pas Richemont; il ne consentit pas toutefois à ce qu'il le suivît à Reims, ce qui fut très pénible à la Pucelle.

Il fut décidé que les troupes qui venaient de mener la campagne de la Loire quitteraient Orléans où on les avait concentrées et se réuniraient à Gien, où le Dauphin les rejoindrait. Jeanne revint donc à Orléans. Elle veilla aux derniers préparatifs du départ et le 24 partit avec l'armée par Gien, où l'on arriva le soir.

Le Dauphin ne s'y trouva pas comme il avait été convenu. De nouvelles intrigues s'étaient nouées. Les uns disaient qu'il fallait, au lieu d'aller à Reims, aller à Rouen et purger la Normandie des forces anglaises. Les autres ne se refusaient pas au voyage de Reims, mais, pour diverses raisons, estimaient qu'il fallait y surseoir et attendre des jours plus favorables.

LA PUCELLE CONSEILLE AU ROI DE PERSÉVÉRER
A FAIRE LE SIÈGE DE TROYES
Miniature du manuscrit des Vigiles de Charles VII (1484).

Jeanne protesta contre ces lenteurs; puis, voyant qu'elle ne gagnait rien, elle se retira aux champs, comme décidée à ne prendre plus aucune part aux affaires de la guerre.

Devant cette attitude, le Dauphin prit peur et céda. Le 29 juin, on partit pour Reims.

C'était un succès considérable pour Jeanne, mais ce n'était pas la fin de ses épreuves. Le Dauphin, en effet, emmenait avec lui la plupart des seigneurs; parmi eux Jeanne comptait des adversaires dont elle n'avait pu désarmer le mauvais vouloir et la jalousie toujours en éveil. La Trémoïlle était du reste de l'expédition et l'on devait s'attendre à plus d'une machination de sa part. Heureusement toutefois le duc d'Alençon, Dunois et La Hire suivaient aussi le Dauphin.

Après avoir tout d'abord pris la direction de Sens, on se dirigea sur Auxerre et l'on y arriva. Auxerre ne se déclarait ni pour ni contre le Dauphin, désirant ne se brouiller ni avec lui ni avec les Anglais. La Trémoïlle, qui était gouverneur de cette ville, ne fit rien pour amener les habitants à se soumettre au Roi. Il semble même établi que, moyennant deux mille écus d'or, il encouragea les habitants à tenir leurs portes fermées. Ceux-ci finirent par demander une trêve, qu'on leur accorda malgré Jeanne d'Arc.

COMMENT CEUX DE TROYES SE RENDIRENT AU ROI
Miniature du manuscrit des Vigiles de Charles VII, daté de 1484.
(*Bibliothèque nationale.*)

Ils s'engageaient d'ailleurs à faire ce que feraient quelques autres villes qu'ils désignaient, et entre autres Troyes. Tout ce qu'on put obtenir sur l'heure, c'est que, moyennant paiement, ils fournirent des vivres à l'armée; encore le firent-ils de mauvaise grâce.

Au grand ennui de Jeanne, on résolut de laisser momentanément Auxerre et l'on se dirigea vers Troyes.

La ville était occupée par une forte garnison d'Anglais, auxquels se joignirent quelques Bourguignons. Les portes n'en furent donc pas ouvertes au Roi. Le 4 juillet, Jeanne écrivit cette lettre aux habitants de la ville :

« Aux seigneurs et bourgeois de la cité de Troyes.

« Jhésus, Maria.

« Très chers et bons amis, s'il ne tient à vous, seigneurs, bourgeois et habitants de la ville de Troyes, Jehanne la Pucelle vous mande et fait savoir de par le Roi du Ciel, son droiturier et souverain seigneur, duquel elle est chaque jour en son service royal, que vous fassiez obéissance et reconnaissance au gentil Roy de France qui sera bientôt à Reims et à Paris, qui que vienne contre, et ses bonnes villes du saint royaume, avec l'aide du roi Jhésus. Loyaulx François, venez au-devant du roi Charles et qu'il n'y ait point de fautes et ne vous doutez pas de vos corps et de vos biens, si ainsi le faites. Et si ainsi ne le faites, je vous promets et certifie sur vos vies que nous entrerons, avec l'aide de Dieu, en toutes les villes qui doivent être du saint royaume, et y ferons bonne paix, qui que vienne contre.

REDDITION DE CHALONS-SUR-MARNE
Miniature du manuscrit des Vigiles de Charles VII.

« A Dieu vous recommande. Dieu soit garde de vous, s'il lui plaît. Réponse bientôt.

« Devant la cité de Troyes, écrit à Saint-Fale, le mardi quatrième de juillet. »

Le Dauphin joignit le lendemain ses instances à celles de Jeanne. Mais les

ARRIVÉE A REIMS
Gravure de POINSSART, datée de 1610, d'après une tapisserie de haute lisse, perdue aujourd'hui et exécutée vers la fin du XVe siècle. (*Bibliothèque nationale.*)

habitants de Troyes ne se rendirent pas. Un parti puissant y dominait qui se prononçait en faveur des Anglais. Ceux-ci du reste composaient la garnison, laquelle comptait cinq à six cents hommes. Ils écrivirent d'autre part aux habitants de Reims, leur déclarant qu'ils tiendraient bon. Ils y parlaient avec injure de Jeanne, la traitaient de possédée du démon, et ridiculisaient la lettre qu'ils avaient reçue d'elle.

Cependant il se trouvait à Troyes un moine cordelier, prédicateur populaire alors fort en renom, qu'on appelait frère Richard. Ses concitoyens le chargèrent sans doute d'aller examiner Jeanne, ou bien un sentiment de curiosité le porta à le faire de lui-même. Toujours est-il qu'il vint au camp des Français. Mais, persuadé que la Pucelle était, selon les dires des habitants de Troyes, plus ou moins de connivence avec les mauvais esprits, il s'avança timidement avec mille précautions, faisant des signes de croix et aspergeant Jeanne d'eau bénite. « Approchez hardiment, lui dit l'héroïne, je ne m'envolerai pas. »

Frère Richard finit par se rassurer, et la Pucelle le chargea d'une nouvelle missive pour les habitants de Troyes. Malheureusement, ceux-ci ne se rendirent pas plus à cette nouvelle démarche qu'à la première.

Le temps s'écoulait, le siège durait depuis cinq jours et l'on ne prévoyait pas quand les choses pourraient tourner à mieux. La fatigue et le découragement s'emparaient des chefs, les soldats manquaient de vivres, car on était parti sans provisions.

Regnault de Chartres, digne émule de La Trémoïlle dans son opposition sourde envers Jeanne, s'attacha à démontrer qu'il était sage d'abandonner Troyes et de retourner en arrière.

Jeanne eut bruit de ces intrigues et de ces conseils. Elle vint inopinément frapper à la porte du Dauphin. Il fallut bien la laisser entrer. On s'efforça de lui faire comprendre que le siège ne devait pas être poursuivi.

Jeanne alors se tourna vers le Dauphin et demanda la permission de parler. « Parlez, dit le Roi, et si vous dites choses profitables et raisonnables, on vous croira. — Vous me croirez? dit Jeanne. — Oui, selon ce que vous direz. — Gentil Roi de France, reprit la Pucelle, si voulez demeurer ici devant votre ville de Troyes, elle sera en votre obéissance avant trois jours, soit de bon gré et par amour, soit par force et courage : et grande sera la stupéfaction de la fausse Bourgogne. — Jeanne, reprit l'archevêque, qui serait certain de l'avoir dans six jours, on l'attendrait bien. Mais dites-vous vrai? » — Elle en donna de nouveau l'assurance et il fut décidé qu'on surseoirait à la retraite.

JEANNE AU SACRE DE CHARLES VII A REIMS

D'après une eau-forte de BIDA extraite de *Jeanne d'Arc*, par MICHELET. (*Hachette et Cie, éditeurs.*)

Au sortir même du conseil, Jeanne se fit armer, monta à cheval et prit son étendard.

A son appel, officiers et

soldats se mirent au travail et en devoir de préparer l'attaque. C'était merveille que de voir Jeanne aviser à tout et donner l'exemple de l'activité.

CATHÉDRALE DE REIMS
D'après une photographie.

Le lendemain dès le matin tout était prêt pour l'assaut, quand l'évêque de Troyes et les principaux de la ville, vinrent faire leur soumission.

Ils furent bien accueillis. Le Roi avait intérêt à le faire et à attirer à lui les autres villes par la bonté avec laquelle il traitait celle-ci. La garnison étrangère fut autorisée à se retirer et l'on donna aux habitants les meilleures garanties pour la sécurité de leurs personnes et l'intégrité de leurs biens.

Dès le lendemain, 10 juillet, le Roi entra dans Troyes. La Pucelle était à

L'ARMÉE ROYALE DEVANT REIMS

Gravure en couleurs de MORET d'après DESFONTAINES (*Collection des portraits des Grands Hommes, publiée par Blin à Paris, 1788-1792.*) (*Bibliothèque nationale.*)

côté du prince, portant son étendard; les seigneurs et les chefs de l'armée venaient à la suite.

Selon les conventions, la garnison sortit. Mais, comme on avait garanti leurs biens aux gens d'armes ainsi qu'aux autres, ils songèrent à emmener leurs prisonniers. Jeanne s'y opposa formellement; résolument elle se tint à la porte de la ville et déclara qu'elle ne les laisserait pas sortir. Il fallut bien faire selon sa volonté. Seulement le Dauphin, voulant rester fidèle au texte même des conventions, racheta les prisonniers à ceux qui les détenaient.

Au lendemain de la prise de Troyes, l'armée se dirigea sur Châlons. Le

SACRE DU ROI A REIMS
Miniature du manuscrit les Vigiles de Charles VI.

part de la prise de cette première ville y était déjà parvenu. L'évêque et les bourgeois vinrent au-devant du Dauphin pour lui faire leur soumission, sans qu'il eût fallu coup férir.

Ainsi la renommée de Jeanne suffisait maintenant à gagner des batailles, ou du moins à faire ouvrir les portes des villes.

Une joie très sensible attendait Jeanne d'Arc à Châlons. Plusieurs habitants de Domremy s'y trouvaient, attirés sans doute par le désir de revoir « Jeannette ».

Elle y vit d'abord Jean Morel, l'un de ses parrains, qui était de Greux. C'est lui qui le raconte dans la déposition qu'il fit au procès de réhabilitation. « Je n'ai plus rien à déclarer, dit-il, sinon qu'au mois de juillet je fus à Châlons, au moment où il se disait que le Roi allait à Reims se faire sacrer. » Elle y vit encore Gérardin d'Épinal, son compère, lequel devait aussi plus tard déposer au procès de réhabilitation.

A Domremy les hauts faits de Jeanne étaient parvenus; on s'en était beaucoup entretenu au village, et Jean Morel et Gérardin, sans doute un peu plus fortunés, avaient résolu d'aller voir Jeanne en son triomphe. Il fut doux pour la Pucelle de les rencontrer, et elle donna à Morel un habit rouge qu'elle avait porté. La vaillante enfant, aussi tendre que courageuse, avait le culte du souvenir; elle en donna des preuves en plusieurs occasions. Son parrain dut remporter précieusement le vêtement que Jeanne lui avait offert.

Était-ce celui dont elle usait en arrivant à Vaucouleurs et dont il est parlé dans les témoignages de Le Royer, de Jean de Metz et de Bertrand de Poulengy? Il se peut; toutefois il semble peu probable que Jeanne, après avoir à Vaucouleurs pris l'habit d'homme, n'ait pas remis son vêtement ordinaire à

Durand Laxart ou à quelque autre. Au milieu de ses campagnes, l'eût-elle facilement conservé? et dans quel but d'ailleurs? Comme souvenir du temps où elle vivait en paysanne? Il est à supposer que le vêtement dont il est ici question était l'un de ceux qui lui furent offerts après son arrivée à la cour, et qu'elle prit un plaisir ingénu, bien en rapport avec son âge et son sexe, à envoyer à Domremy ce riche vêtement qui devait faire l'admiration de ses compatriotes.

JEANNE D'ARC AU SACRE DU ROY A REIMS
D'après le dessin de MM. PROUVÉ et CAROT pour le missel de Jeanne d'Arc édité par Lelarge à Paris. (*Collection de M. l'abbé Lemerle.*)

Le Roi demeura peu de temps à Châlons, et dès le lendemain l'armée le suivit sur le chemin de Reims.

Sans attendre l'arrivée du Roi sous leurs murs, les habitants vinrent au-devant de lui jusqu'à Saint-Saulx, à quelques lieues de Reims; la députation se composait de bourgeois, à la tête desquels se trouvait l'archevêque Regnault de Chartres.

Le Roi les accueillit avec bonne grâce et, par lettre, accorda pleine amnistie aux habitants. Le même jour, 16 juillet, il entra solennellement à Reims.

Le peuple montra beaucoup d'enthousiasme pour le Roi. Mais Jeanne était par-dessus tout l'objet des regards : on se répétait ses grandes actions, et l'on admirait la bonté simple et modeste dont elle donnait si souvent des preuves à tous les malheureux qui l'approchaient.

Elle logea dans une maison voisine de la cathédrale, que l'on montre encore aujourd'hui.

On voulait sans retard procéder au sacre. La nuit fut donc consacrée à en

CHARLES VII REÇOIT DE L'ARCHEVÊQUE DE REIMS L'ONCTION ET LA COURONNE

D'après le tableau de Dumont, publié dans le *Harper's Magazine*.

ordonner les préparatifs, et le lendemain, dimanche 17 juillet, la cérémonie eut lieu.

Le matin, les maréchaux de Boussac et de Rais, le sire de Graville et le sire de Culan, allèrent à cheval solennellement chercher la sainte ampoule en l'église Saint-Rémy. L'abbé de cette abbaye, revêtu de ses ornements sacerdotaux, l'apporta à l'église Saint-Denis, où l'archevêque la reçut de ses mains pour la déposer sur l'autel.

JEANNE D'ARC AU SACRE
D'après la statue d'ÉMILE LAFONT.

Le Roi se tenait au pied de l'autel. Douze seigneurs et évêques suppléèrent aux douze pairs du royaume, qui, suivant le cérémonial, eussent dû entourer le prince. Ce furent, pour les laïques, le duc d'Alençon, les comtes de Clermont et de Vendôme, les sires de Laval, de La Trémoïlle et de Beaumanoir. Parmi les évêques, on vit paraître l'archevêque de Reims, l'évêque de Laon, ceux de Châlons, de Séez et d'Orléans.

L'archevêque de Reims officiait, le sire d'Albret se tenait, l'épée à la main, devant le Roi.

Jeanne assista à la cérémonie, son étendard à la main; on le lui reprocha plus tard à Rouen. On sait quelle fut sa réponse : son étendard avait été à la peine, il était juste qu'il fût à l'honneur.

Le prince fut fait chevalier par le duc d'Alençon; il reçut des mains de l'archevêque l'onction sacrée et la couronne. Alors se passa une scène qui arracha des larmes à un grand nombre d'assistants. Jeanne s'avança, se jeta aux pieds du Roi, lui embrassa les genoux à plusieurs reprises et, pleurant abondamment, lui dit :

« Gentil roi, ores est exécuté le plaisir de Dieu, qui voulait que vous vinssiez à Reims recevoir votre digne sacre, en montrant que vous êtes vrai Roi, et celui auquel le royaume doit appartenir ».

Ce même jour, Jeanne eut le bonheur de voir son père. Celui-ci, venu aussi à Reims pour assister au sacre et revoir sa fille, fut logé et nourri aux frais de la ville. Un des anciens comptes de la ville de Reims porte que, des deniers commis de la ville, ont été payés 24 livres parisis à la femme Alis, veuve de feu Raulin Moriau, maîtresse de l'hôtel de l'*Asne Rayé*, pour les dépenses faites en son hôtel pour le père de la Pucelle, laquelle était en compagnie du Roi quand il fut sacré.

Dans un autre compte, il est dit que le Roi fit « à Reims bailler et délivrer 60 livres données à Jehanne pour bailler à son père ».

Jeanne, qui n'oubliait pas son pays de Domremy, obtint en faveur de ses compatriotes et des habitants de Greux l'exemption du paiement des impôts.

JEANNE CONDUISANT LE ROI A REIMS
D'après l'esquisse d'ARY SCHEFFER. (*Collection de Mme Marjolin Scheffer.*)

Le texte de l'écrit royal est conservé aux Archives nationales et a été publié comme il suit par M. Vallet de Viriville, dans la *Bibliothèque de l'École des Chartes* :

« Charles, par la grâce de Dieu, Roy de France, au Bailli de Chaumont, aux esleus et commissaires commis et à commettre, à mettre sus, asseoir et imposer les aides, tailles, subsides et subventions audit baillage, et à tous nos autres officiers et justiciers ou à leurs lieutenants, salut et dilection.

« Sçavoir nous faisons que, en faveur et à la requête de notre bien aimée Jehanne la Pucelle, et pour les grands, hauts, notables et profitables services qu'elle nous a faits et fait chacun jour au recouvrement de notre seigneurie : nous avons octroyé et octroyons, de grâce spéciale, par ces présentes, aux manans et habitants des villes et villaiges de Greux et Domremy, audit bailliage de Baumont en Bassigny, dont ladite Jehanne est native, qu'ils soient

SACRE DE CHARLES VII, 17 JUILLET 1429
D'après la peinture murale du Panthéon, par LENEPVEU.

d'oies en huit francs, quittes, exempts de toutes tailles, aides, subsides et subventions mises et à mettre audit village....

« Donné à Chinon le derrenier jour de juillet, l'an de grâce mil quatre cent vingt-neuf et de nostre règne le septiène.

« Par le Roy, en son conseil.

« BADÉ ».

COURONNEMENT DU ROI A REIMS

D'après la miniature d'un manuscrit français du XVe siècle.
(*Bibliothèque nationale.*)

Le père de Jeanne d'Arc, Jean Morel, parrain de la Pucelle, et Gérardin, son ami d'enfance, eurent la douce joie de pouvoir remporter cette bonne nouvelle aux amis que Jeanne avait laissés à Greux et Domremy.

Le soir du sacre, Jeanne put avoir un long entretien avec son père. Après le triomphe des Rameaux, le Christ se rendit à Béthanie chez Lazare et ses sœurs, qui étaient ses amis. La vie intime et cachée est douce après les joies bruyantes et publiques; c'est le recueillement du cœur. On retrouve dans la solitude du foyer domestique ou ami la fleur même des joies qu'on vient de goûter si elles ont eu quelque chose de substantiel et de durable, on en recueille pour le respirer à nouveau et plus librement le parfum même : laissant de côté le bruit du dehors, l'éclat que goûtent seules les âmes futiles, ou grâce l'âme des joies qu'on vient de connaître ou des honneurs que les hommes lui ont rendus.

C'est une joie douce au cœur, comme l'est pour l'esprit le souvenir d'une belle page qu'on vient de lire, d'un discours éloquent qu'on vient d'entendre. Du livre ou du discours la lettre est déjà loin, mais la pensée reste, la vérité demeure bienfaisante de lumière et de force.

JEANNE D'ARC AU SACRE
D'après la statue de SAINT-MARCEAUX.

Que ne nous a-t-on gardé le récit de l'entretien de Jeanne avec son père, au soir de Reims! Mais ces choses ne sont pas de celles que les secrétaires mettent en note, et que l'on retrouve consignées au livre de comptes d'une ville ou d'un bourgeois. On y inscrit seulement la somme des livres tournois dépensées.

Jeanne s'informa sans doute de sa mère, de ceux de ses frères qui étaient restés au logis et de sa sœur.

Que devenait-on à Domremy depuis les six grands mois que Jeannette en était partie? Qu'avait-on dit d'elle au village et que pensait-on de son équipée?

Et Jacques d'Arc, avait-il enfin pardonné à Jeannette d'être partie malgré sa défense? Se réjouissait-il aujourd'hui que, écoutant la voix des saintes plutôt que celle de son père, elle fût venue à Vaucouleurs d'abord, à Chinon ensuite, puis à Orléans et à Reims pour faire ces grandes choses?

Jeanne était trop douce et trop délicate pour parler ainsi; elle n'eût pas voulu même effleurer ces propos et réveiller ces souvenirs propres à confondre le pauvre Jacques d'Arc.

Mais lui, sinon pensait que sa fille était à ses côtés seule avec lui, dans quelque chambrette de l'hôtel de « l'*Asne Rayé* », au moins, au moment du sacre, de quelles pensées son esprit n'avait-il pas été hanté!

S'il avait persisté jadis dans sa défense, si ses fils l'eussent écouté quand il leur disait de jeter Jeanne dans la Meuse, si, effrayée de ces menaces, Jeanne fût restée à Domremy, quel autre état pour les choses de France! — Ce Roi, qui,

qu'on
us ont

rit le
scours
scours
ste, la
et de

entre-
teims!
ue les
trouve
d'un
livres

us de

grands
on dit
uipée?
nne à
e? Se
la voix
e, elle

goûtent seules les âmes futiles, ou guide l'âme des joies qu'on vient de connaître ou des honneurs que les hommes nous ont rendus.

C'est une joie douce au cœur, comme c'est pour l'esprit le souvenir d'une belle page qu'on vient de lire, d'un discours éloquent qu'on vient d'entendre. Du livre ou du discours la lettre est déjà loin, mais la pensée reste, la vérité demeure bienfaisante de lumière et de force.

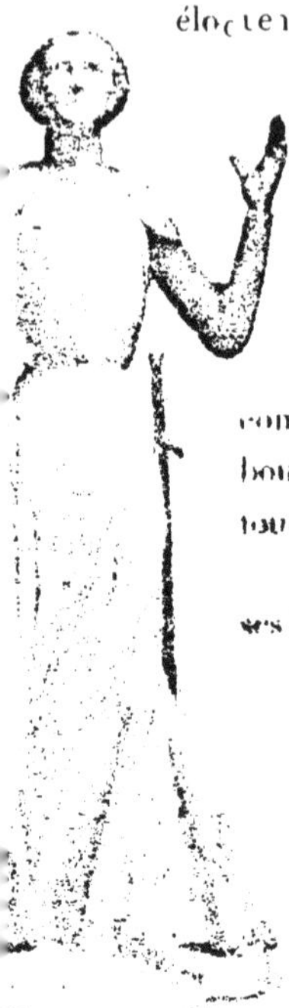

D'ARC AU SACRE
Statue de Saint-Marceaux.

Que ne nous a-t-on gardé le récit de l'entretien de Jeanne avec son père, au soir de Reims! Mais ces choses ne sont pas de celles que les secrétaires mettent en note, et que l'on retrouve consignées au livre de comptes d'une ville ou d'un bourgeois. On y inscrit seulement la somme des livres tournois dépensées.

Jeanne s'informa sans doute de sa mère, de ceux de ses frères qui étaient restés au logis et de sa sœur.

Que devenait-on à Domremy depuis les six grands mois que Jeannette en était partie? Qu'avait-on dit d'elle au village et que pensait-on de son équipée?

Et Jacques d'Arc, avait-il enfin pardonné à Jeannette d'être partie malgré sa défense? Se réjouissait-il aujourd'hui que, écoutant la voix des saintes plutôt que celle de son père, elle fût venue à Vaucouleurs d'abord, à Chinon ensuite, puis à Orléans et à Reims pour faire ces grandes choses?

Jeanne était trop douce et trop déférente pour ainsi; elle n'eût pas voulu même effleurer ces propos et réveiller ces nirs propres à confondre le pauvre Jacques d'Arc.

Mais lui, sinon pendant que sa fille était à ses côtés seule avec lui, dans une chambrette de l'hôtel de « l'*Asne Rayé* », du moins, au moment du de quelles pensées son esprit n'avait-il pas été hanté!

S'il avait persisté jadis dans sa défense, si ses fils l'eussent écouté quand il disait de jeter Jeanne dans la Meuse, si, effrayée de ces menaces, Jeanne fût à Domremy, quel autre était pour les choses de France! — Ce Roi, qui,

Jeanne d'Arc au Sacre de Charles VII

Elle est accompagnée de son écuyer Aulon, de son aumonier Jean Pasquerel et de ses pages

Tableau de J. D. Ingres (Musée du Louvre)

Imp. Lény-Gros, Paris

hors Jeanne, l'eût fait sacrer? Le pays envahi, qui en eût chassé l'Anglais? Qui nous eût rendu la gloire des armes et assuré l'indépendance?

Oh! la mission des pères est vraiment sacrée, mais elle est bien grave aussi et parfois redoutable. Combien recueillis et sages ne doivent-ils pas l'exercer! Combien aisé ne leur est-il pas d'entraver à son début une vie qui peut être féconde, peut être même grande et illustre!

Un père, une mère, devraient par la sagesse de leurs pensées, la gravité et

LE SACRE
D'après un carton de LIONEL ROYER.

la mesure de leurs résolutions, s'épargner pour l'avenir la peine de voir leurs fils, devenus hommes, utiles à leurs frères, honorés par le fait qu'il ont eu le rare et difficile courage d'opposer aux desseins de leurs parents un dessein plus sage, à leur volonté qui se trompait l'objet une volonté plus éclairée et plus ferme. « Quel malheur pour l'homme que d'être heureux sans Dieu »! dit Pascal. C'est un malheur pour un père que le spectacle du bonheur de son fils heureux sans lui, et non par le fruit de sa prudente direction et de la fidélité de son dévouement.

Jacques d'Arc avait pardonné à sa fille quand elle partit de Vaucouleurs; Jeanne n'avait pas eu même à pardonner, tant son âme douce et indulgente était incapable de s'arrêter même un instant à quelque ressentiment envers ceux qu'elle aimait.

Il faut donc penser que leur entretien fut tout au bonheur de se revoir, et que Jeanne, si rarement joyeuse, le fut pendant ces instants, sans réserve.

C'étaient, hélas! les derniers qu'elle passerait avec son père; elle ne devait plus le revoir!

MÉDAILLON EN VERMEIL DU XVIe SIÈCLE

(*Musée Jeanne d'Arc*, à Orléans.)

LE SIÈGE DE PARIS
Tableau de CARRIER-BELLEUSE publié dans la *Mission patriotique de Jeanne d'Arc*. (*Motteroz et Cie, édit.*)

VI

DEVANT PARIS

GÉNIE ET PATRIOTISME EN JEANNE D'ARC
A SAINT-DENIS SOUS PARIS

JEANNE PLEURANT A LA VUE DES BLESSÉS
Statue de la princesse MARIE D'ORLÉANS.

PARMI les causes diverses de l'étrange et admirable action publique de Jeanne d'Arc, avec sa foi vive, sa piété fervente et le secours d'En-Haut que lui apportent constamment ses « voix », il faut compter le génie que Dieu lui avait donné et le grand amour qu'elle eut pour la France.

Je voudrais, avec mes lecteurs, m'arrêter quelque temps à cette considération, persuadé qu'elle importe grandement tant à la juste intelligence de ce que fut Jeanne et de ce qu'elle fit, qu'au bénéfice que chacun de nous doit retirer pour son propre bien de l'étude même de ses actes et de son caractère.

Admirer une grande âme est bien, mais non pas assez : il faut que notre admiration, en même temps qu'elle honore ceux qui en sont l'objet, soit féconde pour nous, que les exemples qu'ils nous offrent nous portent à les imiter, et que l'esprit qui les anime prenne en nous une place plus large, plus durable.

Un écrivain de notre siècle a dit de Bossuet cette très juste parole : « Le caractère propre et distinctif de Bossuet, c'est le bon sens[1] ».

« La découverte n'est pas bien grande », ajoute l'auteur. C'est une erreur : la découverte est grande, parce que d'une part elle est fort juste, que de l'autre elle est nouveauté pour nombre d'hommes qui ne connaissent que médiocrement l'évêque de Meaux et qu'elle est par conséquent instructive.

Je crois que quiconque aura étudié la vie de Jeanne d'Arc comme il convient de le faire dira aussi : « Le caractère propre et distinctif de Jeanne, c'est le bon sens ».

En Bossuet le bon sens a été singulièrement fortifié par la fermeté de ses croyances, par sa foi. Il en est de même de Jeanne d'Arc, mais le bon sens n'en demeure pas moins sa marque particulière.

Le bon sens! On a généralement trop réduit son domaine et ramené à une trop modeste mesure le mérite qui est le sien.

« Rien n'est estimable que le bon sens et la vertu », a dit justement Fénelon; mais combien ces deux grandes choses sont peu populaires! La vogue n'est pas pour elles.

Cependant le bon sens est ici-bas le soutien de la vérité, sans laquelle ni individus ni sociétés ne peuvent vivre. Mais on le traite comme ces arbres dont on recueille les fruits et dont on dédaigne le tronc et la racine, ou encore ainsi que ces hommes plus sages dans le conseil qu'entreprenants dans l'action, qui ne s'expriment jamais bruyamment et qui rendent si modestement service, qu'on oublie le bienfaiteur d'abord, le bon service ensuite et le prix qu'il a pour nous.

C'est par la force du bon sens qu'un homme vaut, c'est par la faiblesse du sens qu'il est médiocre. Sans le bon sens, rien n'est ferme en nous ni efficace. C'est par lui que les résolutions sont sages et aboutissent; c'est lui, en effet, qui donne à la volonté la vigueur et la constance, par la clarté, la précision et la sagesse des desseins qu'il inspire.

Sans lui le goût n'est pas sûr dans les arts et dans les lettres, la poésie est

1. Désiré Nisard, *Histoire de la Littérature*, t. III, p. 321.

naire et les beaux mouvements de la parole humaine ne peuvent être qu'une creuse et sonore harmonie de mots qui se succèdent.

Le génie enfin n'est pas autre chose que le bon sens élevé jusqu'au sublime par l'imagination. Le génie est la raison ornée, la vérité radieuse et splendide! *Splendor veri*, comme l'a dit Platon du beau.

Mieux encore que la science, c'est du bon sens que nous pouvons dire avec Bossuet : « Il est la lumière de l'entendement, le guide de la volonté, la nourrice de la vertu, en un mot l'âme de l'esprit et le maître de la vie humaine[1] ».

Comme l'esprit de foi, le bon sens est en nous cet « œil » dont parle le Christ et qui, quand il s'applique avec clarté et précision à son objet, jette sur tout ce qui est en nous et devant nous la lumière[2].

JEANNE DICTANT UNE LETTRE A SON AUMÔNIER
D'après le dessin de BIDA. (Extrait de *Jeanne d'Arc*, par MICHELET *Hachette et Cie, éditeurs.*)

Peu d'hommes ont été aussi fortement marqués que Jeanne de cette universalité du bon sens. C'est en lui qu'elle puise cette aptitude aux rôles les plus divers. Par lui elle est à l'aise en toutes choses et partout elle se trouve en son naturel. Ni le spectacle nouveau des cours, ni les finesses de la diplomatie ne la déroutent, ni les arguties de la scolastique ne la mettent en échec, ni la guerre avec ses surprises et son tumulte, ni la gloire même ne la font sortir de son « assiette stable et tranquille », comme dit Pascal.

Elle est partout fidèle à elle-même, parce que partout son admirable sens lui donne lumière pour sagement concevoir et fortement exécuter.

1. Bossuet, *Panégyrique de sainte Catherine.*
2. *Si oculus tuus fuerit simplex et purus, totum corpus tuum lucidum erit.* (Math. VI, 22.)

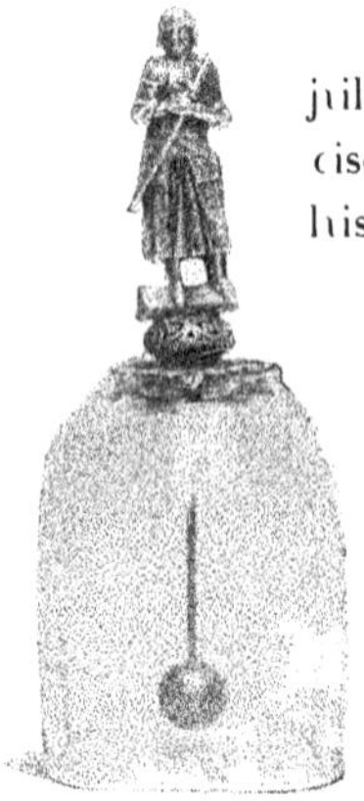

SONNETTE AVEC MANCHE REPRÉSENTANT UNE STATUE DE JEANNE D'ARC
(*Musée Jeanne d'Arc*, à Orléans.)

C'est du bon sens, source et fondement de l'esprit, que jaillissent ces saillies vives et pénétrantes qui donnent à son discours l'originalité puissante — et charmante aussi — qui laisse sans réplique courtisans, chefs de guerre, docteurs et juges.

C'est par le bon sens, uni au bon cœur, qu'elle plaît tant aux foules, qu'elle leur dit ces mots que les gens du peuple se répètent et qui font fortune parmi les petits, tant ils rendent en termes justes, forts et prompts ce que chacun pense tous les jours.

Sous Jargeau, les siens perdent courage. Elle leur promet la victoire : Dieu ne manquera pas. — « En êtes-vous sûre? — Eh! si je n'en étais sûre, j'aimerais mieux, croyez-le, garder les brebis que de m'exposer à de tels périls. » Que répondre à cet argument?

A Poitiers, les docteurs chargés par le Dauphin de l'examiner la retournent en tous sens : les objections se croisent, les questions se succèdent. A chacun Jeanne répond par le mot juste. « Vous dites que Dieu vous a promis la victoire, hasarde Guillaume Aymeri, et d'autre part vous demandez des soldats. A quoi bon des soldats, si la victoire est assurée? — En nom Dieu, répond Jeanne d'Arc, les soldats batailleront et Dieu donnera la victoire. »

Elle est à Rouen. On essaye de la surprendre en ses paroles : « Ne savez-vous point que sainte Catherine et sainte Marguerite haïssent les Anglais? — Elles aiment ce que Notre-Seigneur aime et haïssent ce que Dieu hait. — Saint Michel avait-il les cheveux longs ou courts? — Pensez-vous qu'il en coûte à Dieu de les lui couper? — Était-il vêtu? — En coûtait-il à Dieu de le vêtir?

« Quel langage parlait saint Michel? lui demande un des docteurs de Poitiers, Limousin d'origine. — Un meilleur que le vôtre », répond Jeanne.

A Rouen encore : « Savez-vous être en état de grâce? » lui demande-t-on. Si elle dit oui, on l'accusera d'orgueil; si elle dit non, elle se reconnaîtra coupable.

« Si je n'y suis, Dieu m'y mette, répond Jeanne; si j'y suis, Dieu m'y garde. Je serais la plus dolente du monde, si je ne savais pas être en la grâce de Dieu.... Au surplus, je crois qu'on ne peut trop nettoyer sa conscience. »

Le bon sens en elle s'élève jusqu'au génie.

Qu'on ne nous accuse pas d'altérer en son action comme en ses discours la part de l'inspiration. Nous la laissons entière. Mais quand Dieu dispose une âme à quelque mission extraordinaire, il l'y prépare et commence toujours par lui assurer les dons qui conviennent à la charge qu'il lui réserve. « C'est Dieu qui fait les guerriers et les conquérants..., dit Bossuet. Il inspire le courage, il ne donne pas moins les autres grandes qualités naturelles et surnaturelles et du cœur et de l'esprit. Tout part de sa puissante main[1]. »

« Tout » nous vient donc de lui, l'intelligence et le génie même, comme la foi.

APRÈS AVOIR TERRASSÉ LE LÉOPARD D'ANGLETERRE, JEANNE REMET A DIEU SON ÉTENDARD

Groupe en bronze de M. le comte G. DU PASSAGE.

C'est chose plus étonnante encore et plus admirable que de voir de tels dons, et en un progrès si achevé dans une enfant ou du moins une simple jeune fille.

Aussi rien n'est-il plus aisé, quand on lit la vie de Jeanne d'Arc, et de plus fréquent que d'oublier l'âge encore tendre qu'elle avait, puisqu'elle est morte à dix-neuf ans moins quelques jours.

Nous ne rencontrons nulle part, semble-t-il, une nature aussi exceptionnellement mûre, et l'on comprend qu'Étienne Pasquier ait dit de sa personne, de sa vie et de son action : « C'est un vrai miracle de Dieu[2] ».

Mais il est un autre objet sur lequel il me tarde d'appliquer notre étude : c'est le grand amour que Jeanne eut pour la France. Le génie n'est le partage que d'un petit nombre d'hommes, mais tous ont le devoir d'aimer et de servir leur patrie. C'est un devoir que Jeanne nous enseigne de bien belle et bien touchante manière.

1. Bossuet, *Oraison funèbre du prince de Condé.*
2. Étienne Pasquier, *les Recherches de la France*, livre VI, ch. v.

Il y a dans notre tempérament national une telle générosité native, que certains sentiments nous semblent devoir naître en nous d'instinct et s'y développer sans effort. Il en est ainsi du patriotisme.

Demandez à un Français s'il aime son pays, s'il a le culte passionné de la France, si dans ses paroles et dans ses actes il traduit, sans cesse ni défaillance, ce sentiment : il n'hésitera pas à répondre qu'il en est ainsi et que son patriotisme est aussi profond qu'effectif. Montrez quelque léger doute à cet endroit, vous lui causerez autant d'étonnement que de déplaisir. Insistez, priez-le de se recueillir, de s'interroger lui-même avant de répondre une fois encore : il ne sera pas éloigné de vous en vouloir et ne vous cachera pas que votre doute le blesse.

Et cependant étudiez vous-même ses actes, son attitude habituelle, écoutez ses propos, et vous devrez en conclure que son patriotisme est médiocre, que ses paroles sont fréquemment amères à l'endroit de son peuple, et que, si devant l'ennemi et sur le champ de bataille il est homme à combattre vaillamment, au contraire, dans la paix, dans sa vie de chaque jour, il est nombre de sacrifices, non pas héroïques cependant, auxquels il ne consentirait pas.

Vous verrez surtout que si, par une théorie facile, il aime et admire la France du passé, ou celle qu'il prévoit dans l'avenir, pour la France de son temps il n'a qu'éloignement, maussaderie et, dans l'action, indifférence et inertie.

C'est que, quoi qu'on en pense, le patriotisme est une vertu. Et si, comme il est vrai, ce noble sentiment a dans toute âme généreuse une racine naturelle, encore ne peut-il vivre, croître et devenir fécond que par l'effort et l'abnégation. Il faut souvent s'oublier soi-même pour aimer son pays, et de même que, pour aller défendre le drapeau contre l'ennemi, il faut quitter sa demeure et sa famille, ainsi pour servir son pays dans le patriotisme civil et pacifique faut-il se renoncer soi-même et imposer silence aux sentiments personnels parfois les plus vivaces.

Nul ne nous offre plus que Jeanne d'Arc un modèle parfait de cette vertu.

Spectacle aussi touchant qu'il étonne en une enfant, Jeanne s'était fait de la France une sorte de personne vivante. Son grand cœur et son vif génie avaient évoqué devant ses yeux comme une image visible de la Patrie!

En un temps où l'idée de la Patrie française se dessinait à peine, Jeanne la vit nettement, et la France était pour elle comme une âme vivante. Elle avait eu l'intuition du génie de la France.

Née en cette vaillante terre de Lorraine qu'on ne peut nommer sans lui

Copyright. 1895.] [Par Harper frères.

APRÈS LA BATAILLE — JEANNE PANSANT UN BLESSÉ

D'après une aquarelle de DUMONT publiée dans le *Harper's Magazine.*

envoyer un salut au cœur, hélas! mouillé de larmes, placée sur les confins de l'Allemagne et de la France, il semble qu'elle ait jugé le tempérament de ces deux races, si diverses en toutes choses. Son cœur, sa pensée, toute son âme, avaient « opté » pour la France. Aussi, quand elle en parle, il y a dans ses

VENAIENT A MOI TRÈS VOLONTIERS LES PAUVRES GENS, POUR CE QUE JE NE LEUR FAISAIS POINT DÉPLAISIR

D'après une aquarelle de BOUTET DE MONVEL, extraite de l'album *Jeanne d'Arc*. (*Plon et Cie, éditeurs*.)

accents je ne sais quoi de tendre et de caressant. Elle la choie, elle a pour elle quelque chose qui rappelle les caresses de l'enfant qui voit pleurer sa mère et tente d'apaiser ses larmes.

Qu'on ne dise pas que les malheurs de la France étaient tels en ce temps, que nul Français ne pouvait négliger d'aimer son pays et de le servir de tout cœur, et que Jeanne a fait simplement ce que chacun faisait et devait faire en pareille circonstance.

J'aurais d'abord le deuil de répondre qu'en ce même temps et au sein des mêmes malheurs, nombre des fils de France l'oublièrent, accueillirent l'étranger ou se consolèrent des deuils nationaux, pourtant si graves et si cruels.

Mais ce n'est point d'avoir aimé la France malheureuse que je loue Jeanne : c'est alors, en effet, que le patriotisme est le plus facile. Elle a mieux fait : elle l'a aimée même en dehors de ses malheurs, je veux dire pour ce qu'elle est d'elle-même, pour sa beauté, sa noblesse, sa grandeur.

JEANNE ALLANT AU COMBAT
Bas-relief de FOYATIER. (*Musée Jeanne d'Arc*, Orléans.)

Aussi, dans l'expression de cet amour, met-elle je ne sais quelle fierté sereine, quel orgueil noble en même temps qu'ingénu, et, puisque nous avons parlé de mère et d'enfant, il semble que Jeanne d'Arc veuille faire entendre au monde qu'à ses yeux nulle nation ne vaut la France.

C'est bien ainsi, n'est-il pas vrai, que l'enfant pense et parle de sa mère; de toutes les femmes, de toutes les mères, sa mère est la meilleure, la plus noble, la plus belle même et la plus aimée. Certes, j'aime entendre Jeanne gémir comme elle l'a fait sur « la grande pitié du royaume de France ». J'aime qu'à Vaucouleurs elle compare son attente douloureuse à celle de la mère qui attend le fils qui va lui naître.

J'aime la voir quitter tout, affronter tous les périls, déjouer toutes les intrigues, et se montrer plus patiente que ne sont longs les délais qu'on lui impose; j'aime la voir vivre, combattre, être captive pour sauver la France et mettre un terme à son malheur. J'aime enfin la voir, à sa dernière heure, douce, sereine et résignée par le seul fait de cette assurance qu'elle a que « avant sept ans les Anglais seront boutés hors de France ».

Mais ce qui ne me touche pas moins ou plutôt ce qui m'émeut davantage,

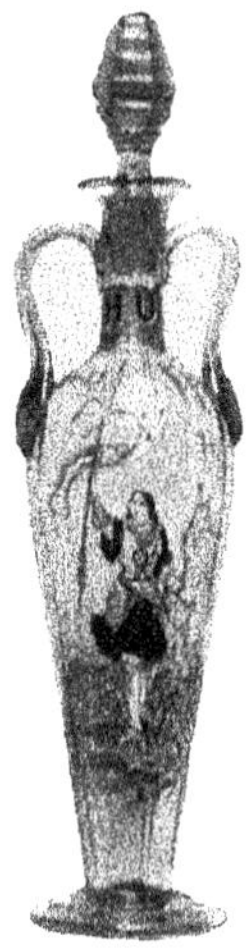

FLACON AVEC L'IMAGE DE LA PUCELLE
(Fabrication moderne.)

c'est le culte passionné d'admiration qu'elle a pour son pays quand elle parle du « beau pays de France », de ce « noble royaume » et de ce « saint royaume ». Elle ajouterait volontiers, avec un de nos vieux chroniqueurs, que si Dieu avait eu deux fils, ayant donné le Ciel au premier, il eût au second donné la France pour apanage.

N'a-t-elle pas fait, au reste, de la France une louange meilleure encore que celle-là quand elle a dit : « Tous ceux qui guerroient contre ce saint royaume de France, guerroient contre le roi Jésus, roi du Ciel et de tout le Monde ».

De l'avis de la Pucelle, c'est entre la France et Dieu comme une alliance offensive et défensive : qui touche à l'un blesse l'autre.

Voilà quel culte Jeanne avait pour son pays. On dira : C'est ingénu. Soit; mais c'est noble, c'est touchant et c'est efficace.

En tous les cas, c'est ainsi que Jeanne a compris l'amour de la France et j'ajoute que quiconque ne l'aime pas ainsi, ne l'aime pas comme il convient.

On nous accuse de je ne sais quelle vantardise à l'endroit de la valeur de notre peuple.

Je ne sais pas si nous avons hors de chez nous le travers de vanter la France à l'excès; mais s'il en est ainsi, grand Dieu! quel retour nous prenons une fois rentrés dans nos murs!

Nous excellons à dire du mal de nous-mêmes et, à entendre nombre d'entre nous, il n'est nation pire que la nôtre. En un mot, si vive que puisse être la jalousie des autres peuples à l'endroit du nôtre, il est vrai pourtant que nul ne dit plus de mal de la France que les Français.

La France mérite mieux que ces railleries, et nous serons dans la vérité et dans la justice en imitant Jeanne d'Arc, en estimant la France comme elle l'a estimée, en l'admirant comme elle l'admirait. Nous aurions à gagner beaucoup à cet enthousiasme, je ne vois pas ce que nous pourrions y perdre; car il en est d'un peuple comme d'un homme, il est meilleur de l'élever à ses yeux avec mesure que de l'abaisser.

Jeanne toutefois, en son patriotisme, nous donne un autre exemple qu'il importe de ne pas oublier, car il est d'une imitation plus laborieuse.

Souvent, aimer sa famille est plus facile qu'aimer ses frères. C'est que les intérêts et l'honneur de la famille nous sont un bien commun avec notre patrie, tandis que l'intérêt de notre patrie n'est pas toujours conforme au nôtre.

Une passion commune nous fait aimer notre famille; des passions opposées ne peuvent que trop facilement nous diviser avec nos frères ou nos proches. Ainsi nous est-il plus aisé d'aimer notre patrie que nos compatriotes, et notre pays natal que nos concitoyens; en un mot, plus aisé d'aimer la France que les Français.

Jeanne, en chaque Français, aimait la France.

Elle a aimé son Roi, elle l'a honoré, servi et défendu contre ceux qui l'accusaient, jusques au bûcher. Et quel Roi pourtant! Mais le Dauphin, pour elle, c'était la France.

CHARLES VII, ROI DE BOURGES

D'après la miniature d'un ms. fr. des Vigiles de Charles VII daté de 1484. (*Bibliothèque nationale.*)

Envers les conseillers du prince et les seigneurs, son respect ne s'est pas un instant démenti. Quels conseillers cependant! Ils sont divisés l'un contre l'autre et plus flattés du pouvoir qu'ils exercent sur leur pays démembré, qu'ils ne seraient heureux de voir la patrie relevée, leur prestige étant évanoui. Jeanne n'entreprend rien contre eux. Son action se réduit à combattre leur opinion dans l'intimité du Conseil royal; mais devant le peuple et l'armée, jamais elle ne les blâme. C'est qu'elle entend bien qu'on n'attaque jamais les représentants de l'autorité dans un pays sans ébranler le principe même de l'autorité et sans nuire à la nation. C'est qu'en eux elle voyait la France.

Elle la voyait encore dans ces chefs de l'armée, dont quelques-uns enviaient sa gloire et tâchaient de faire échec à son influence. Encore bien qu'elle eût à pâtir de leurs sourdes menées, elle les ménagea toujours : ils étaient la France.

LA PUCELLE PRIANT
D'après une gravure anonyme du XVIIe siècle. (*Bibliothèque nationale.*)

Elle avait pour rendre ce sentiment un mot bref et d'une étrange énergie :

Le soir du second jour, à Orléans, alors qu'elle commençait de s'endormir, elle entend du bruit dans la rue. Elle se lève et voit qu'on court à l'ennemi. Elle appelle aussitôt son page. « Ah! sanglant garçon, lui dit-elle courroucée, vous ne disiez pas que le sang de France fût répandu! » Et peu après, avisant un soldat blessé : « Jamais, dit-elle, je n'ai vu couler le sang de France que les cheveux ne me levassent en sur ».

Le sang de France!... Parole singulière et nouvelle. Nul autre, que je sache, ne l'avait dit avant elle. Dans l'ardeur de son patriotisme, Jeanne s'est fait comme une France de toutes pièces, présente, visible et vivante. A ses yeux, la France a son cœur, ses veines, son sang. Chaque Français, pour elle, se confond avec la France même. Qui blesse un de ses fils, blesse la mère; un des membres, le corps; et le sang qui coule n'est le sang ni de celui-ci, ni de celui-là; c'est « le sang de France ».

Il est clair que tant que les hommes seront les hommes, les luttes d'opinions et de sentiments seront inévitables. La vérité, du reste, et la justice ont des droits imprescriptibles, que chacun de nous a le devoir de défendre dans la mesure de son action.

Mais il faut ne détruire que le mal, n'attaquer que l'erreur ou l'injustice, et même quand nous combattons nos frères, les aimer encore. Ils sont les fils de la patrie; ils sont « le sang de France ». N'y touchons qu'avec miséricorde et respect.

Puis-je, tout en me hâtant, mettre en lumière un dernier trait de l'amour de Jeanne pour la France? Elle l'a aimée dans l'avenir.

Nous nous recherchons nous-mêmes en toutes choses. Il arrive de là que l'égoïsme se fait place même dans les sentiments qui semblent le moins propres à se concilier avec lui.

Le patriotisme n'échappe point à cette règle, et il n'est que trop souvent infesté du vice de l'amour-propre. Nous nous aimons nous-mêmes quand nous croyons aimer notre patrie, et nous ne songeons que trop à nous tout en semblant songer à nos concitoyens et à notre peuple.

MONNAIE DE CHARLES VII

C'est pour cela que l'honneur et surtout le bien-être de notre nation ne nous importent guère qu'autant qu'ils sont de notre temps; nous avons pour ces mêmes objets une beaucoup moindre sollicitude quand il s'agit du passé ou de l'avenir de la France. De ses maux anciens nous prenons facilement notre parti, et nous ne nous mettons que peu en peine de ceux qui peuvent l'attendre dans les siècles suivants; quant à ceux qu'elle éprouve dans le présent et dont le contre-coup nous atteint plus ou moins, ils sont l'objet de nos perpétuelles et quelquefois amères doléances.

L'histoire que nous lisons nous importe peu; quant à celle que nous vivons, c'est tout autre chose.

S'il en est ainsi des épreuves de la patrie, il n'en va guère autrement de ses gloires et de sa prospérité.

Celles du passé nous donnent quelque orgueil, celles du présent nous exaltent; mais qui donc s'inquiète de celles de l'avenir? Qui donc surtout est prêt à pâtir volontiers de son temps, pour que la France recueille plus tard le fruit de nos présents labeurs?

Nous ne disons point avec le sage et désintéressé vieillard de la Fable :

Mes arrière-neveux me devront cet ombrage.

Nous sommes de l'école des jouvenceaux :

Passe encor de bâtir, mais planter à cet âge!

Et que serions-nous pourtant nous-mêmes si nous n'avions recueilli ce passé qu'il nous a légué, si nous ne bénéficiions pas des libertés de nos pères, de leurs luttes pour l'indépendance de la patrie? Quelle France

PORTRAIT ET REPRÉSENTATION DU VRAI SIMULACRE QUI FUT ÉLEVÉ SUR LE PONT D'ORLÉANS (1458)
D'après la gravure de LÉONARD GAULTIER (1613).

aurions-nous s'ils ne l'avaient sauvée par leur héroïsme qu'ils ont payé souvent de leur sang?

N'oublions donc pas le passé de la France : le présent est l'œuvre de ce passé; mais saluons aussi l'avenir : il sera la nôtre.

Ainsi pensait Jeanne d'Arc. Ayant tout sacrifié pour son pays, il ne lui importait pas que son effort aboutit de son vivant à un plein résultat. Elle ne songeait qu'à l'avenir : « Je ne durerai qu'un an, disait-elle fréquemment, pas beaucoup plus; il faut penser à bien besogner pendant cette année ».

On insiste cruellement à Rouen pour lui faire constater qu'elle est captive, que sa mission n'a pas abouti. Elle relève fièrement la tête et se console en disant : « Avant qu'il soit sept ans, les Anglais laisseront un plus grand gage qu'ils n'ont fait devant Orléans. Ils perdront tout en France ».

Cette assurance lui suffit et les souffrances lui sont peu de chose au prix de cet espoir. Dès lors qu'elle demeure captive, qu'importe même qu'elle meure : « les Anglais seront boutés hors de France avant sept ans. Au Roi sera rendu son royaume », « et tout le royaume », ajoute-t-elle.

Jeanne a su vivre dans l'avenir et, dans cette pensée, tout accepter pour son pays. C'est une vertu fort belle et trop rare pour ne pas la citer en exemple aux fils de la France.

Le devoir du patriotisme n'est point sans cela rempli comme il le doit être. Nous nous devons à la France, non seulement en toute notre vie, mais encore, dirai-je, en toute la sienne.

Quand la femme qui est notre mère était encore enfant, adolescente ou jeune fille, elle n'était point encore notre mère, mais elle devait l'être un jour. Voilà pourquoi ces jeunes années de sa vie sont sacrées pour nous à l'égal de ses années présentes, et si quelqu'un insultait en elle ce passé déjà lointain, cette injure nous toucherait aussi douloureusement que si l'on insultait à son âge présent.

Nous pouvons mourir avant elle; mais cet avenir qui lui reste à vivre est également sacré pour nous, et nous ne permettrions pas qu'on y insultât plus qu'à son passé.

C'est qu'en ces âges divers elle est et doit rester notre mère.

Aimons ainsi la France, et servons-la conformément à cet amour. Qui n'aime pas ainsi sa patrie ne l'aime pas véritablement.

Ces réflexions s'imposaient à nous. Elles nous donnent l'intelligence de la grande œuvre de Jeanne d'Arc, en nous rappelant les forces invincibles de foi, de génie et de patriotisme qui l'animaient.

Elles nous feront mieux comprendre la suite de sa vie, la longue et noble patience de ses malheurs et de sa captivité, l'héroïsme de sa mort.

Le jour même du sacre, Jeanne, au lieu de s'alanguir dans le triomphe, sans délai songeait au lendemain et se préparait à poursuivre son action.

JEANNE D'ARC
D'après la gravure de J. Le Clère le Jeune, xviie siècle.

Pour le dire en passant, ce serait peut-être une suffisante réponse à faire à ceux qui prétendent que la Pucelle, après le sacre du Roi à Reims, estimait sa mission terminée.

Elle écrivit donc au duc de Bourgogne la lettre suivante :

« Au Duc de Bourgogne.

« ✝ Jhésus, Maria ✝.

« Hault et redoubté seigneur duc de Bourgogne, Jehanne la Pucelle vous requiert de par le Roi du Ciel, son droiturier et souverain Seigneur, que le roi de France et vous fassiez bonne paix et ferme, qui dure longuement.

« Pardonnez l'un à l'autre de bon cœur, entièrement, ainsi que doivent faire loyaux chrétiens, et s'il vous plaît à guerroyer, si allez sur les Sarrasins.

« Prince de Bourgogne, je vous prie, supplie et requiers tant humblement que requérir vous puis, que ne guerroyez plus au saint royaume et faites retraire incontinent et brièvement vos gens qui sont en aucunes places et forteresses dudit saint royaume et de la part du gentil Roi de France; il est prêt de faire paix avec vous, sauve son honneur.

« Et vous fasse à savoir de par le Roi du Ciel, mon droiturier et souverain Seigneur, pour votre bien et pour votre honneur et sur votre vie, que vous n'y gagnerez point bataille à l'encontre des loyaux Français et que tous ceux qui guerroient audit saint royaume, guerroient contre le Roi Jhésus, Roi du Ciel et de tout le Monde, mon droiturier et souverain Seigneur.

« Et vous prie et requiers à jointes mains que ne faites nulle bataille ni ne guerroyez contre nous, vous ni vos gens et sujets; et croyez sûrement que, quelque nombre de gens qu'amènerez contre nous, ce sera grande pitié de la grande bataille et du sang qui y sera répandu de ceux qui viendront contre nous.

« Et il y a trois semaines que je vous avais écrit et envoyé bonnes lettres par un héraut que vous fussiez au sacre du Roi qui, aujourd'hui dimanche XVIIe jour du présent mois de juillet, se fait en la cité de Reims; dont je n'ai eu point de réponse, ni n'ouïs oncques nouvelles dudit héraut.

« A Dieu vous recommande et soit garde de vous, s'il lui plaît; et prie Dieu qu'il y mette bonne paix.

« Écrit audit lieu de Reims, ledit XVIIe jour de juillet[1].

« JEHANNE. »

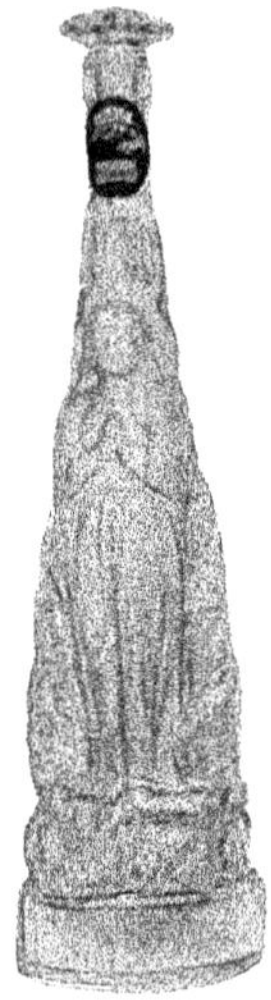

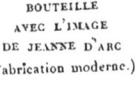

BOUTEILLE AVEC L'IMAGE DE JEANNE D'ARC (Fabrication moderne.)

Cette lettre est bien de Jeanne : on l'y retrouve avec sa générosité de son cœur, la douceur de sa nature et sa piété native. Ce n'est plus aux Anglais qu'elle parle, c'est à un prince de la famille royale, c'est « du sang de France ». Aussi insiste-t-elle avec une humble douceur. Elle le « prie, supplie »; elle le fait « à jointes mains ». Cette humilité ne lui coûte pas : c'est pour la France qu'elle l'accepte. Mais près de cette humilité quelle justice sereine et indépendante!

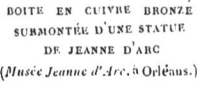

BOITE EN CUIVRE BRONZÉ SURMONTÉE D'UNE STATUE DE JEANNE D'ARC (*Musée Jeanne d'Arc*, à Orléans.)

Il y a torts réciproques entre le Roi et le duc; elle les convie l'un et l'autre à l'indulgence : « Pardonnez l'un à l'autre de bon cœur, entièrement, ainsi que doivent faire loyaux chrétiens ».

Ce n'est pas à combattre entre Français qu'il faut dépenser sa bravoure et verser son sang; si donc l'ardeur guerrière le dévore, qu'il aille sur les Sarrasins.

Aussi bien, s'il n'écoute les conseils et les prières de Jeanne, « mal lui en prendra au corps et à l'âme », comme elle disait aux juges de Rouen. Si on le convie à la paix, ce n'est pas qu'on redoute la guerre avec lui. « Vous n'y gagnerez point bataille, et quelque nombre de gens qu'amènerez contre nous, ils n'y gagneront rien. »

1. Joseph Fabre, *Procès de réhabilitation*, t. II, p. 297.

Elle lui a jadis envoyé lettres et hérault pour le couronnement du sacre; d'une touche délicate elle fait sentir au duc sa discourtoisie, comme l'eût fait une grande dame, princesse du sang : « Il y a trois semaines j'envoyai bonnes lettres et hérault..., dont je n'ai eu point de réponse, ni n'ouïs onques depuis nouvelles du dit hérault ».

Cette lettre est un modèle de diplomatie noble et avisée.

Toutefois, si Jeanne acceptait qu'on négociât, elle insistait aussi pour qu'on agît. Le Roi avait passé quatre jours à Reims; il avait accompli à l'abbaye de Saint-Marcoul les cérémonies dont avaient la coutume les rois nouvellement couronnés; il vint à Vailly-sur-Aisne.

JEANNE BLESSÉE AU SIÈGE DE PARIS
D'après une gravure de MOREAU le Jeune (1771).

Là les villes de Soissons et de Laon lui envoyèrent une délégation chargée de lui remettre les clefs de leurs villes.

Il se rendit à Soissons le 23, et reçut l'obéissance des villes de Château-Thierry, Provins, Coulommiers et Crécy-en-Brie.

Ces soumissions successives avaient une réelle importance et montraient clairement combien Jeanne avait été sagement inspirée d'insister pour que le Dauphin fût sacré sans retard.

Mais une autre pensée l'occupait plus vivement : elle voulait arracher Paris au joug de l'étranger.

Dès le début, elle avait suivi ce dessein, et le 22 mars, dans sa lettre aux Anglais, elle écrivait : « Je suis cy venue de par Dieu le Roi du Ciel, corps pour corps, pour vous bouter hors de toute France ».

Quand, le 4 juillet, elle écrit aux habitants de Troyes, elle leur dit : « Jehanne la Pucelle... vous mande et fait savoir de par le Roi du Ciel que vous fassiez vraie obéissance au gentil Roi de France, qui sera bientôt à Reims et à Paris... »

C'était du reste chose bien naturelle, et le royaume ne pouvait être réputé rendu au Roi par le seul fait du sacre : avec la couronne, il fallait la capitale.

Malheureusement, ici encore les courtisans se mettaient secrètement en travers des desseins de Jeanne. Eux aussi avaient écrit au duc de Bourgogne. Celui-ci les leurrait par quelques vagues espérances et tâchait, pour mieux vaincre, de traîner en longueur.

Au lieu donc de se diriger vigoureusement vers Paris, on semblait vouloir regagner la Loire. Le 29 juillet on vint à Château-Thierry, qui fut pris en moins d'un jour. Le 1er août on gagna Montmirail, et le 2 on fut à Provins.

A ce moment, les nouvelles qu'on avait du duc de Bedford faillirent opérer une diversion conforme au vœu de Jeanne d'Arc. En effet, le 25 juillet, le duc avait amené à Paris 5000 hommes : c'étaient des gens d'armes que le cardinal de Winchester avait recrutés pour la croisade et auxquels on promettait des indulgences égales pour leur campagne contre la Pucelle.

Les Anglais, qui excellent, comme on le sait, dans la plaisanterie légère, avaient à cette occasion fabriqué un étendard que l'on portait au milieu des rangs, où l'on voyait une quenouille avec ces mots : *Or vienne la belle!* C'était promettre à Jeanne le plaisir, qu'elle avait désiré plus d'une fois, de retourner « filer » chez son père.

Dans les premiers jours d'août, le duc avait dirigé cette troupe, encore fortifiée d'autres contingents, vers Melun, en passant par Corbeil.

Le Dauphin, averti de ce mouvement, fit sortir son armée de Provins, et la conduisit jusqu'à La Motte-de-Nangis. Mais là on eut beau chercher les bataillons anglais, on ne les put trouver. On supposa que Bedford avait repris le chemin de Paris, et le Dauphin, fidèle aux conseils de la cour, s'empressa de reprendre le chemin de la Loire.

Un nouvel incident vint toutefois contrarier encore une fois ce plan de campagne.

Les habitants de Bray ayant promis obéissance à Charles VII, il quitta La Motte-de-Nangis pour se diriger vers cette ville et y passer la Seine.

Mais, sur ces entrefaites, une troupe anglaise était venue pendant la nuit s'établir à Bray; comme on comptait n'y trouver que des amis, les Anglais purent surprendre l'avant-garde royale et lui infliger un échec. Il fallut renoncer à passer la Seine.

Ce dernier parti était, du reste, appuyé par plusieurs seigneurs de grande importance, tels que le duc de Bar, René d'Anjou, le duc d'Alençon, les comtes de Vendôme et de Laval. Jeanne d'Arc applaudit à leurs dispositions et put de nouveau mettre en avant le plan qu'elle poursuivait.

Les choses tournant ainsi vers un meilleur état, elle s'empressa d'en écrire

LES ÉPISODES DE LA VIE DE JEANNE D'ARC
Triptyque en émail du XVIe siècle. (*Collection de M. Lancry d'Arc.*)

aux habitants de Reins, lesquels n'étaient pas sans quelque inquiétude pour avoir appris que le Dauphin négociait avec le duc de Bourgogne.

Voici la lettre de Jeanne; on y reconnaîtra son style alerte et personnel :

« Aux loyaulx Françoys habitant la ville de Reins.

« Mes chers et bons amys les bons et loyaulx Françoys de la cité de Reins, Jehanne la Pucelle vous fait savoir de ses nouvelles, et vous prie et vous requiert que vous ne fassiez nul doute en la bonne querelle qu'elle mène pour le sang royal; et je vous promets et vous certifie que je ne vous abandonnerai point tant que je vivrai.

« Et est vrai que le Roi a fait trêve au duc de Bourgogne quinze jours durant, pour, ainsi qu'il doit, lui rendre la cité de Paris, paisiblement au chief[1] de quinze jours.

« Cependant, ne vous donnez nulle merveille si je n'y entre si brièvement, combien que de ces trêves qui ainsi sont faites je ne sois point contente et ne sais si je les tiendrai; mais si je les tiens, ce sera seulement pour garder

1. Au bout.

l'honneur du Roi. Combien aussi ils ne refuseront point le sang royal, car je tiendrai et maintiendrai ensemble l'armée du Roi pour être toute prête au chief desdits quinze jours, s'ils ne font la paix.

« Pour ce, mes très chers et parfaits amis, je vous prie que vous ne vous en donniez pas malaise tant que je vivrai; mais vous requiers que vous fassiez bon guet et gardiez la bonne cité du Roi; et me faites savoir s'il n'y a nuls traîteurs[1] qui vous veulent grever et, au plus brief que je pourrai, je les en ôterai et me faites savoir de vos nouvelles.

JEANNE LA PUCELLE RESTAURATRICE DE LA GAULE
D'après une gravure du début du XVIIe siècle.

« A Dieu vous commant[2] qui soit garde de vous. Fait ce vendredi, cinquième jour d'août, emprès un logis sur champ, au chemin de Paris[3]. — « JEHANNE. »

On était loin d'avoir, au camp de Charles VII, la garantie que le duc de Bourgogne satisfît aux espérances qu'il avait fait un moment concevoir; mais, à toute occurrence, il importait de se rapprocher de Paris pour le cas où il le rendrait.

On se dirigea donc de nouveau vers Provins. On fut à Coulommiers le 7 août, le 10 à la Ferté-Milon, et le 11 à Crespy-en-Valois.

« Quand le Roi vint à Crespy, dit Dunois, le peuple accourait au-devant de lui, transporté de joie et criant : « Noël! » La Pucelle chevauchait alors entre l'archevêque de Reims et moi. Elle se prit à dire : « Voici un bon « peuple. Je n'en ai pas vu nulle part ailleurs qui montrât tant de joie de « l'arrivée d'un si noble Roi. Et plût à Dieu que je fusse assez heureuse, quand « je finirai mes jours, pour être inhumée sur cette terre! »

1. Pressureurs.
2. Recommande.
3. Citée au *Procès de réhabilitation*, Joseph Fabre, t. II, p. 298.

« A ces mots, l'archevêque lui dit : « O Jeanne, en quel lieu avez-vous « espoir de mourir ? »

— « Où il plaira à Dieu, répondit-elle. Je ne suis sûre, ni du temps, ni « du lieu; et je n'en sais pas plus que vous. Mais je voudrais bien qu'il plût « à Dieu, mon créateur, que maintenant je me retirasse, laissant là les armes, « et que j'allasse servir mon « père et ma mère, en gardant « leurs brebis avec ma sœur « et mes frères, qui seraient « bien aises de me voir. »

Voici donc cette Jeanne d'Arc qu'on a voulu nous montrer éblouie par les honneurs et la gloire après Orléans et Reims.

A LA MÉMOIRE DE JEANNE LA PUCELLE
Frontispice gravé par Léonard Gaultier en 1612, tiré du recueil de Charles de Lis, Paris, 1628.

C'est à Crespy que le Roi reçut du duc de Bedford une lettre injurieuse, où celui-ci lui proposait de terminer le différend entre son maître et Charles VII par une conférence où viendrait aussi Jeanne, qu'il insultait, la traitant de « femme désordonnée et diffamée ». Il s'en prenait aussi au frère Richard, qu'il appelait « apostat et séditieux ». Pour le cas où la conférence n'agréerait, il demandait que le Roi acceptât la bataille, afin d'épargner au pauvre peuple les malheurs de la guerre et lui rendre la paix « que tous rois et princes chrétiens doivent querir et demander ».

Il n'y avait qu'une réponse à faire, c'était de combattre. Déjà le duc de Bedford s'était approché et se trouvait à Vitry, à peu de distance. Il mettait toutefois une condition à la bataille : c'est qu'on viendrait l'attaquer dans ses lignes. C'est une exigence à laquelle les chefs français ne crurent pas devoir se rendre.

Bedford se retira donc du côté de Paris, mais ce fut pour bientôt revenir. Il prit ses positions près de Senlis, non loin de l'abbaye de Notre-Dame-de-la-Victoire.

Les Français s'établirent à Montépilloy, car il se faisait tard.

Le lendemain, ils se préparèrent au combat, puis on marcha bravement sur les Anglais. Mais ceux-ci, enfermés dans leur camp fortifié, et protégés par une rivière et des haies épaisses, attendirent qu'on les y forçât.

La Pucelle vint plusieurs fois les provoquer, et frappa même de son étendard leur retranchement; mais ils ne répondirent qu'à peine. On les provoqua de nouveau, toujours en vain; ce ne fut que tard qu'ils se décidèrent à sortir pour repousser les assaillants, et il y eut une mêlée où les soldats des camps divers se distinguaient avec peine.

Puis d'un beau courage, La Trémoïlle se mêla à la lutte et s'élança sur son cheval la lance au poing. Sa monture tomba, et peu s'en fallut que le premier ministre n'y succombât.

Le soir, le Roi regagna Crespy; d'Alençon et Jeanne d'Arc couchèrent sur le champ de bataille, et le lendemain, pour essayer d'attirer l'ennemi, se replièrent sur Montépilloy. Mais les Anglais, au lieu de les poursuivre, battirent en retraite. Jeanne revint à Crespy près du Roi.

Cependant le mouvement de soumission se poursuivait. A Compiègne et à Beauvais on avait accueilli avec enthousiasme ceux qu'il y avait envoyés. A Beauvais, un *Te Deum* avait été chanté.

En cette ville, l'évêque Pierre Cauchon se déclarait déjà contre les Français et voyait avec grand déplaisir les manifestations en faveur du roi de France. Il lui fallut quitter Beauvais.

D'autres villes se soumettaient à leur tour; telles Choisy, Pont-Sainte-Maxence, Creil, Gournay et Chantilly. Beaucoup d'autres étaient prêtes à le faire.

Le duc de Bourgogne n'avait pas rendu Paris; il essayait de nouer de nouvelles négociations et, entre autres, de convenir d'une trêve à laquelle les Anglais auraient pris part.

Au milieu de toutes ces longueurs, Jeanne était loin d'être satisfaite. Sans doute elle se réjouissait de la soumission de ces villes, mais elle eût de beaucoup préféré la seule soumission de Paris.

L'inertie du Dauphin entravait son vouloir. Elle eut alors recours à un

ıs devoir

: revenir.
re-Dame-

:ment sur
› par une

e de son
:. On les
› se déci-
ée où les

:a sur son
e premier-

ouchèrent
:nnemi, se
:, battirent

ıpiègne et à
envoyés. A

e les Fran-
du roi de

ont-Sainte-
prêtes à le

e nouer de
e à laquelle

[illegible] une exigence à laquelle les chefs français ne crurent pas devoir

[illegible] se retira donc du côté de Paris, mais ce fut pour bientôt revenir.
[illegible] positions près de Senlis, non loin de l'abbaye de Notre-Dame [illegible]

[illegible] français s'établirent à Montépilloy, où il se faisait tard.
[illegible] lendemain, ils se préparèrent au combat, puis on marcha bravement sur [illegible]. Mais ceux-ci, enfermés dans leur camp fortifié, et protégés par une [illegible] de haies épaisses, attendirent qu'on les y forçât.
[illegible] Jeanne vint plusieurs fois les provoquer, et frappa même de son [illegible] leurs retranchements; mais ils ne répondirent qu'à peine. On les [illegible] de nouveau, toujours en vain; ce ne fut que tard qu'ils se décidèrent [illegible] pour repousser les assaillants, et il y eut une mêlée où les [illegible] camps divers se distinguaient avec peine.
[illegible] La Trémoïlle se mêla à la lutte et s'élança sur son [illegible] monture tomba, et peu s'en fallut que le premier [illegible]

[illegible] Crespy; d'Alençon et Jeanne d'Arc couchèrent [illegible] et le lendemain, pour essayer d'attirer l'ennemi, se [illegible] sur Montépilloy. Mais les Anglais, au lieu de les poursuivre, battirent [illegible]. Jeanne [illegible] à Crespy près du Roi.
[illegible] le mouvement de soumission se poursuivait. A Compiègne et à [illegible] avec enthousiasme ceux qu'il y avait envoyés. A [illegible] avait été chanté.
[illegible] Pierre Cauchon se déclarait déjà contre les Français [illegible] avait avec grand déplaisir les manifestations en faveur du roi de [illegible] lui fallut [illegible] Beauvais.
[illegible] villes se soumettaient à leur tour; telles Choisy, Pont-Sainte-[illegible], Creil, Gournay et Chantilly. Beaucoup d'autres étaient prêtes à le [illegible]

[illegible] duc de Bourgogne n'avait pas rendu Paris; il essayait de nouer de [illegible] négociations et, entre autres, de convenir d'une trêve à laquelle [illegible] aient pris part.
[illegible] milieu de toutes ces longueurs, Jeanne était loin d'être satisfaite. Sans [illegible] elle se réjouissait de la soumission de ces villes, mais elle eût de beaucoup [illegible] la seule soumission de Paris.
[illegible] inertie du Dauphin entravait son vouloir. Elle eut alors recours à un

Jeanne d'Arc

Charles VII roi de France

D'après un tableau de l'École Française (Musée du Louvre)

Cliché Braun Clément & Cie Paris

Imp. Wittmann Paris

moyen qui déjà lui avait réussi pour mener le voyage de Reims, et résolut de partir pour les environs de Paris avec une armée.

Elle fit venir promptement le duc d'Alençon et lui dit : « Mon beau duc, faites appareiller vos gens et ceux des autres; je veux aller voir Paris de plus près que je ne l'ai vu ». C'est à Compiègne qu'elle tenait ce propos au duc

JEANNE D'ARC

D'après une esquisse de M. LAMEIRE pour une peinture murale (1855).

d'Alençon. C'est de cette ville qu'elle partit avec lui le 23 août. Ils emmenaient avec eux une petite armée. Ils passèrent par Senlis et recueillirent au passage quelques contingents. Le 26, c'était un vendredi, ils s'arrêtèrent à Saint-Denis.

Le Roi ne les avait pas suivis. Il n'avait pas osé s'opposer au départ de Jeanne, mais il est visible que la nouvelle entreprise était loin de lui plaire.

Jeanne, qui de son regard attentif et perspicace avait bien étudié le prince

JEANNE D'ARC COMPARÉE A JUDITH
D'après une miniature tirée du *Champion des Dames*, manuscrit exécuté à Arras en 1440.

depuis cinq mois bientôt, comprit qu'il fallait lui forcer la main. Elle le fit; mais Charles VII dut voir cela d'un œil maussade.

Il lui était malaisé cependant de demeurer à Compiègne inactif et simple témoin, pendant que la Pucelle, qui hier lui rendait la couronne, entreprenait aujourd'hui de lui recouvrer la capitale de son royaume.

Il se résigna donc à partir, mais « à grand regret », nous dit un historien bien renseigné. Son premier effort ne le conduisit que jusqu'à Senlis. Là, sans doute, de nouvelles hésitations le firent demeurer. « Il semblait, dit le même historien, qu'il fût conseillé au contraire du vouloir de la Pucelle, du duc d'Alençon et de ceux de leur compagnie. »

Ce n'était que trop vrai, et quelques seigneurs, non des moins influents, s'efforçaient de l'éloigner de Jeanne.

Le moment cependant était des plus propices : Bedford, effrayé des progrès de l'armée du Roi, et ignorant les divisions dont la cour et le haut commandement de l'armée étaient le théâtre, s'était pris à craindre. Il redoutait le soulèvement de la Normandie, et comme cette province était pour l'Angleterre la clef ou plutôt la porte de la France, il se demandait s'il n'était pas plus urgent de s'assurer de cette porte que de rester à Paris, dont la possession ne serait que de peu d'avantage du jour où la Normandie aurait secoué le joug anglais.

Il laissa donc la garde de Paris à Louis de Luxembourg, évêque de Thérouanne, et à Radley, chevalier anglais. Un nombre assez considérable de gens d'armes bourguignons s'y trouvaient, sous la conduite de l'Isle-Adam[1].

Ce fut d'abord un tournoi de diplomatie populaire entre le duc d'Alençon

1. Est-il exact que 2000 Anglais défendirent Paris avec eux? Plusieurs auteurs l'ont enseigné, mais le point est au moins discutable. « C'est d'après le seul témoignage original du cardinal de Montreuil, si mal informé pour tout ce qui regarde le parti bourguignon, dit M. Germain Lefèvre-Pontalis, que l'on fait généralement figurer à la défense de Paris deux mille Anglais. Jean Chartier n'a fait que le copier. Le *Journal d'un Bourgeois de Paris* dit qu'il ne s'en trouvait pas plus de 40 à 50. D'après Perceval de Cagny et surtout les *Chroniques des Cordeliers*, Paris n'aurait été gardé que par des Bourguignons, que le *Journal* évalue à 700. En tout cas, depuis le 13 avril, l'autorité à Paris n'appar-

et les mercenaires du duc de Bedford. Le premier avait dans Paris quelques intelligences, les seconds y dominaient par la force et par le fait acquis.

Évidemment le peuple parisien, en grande majorité, entretenait de vives sympathies pour le Roi et son parti. Mais il en est toujours ainsi en pareilles conjonctures : la foule nourrit secrètement des sentiments généreux et qui pourraient devenir efficaces; l'occasion et les moyens de les traduire au dehors lui font défaut. C'est une loi des sociétés que les hommes notoires et élevés en situation ont besoin du nombre pour mettre en œuvre leurs desseins; mais le peuple de son côté, si vives et si violentes même que soient les passions qui l'animent et le poussent, a besoin de chefs pour qu'elles aboutissent à quelque effet autre que le désordre.

On a laissé en trop grand oubli, dans l'épopée de Jeanne d'Arc, cet épisode du siège de Paris. Il fut peut-être, de tous ses faits de guerre, le plus palpitant pour elle.

Il avait importé évidemment de délivrer Orléans et de faire sacrer le Roi, mais quelle urgence n'y avait-il pas de rendre à ce Roi la capitale de son royaume occupée par l'étranger. Le pays ne pouvait, sans cela, reprendre quelque apparence d'unité.

Ce sont ces considérations qui avaient inspiré à Jeanne le désir d'entrer à Paris, et qui l'avaient amenée, en présence des lenteurs et des incertitudes de Charles, à prendre sur elle-

PLAQUE EN FAÏENCE AVEC LE PORTRAIT DE JEANNE D'ARC
Fabrication moderne. (*Musée Jeanne d'Arc*, à Orléans.)

tenait qu'au duc de Bourgogne, qui en avait été fait gouverneur par lettres de Henri VI, datées de ce jour. (G. Lefèvre-Pontalis, *Un détail du siège de Paris par Jeanne d'Arc*. Extrait de la *Bibliothèque de l'École des Chartes*, t. XLVI, 1885.)

même la responsabilité de l'entreprise et à commencer la campagne en dehors même de l'assentiment de ce prince qui ne savait ni agir par lui ni laisser aux autres toute liberté de le sauver.

Ce fut pendant quelques jours, entre les deux partis, comme un duel ouvert, sans merci, un corps-à-corps émouvant, dont Paris et, avec Paris, la France étaient l'enjeu.

C'est du reste depuis de longs siècles le sort de cette cité, tête et cœur de la nation, que de décider des destinées du pays par les siennes propres.

SUJET PRINCIPAL DE L'ANCIEN MONUMENT ÉLEVÉ SUR LE PONT D'ORLÉANS
D'après la gravure de ALLAIS, dessin de DIOT.

Le duc d'Alençon commença par répandre à profusion dans Paris des proclamations destinées à gagner le peuple à la cause du Roi. Il invita en même temps les échevins à ouvrir au prince les portes de la ville. La mesure n'était pas d'une habileté consommée. Ces magistrats, du moment qu'ils étaient en fonctions, accordaient évidemment leurs sympathies au parti des Anglais. Ceux-ci, autrement, ne les eussent pas laissés en charge.

Il eût fallu se contenter de travailler l'esprit du peuple avec autant de secret qu'il était possible, réveiller la fibre du patriotisme et de la haine de l'étranger, toujours si vive et si puissante en France, et, le terrain étant ainsi préparé, attaquer les remparts d'un assaut vigoureux. Jeanne l'eût conduit et sa vue seule eût gagné les Parisiens.

On ne fit point ainsi. L'éveil était donné par l'arrivée de l'armée royale à Saint-Denis; l'appel adressé par d'Alençon aux échevins, alors même qu'ils eussent eu quelque pente à favoriser son entrée dans Paris, les obligeait à se prononcer chaleureusement pour le parti contraire, sous peine de tomber en suspicion. Or les passions étaient telles à cette heure, qu'il en eût été pour eux non pas seulement du pouvoir ou de la liberté, mais encore de la vie.

Pour obliger davantage tous ceux qui à quelque degré avaient autorité et exerçaient quelque fonction, on fit renouveler le serment de fidélité au régent.

En même temps, dans les divers quartiers de la ville on fortifiait les remparts et les portes. Des pièces d'artillerie furent portées sur ces boulevards, et l'on prit, en un mot, toutes les mesures qui convenaient à la défense d'une ville à cette époque.

JEANNE D'ARC CHEF VICTORIEUX DE L'ARMÉE FRANÇAISE
D'après une gravure anglaise de MARSCHALL.

Comme on craignait encore toutefois quelque retour populaire en faveur de Charles VII et des assiégeants, on répandit le bruit que les gens d'armes français avaient reçu de leurs chefs l'avis que Paris leur serait abandonné en pillage et qu'ils auraient libre droit de vie ou de mort sur tous les habitants.

C'était faux, il est clair, et insensé; mais quelles erreurs n'entrent pas dans l'esprit d'un peuple affolé !

L'ouverture des hostilités ne pouvait tarder, et ne tarda pas en effet.

Des escarmouches eurent lieu pendant plusieurs jours, de divers côtés, sous les remparts et dans les environs de Paris.

On sait que cette ville était en ce temps infiniment moins étendue qu'elle ne l'est maintenant. L'emplacement occupé aujourd'hui par l'église Saint-Roch était en dehors des murs, et celui qu'occupe la Madeleine confinait à la maison de campagne des évêques de Paris; d'où le nom de rue de la Ville-l'Évêque resté à l'une des rues voisines.

Les premières escarmouches eurent lieu surtout entre la porte Saint-Denis d'alors et le quartier de la Chapelle. De temps immémorial, un chemin conduisait directement de Saint-Denis à Paris : les troupes françaises le suivirent naturellement pour venir sous cette dernière ville.

Jeanne assistait à ces escarmouches, étudiant hommes et choses, cherchant à se faire une juste idée du terrain et des remparts, afin de voir de quel côté il conviendrait le mieux de diriger l'assaut.

Elle ne négligeait pas non plus d'étudier, dans la mesure où elle le pouvait faire, l'état d'esprit des Parisiens. Il lui importait de les connaître pour le cas où le siège aurait une heureuse issue, et cette connaissance pouvait lui être d'une non moins grande utilité pour la conduite du siège même.

JEANNE D'ARC
D'après une affiche de DE FEURE.
(*Appartenant à MM. Astre et Coux.*)

Que n'avons-nous plus de détails touchant cette circonstance de la vie de Jeanne! Que de pensées, que de sentiments devaient se presser en elle! Des hauteurs de la Chapelle elle pouvait au-dessus des murs apercevoir les principaux monuments de Paris.

Notre-Dame dominait au loin, temple vénérable, sanctuaire dès longtemps consacré par la foi et le patriotisme parisiens, et après lequel, — fût-ce le Temple élevé par un de nos rois à l'honneur de Sainte-Geneviève ou la coupole des Invalides, — tout autre sanctuaire, à Paris, doit sans conteste prendre et garder la seconde place.

Jeanne en pouvait contempler les deux tours, sœurs unies en Notre-Dame, comme l'amour de la France et celui de Dieu l'étaient dans l'âme de l'héroïne.

C'est là que la France était venue maintes fois implorer Dieu dans ses malheurs, ou le remercier de ses victoires. C'était par excellence le temple des *Te Deum* nationaux, et combien devait être beau sans conteste celui que la Pucelle chantait déjà dans son cœur et que dedans Paris, « s'il devait plaire à Dieu », chanterait pour sa délivrance et son retour au Roi.

C'est là que, vingt-sept ans plus tard, sous les voûtes de la vieille basilique, Jeanne devait être, par les juges du procès de réhabilitation, vengée du jugement de Rouen, comme c'est là encore, espérons-le, qu'un jour, toute la France, représentée par tous les pouvoirs et par les plus nobles de ses fils, viendra inaugurer cette fête nationale de Jeanne d'Arc en laquelle, pour un jour au moins chaque année, les partis feront trêve et les passions silence.

Je me suis souvent arrêté devant le panorama que Jeanne avait considéré,

JEANNE D'ARC A LA CHAPELLE, SOUS PARIS

D'après le carton de LIONEL ROYER. Vitrail exécuté par CHAMPIGNEULLE, à Paris.

demandait ingénument à ces pierres de nos monuments religieux et civils ce qu'elle leur avait dit.

J'imagine qu'elle considérait la grande cité comme une sorte de terre promise où il lui tenait au cœur d'entrer et surtout de conduire le Roi. Dès ce temps Paris avait en France ce prestige singulier qui attire et séduit. Cette ville était loin d'être ce qu'elle est aujourd'hui. La France, surtout en ces temps de guerre civile, n'avait pas la cohésion qu'elle a maintenant et Paris était par suite un centre moins marqué.

Mais depuis plusieurs siècles déjà il était le point culminant du pays, la

JEANNE BLESSÉE SOUS PARIS
D'après le bas-relief de VITAL DUBRAY. (*Musée Jeanne d'Arc*, à Orléans.)

tête et le cœur de la nation. La fierté française devait souffrir étrangement de le voir aux mains des Anglais; et si comme point stratégique Orléans avait une importance considérable, encore celle-ci était-elle peu de chose auprès de celle de Paris.

Les vrais Français avaient donc dû souvent gémir en le voyant aux mains des Anglais; ces doléances s'étaient étendues dans toutes les provinces, et il est à supposer que le soir à Domremy, au coin du foyer paternel, Jeanne enfant avait entendu de bien tristes paroles touchant Paris, la grande cité. Entre autres deuils, celui-là avait dû compter pour une grande part dans la « pitié du royaume de France » dont elle s'attristait si douloureusement.

Elle eût aussi trouvé dans ce peuple parisien un accueil si chaleureux! Les grandes causes l'émeuvent si fortement; il excelle tant à les mettre en honneur, à les grandir par son accueil! C'est là mieux encore qu'à Reims et à Crespy que Jeanne eût pu dire : « Voici un bon peuple. Je n'en ai vu nulle part ailleurs qui montrât tant de joie. Et plût à Dieu que je fusse assez heureuse, quand je finirai mes jours, pour être inhumée en cette terre! »

Paris n'a pas l'honneur de garder cette chère et sainte dépouille. Et pourtant sa « terre » garde quelque chose de Jeanne d'Arc. L'héroïne fut blessée, comme nous le verrons bientôt, au bord du fossé, près de la porte Saint-Honoré. Rien ne se perd dans le monde, et là encore où le sang de Jeanne a coulé, non loin du lieu où s'élève sa statue, œuvre du sculpteur Frémiet, quelque chose peut-être de ce sang demeure.

Je ne passe jamais en cet endroit sans saluer, avec l'image de la guerrière, le sang qu'elle a versé pour notre patrie. Ce sang-là, c'est bien « le sang de France », le plus noble et le plus pur.

Paris se doit à lui-même de s'en souvenir.

Charles VII se tenait toujours à Senlis, et si opportun qu'il pût paraître à Jeanne et à d'Alençon de livrer assaut, la chose ne se pouvait accomplir sans l'autorisation du Roi.

On multipliait les messages, mais il n'y répondait pas.

Le duc d'Alençon résolut alors de se rendre près de lui et partit pour Senlis. C'était à la date du 1er septembre. Sa démarche n'aboutit pas à bien. Le Roi l'écouta sans protester, mais demanda le temps de plus longues réflexions. Il fallut bien le lui accorder.

D'Alençon revint à Saint-Denis, où Jeanne l'attendait, non sans anxiété. Leur entretien dut être singulièrement pénible. Également vaillants, ces deux cœurs si profondément dévoués au bien de la France gémissaient sur l'inaction d'un prince qui les arrêtait sur le chemin de la lutte et de la victoire, aux portes d'une ville telle que Paris. Leurs pensées erraient tristement entre les deux cités, et, dans une révolte aussi légitime que généreuse, ils se demandaient à qui leur rancœur devait aller plus fortement, ou de l'étranger qui tenait Paris sous l'oppression, ou du Roi qui, à quelques lieues de là, demeurait oisif et leur défendait d'agir pour en chasser l'oppresseur.

On ne s'est pas assez arrêté à ce fait de la vie de Jeanne, nous l'avons déjà dit, et à la rude épreuve qu'elle en dut ressentir.

Paris s'honorerait en réveillant ce souvenir. Jeanne n'a pas seulement teint le sol parisien du sang de ses veines; les larmes sont comme le sang de

JEANNE DEVANT ORLÉANS
Gravure originale publiée dans l'*Histoire du siège d'Orléans* de Tripault (1621). (*Collection de M. Lanéry d'Arc.*)

l'âme, surtout ces larmes cachées, qui ne tombent pas des yeux, et dont le cœur seul est le témoin. Jeanne devant Paris, entravée par le Roi et impuissante de par lui, a dû pleurer ainsi. — Que Paris se souvienne des larmes de la Pucelle !

Le 5 septembre, sans doute sur les instances de Jeanne, d'Alençon retourna auprès du Roi : pour cette fois, il insista de telle façon que Charles VII consentit à venir « dîner à Saint-Denis » le 7 septembre.

L'enthousiasme populaire salua son arrivée. Il semblait que ce triste prince fût à son armée le seul ennemi qu'on redoutât de ne pouvoir vaincre. Les autres comptaient pour rien, du moment où l'on triompherait de sa résistance. « Jeanne mettra le Roi dans Paris, disait-on dans les rangs de l'armée, si à lui ne tient. »

Malheureusement il en devait « tenir à lui ».

De la part d'hommes tels que Charles VII, les retours sont fréquents. Les résolutions qu'ils prennent sont moins le fait d'une volonté formelle que celui d'une impression passagère. Le retour est aussi prompt que le fut la concession qu'ils ont faite et parfois même ils mettent quelque gloire ou du moins quelque vanité à répudier le lendemain l'autorité qu'ils ont subie la veille. Il importait donc de profiter du moment favorable et d'engager l'action sans retard.

Le duc d'Alençon précéda le Roi à Saint-Denis. Comme il apportait l'assurance de l'arrivée de celui-ci, la troupe qui s'y trouvait gagna la Chapelle le 6 septembre. Le quartier de la Chapelle est aujourd'hui compris dans Paris et l'un des plus populeux de la capitale. A cette époque, il n'y avait là qu'un village, situé à peu près à mi-chemin entre Saint-Denis et Paris; il était fortifié. Une église y avait été érigée.

En voici l'origine. Sainte Geneviève, qui avait une grande dévotion pour saint Denis, faisait de fréquents pèlerinages à son tombeau. Comme elle habitait la Cité, dans une des îles comprises entre Notre-Dame et le bras septentrional de la Seine, elle s'arrêtait, à l'aller et au retour, au sommet de la côte assez longue qui conduit au quartier dont nous parlons. Au retour elle en faisait autant.

Les voyageurs s'y arrêtaient aussi généralement pour y prendre repos ou accorder quelque répit à leur monture. Geneviève y priait; c'était son repos.

Existait-il déjà à cette place un oratoire élevé par la dévotion des pèlerins, ou Geneviève elle-même le fit-elle construire pour les besoins de sa piété?... Nous ne savons. Toujours est-il que cet oratoire demeura après la mort de la sainte et qu'une chapelle y fut bâtie plus tard.

On l'appela la chapelle Sainte-Geneviève, et plus tard Saint-Denis-de-la-Chapelle-Sainte-Geneviève. Une paroisse s'y forma au cours du temps, et aujourd'hui elle est, par le nombre des paroissiens, l'une des plus considérables de la ville.

C'est là que Jeanne d'Arc vint prier pendant ces jours du siège de Paris et surtout pendant la nuit du 8 au 9 septembre; elle y communia sans doute, selon sa coutume.

Le curé de cette paroisse a eu, depuis quelques années, la religieuse et patriotique pensée d'y réveiller la mémoire de Jeanne d'Arc, et une fête annuelle y a lieu, le jour de la Nativité de la Vierge, au milieu d'un concours considérable.

De toutes nos églises parisiennes, celle de Saint-Denis-la-Chapelle est la seule qui ait été honorée de la présence de Jeanne d'Arc.

Le souvenir de sainte Geneviève s'y rattachant aussi, on peut, par cette double considération, voir en ce modeste temple un des sanctuaires les plus vénérables pour ceux qui ont le culte des grands souvenirs français et chrétiens.

C'est là que sainte Geneviève, la libératrice de Paris devant Attila, et l'une des fondatrices de l'unité française, venait dans la solitude et la prière puiser un courage au-dessus de son sexe.

C'est en ces mêmes lieux que Jeanne d'Arc vint prier à son tour, impatiente de porter à l'Anglais un dernier coup qui mît fin à l'invasion étrangère, en rendant Paris à la France. Ces deux femmes héroïques se donnent la main sous ces voûtes.

Aussi bien, puisque à cette occasion nous avons rapproché l'une de l'autre ces deux noms si purs et si vénérables, ajoutons que ce rapprochement n'est pas le seul qu'on puisse établir entre Geneviève et Jeanne, soit par similitude, soit par antithèse. Il peut être opportun de le rappeler brièvement.

Sainte Geneviève est née en 404. Mille ans après, presque année pour année, Jeanne naissait, en 1412.

C'est le 3 janvier que Geneviève mourut; c'est le 6 janvier que naquit Jeanne.

L'une et l'autre ont grandement servi la France. L'une a protégé le berceau national: c'est Geneviève; l'autre a ramené notre nation des portes de la ruine dernière, et l'a fait se relever de la couche funèbre où elle se mourait.

Jeanne d'Arc a « bouté hors de France » l'envahisseur; Geneviève a sauvé Paris et la France naissante de la peste dont Attila les menaçait.

JEANNE DEVANT L'AUTEL
D'après une gravure du XVIIe siècle. (*Bibl. nat.*)

L'une a été la conseillère du roi Clovis, l'autre le soutien du roi Charles VII.

L'une et l'autre ont fortifié leur action et nourri leur patriotisme par une foi vive, une piété ferme autant qu'ingénue et une haute vertu.

L'une et l'autre ont établi, par leur exemple, quelle action considérable une simple femme peut exercer sur les destinées de son pays, quels services signalés elle peut rendre à ses concitoyens.

Geneviève n'a point paru sur les champs de bataille, mais elle a dans sa demeure, au baptistère de Notre-Dame et dans la Cité, montré un courage supérieur à celui de nombre de capitaines. Quand les hommes voulaient abandonner Paris et fuir, elle a exhorté les femmes à tenir ferme et à se montrer courageuses à la place des hommes, dont l'énergie avait défailli. Ceux-ci, furieux de sa résistance, voulurent la jeter à la Seine, comme on voulait jeter Jeanne d'Arc dans la Meuse, parce qu'elle se proposait de sauver son pays.

Jeanne, du reste, même sous l'armure et dans le tumulte de la guerre, n'a pas été moins douce que Geneviève. Ni l'une ni l'autre, malgré l'importance et l'éclat de leur action publique, ne sont un instant sorties des mœurs de leur sexe. Elles sont le parfait modèle des femmes françaises.

LA LIBÉRATRICE DE LA FRANCE
D'après une gravure reproduisant une médaille en bronze du XVIIe siècle.

Jeanne a été l'objet de l'envie et de la haine; Geneviève a été calomniée, et elle eût succombé sous les coups de ses adversaires si un évêque, saint Germain d'Auxerre, ne l'eût justifiée et sauvée. Hélas! il n'en fut plus ainsi pour Jeanne, et tandis que Geneviève reconnaissante avait baisé les mains de saint Germain d'Auxerre, Jeanne dut dire à Cauchon : « Évêque, je meurs par vous ».

L'antithèse rapproche, et celle-ci n'est pas la seule qu'on puisse établir entre ces deux filles de la France.

Jeanne d'Arc est morte à dix-neuf ans et quatre mois; Geneviève a vécu soixante-dix ans de plus : elle est morte à l'âge de quatre-vingt-neuf ans. L'une et l'autre toutefois étaient nées aux champs, l'une à Nanterre, l'autre à Domremy. Le peuple s'est pressé autour de l'une et de l'autre au moment de leur mort : la foule entoura d'hommages et d'honneurs la couche de Geneviève mourante et lui fit des funérailles royales; au contraire, ce même peuple, autour du bûcher de Rouen, fut le témoin inerte de l'iniquité qui se consommait : pas une voix ne s'éleva de cette multitude, où pourtant battait plus d'un bon cœur, et Jeanne, qui nous avait tous sauvés, mourut abandonnée de tous, comme meurent les criminels.

Sainte Geneviève eut un tombeau glorieux; on l'inhuma dans l'église Saint-Pierre et Saint-Paul. Plus tard, Clovis et la reine Clotilde réclamèrent l'honneur d'être inhumés à ses côtés. Et, comme si c'eût été trop peu que la majesté royale s'inclinât et voulût s'effacer dans l'ombre de cette fille du peuple devenue si grande, on changea le vocable de cette même église, et la foule, qui s'entend souvent à décerner les titres durables, l'appela l'église Sainte-Geneviève. On en conserve les restes dans l'enceinte du lycée Henri IV.

JEANNE D'ARC
D'après la statuette d'Ém. Frémiet.

Jeanne, elle, n'eut pour tombeau que les flots de la Seine, où ses cendres furent jetées le soir du 30 mai.

Mais remarquons cette singularité des choses humaines. Geneviève avait été glorieusement inhumée en 493. Treize cents ans plus tard, an pour an et presque jour pour jour, sa dépouille était, en pleine Terreur, ravie à son tombeau séculaire, publiquement brûlée, et ses cendres jetées par une tourbe en délire dans les eaux de ce même fleuve qui déjà avait reçu les cendres de Jeanne d'Arc.

Comme si ces deux grandes femmes, âmes sœurs dans le double culte de la religion et de la patrie et déjà unies dans le sein de Dieu, avaient voulu que leurs cendres eussent un même sépulcre, et que le même fleuve les recueillît pour les porter ensuite à l'Océan, ce tombeau singulier, seul assez vaste pour de telles dépouilles.

Elles ont dû frémir et comme se ranimer en se rencontrant, ces cendres héroïques et virginales!

Et, dernier rapprochement, quand, il y a un siècle, des fils de la France égarés ont, par cet outrage fait à la dépouille de la Patronne de Paris, rapproché dans l'épreuve Geneviève de Jeanne d'Arc, aujourd'hui voici que les fils de

COMMENT LA PUCELLE ET LES FRANÇAIS VINRENT AU SIÈGE DE PARIS
D'après la miniature
du manuscrit des Vigiles de Charles VII (1484).

cette même France, par l'éclat qu'ils répandent sur la mémoire de la vierge de Vaucouleurs et le culte passionné qu'ils lui vouent, rappellent, en cette renaissance de l'héroïne trop longtemps oubliée, les gloires dont le peuple d'où nous sommes issus entoura la mort et les funérailles de la vierge de Nanterre.

On ne me blâmera point, j'espère, de cette digression. En cet ouvrage destiné à tous les bons Français, il m'aura été permis de rapprocher l'une de l'autre ces deux femmes qui honorent également notre nation et qui l'ont également servie.

Il y avait particulière opportunité à le faire en nos jours, où peut-être le nom et le culte de Geneviève semblent tomber en un oubli relatif auquel la fidélité de notre tradition chrétienne ne les avait pas accoutumés. Le peuple s'en souvient encore, mais tous ne font pas comme lui.

C'est servir son pays que de lui rappeler ses gloires; c'est fortifier le sentiment religieux d'une nation que de ne laisser point dépérir au milieu d'elle ses dévotions séculaires.

Le jour même de l'arrivée du Roi à Saint-Denis, 7 septembre, un engagement sérieux eut lieu entre les gens d'armes français et la garnison parisienne. L'assaut toutefois ne fut point donné, et les Parisiens, qui le croyaient imminent, se firent un succès de ce qu'il n'eut pas lieu.

La terreur qu'ils avaient de la Pucelle était du reste fort grande. La garnison anglaise n'en avait pas une moindre, et il suffit pour s'en faire une idée de lire les ordonnances et décrets par lesquels le gouvernement anglais s'efforçait, mais souvent en vain, d'amener les recrues à passer le détroit pour aller combattre en France.

M. Germain Lefèvre-Pontalis a publié sur cet objet des pages fort intéressantes et d'une sûre érudition[1]. « L'armée de secours, dit-il, refusait de prendre

1. *La panique anglaise en 1429*. Paris. E. Bouillon. 67, rue de Richelieu. in-8, 20 pages.

la mer et se trouvait en pleine dissolution. Officiers et soldats, émus à la pensée du péril suprême qu'ils allaient courir sur la terre française, s'étaient dispersés dans les dépendances de Londres et dans les faubourgs des ports échelonnés sur les bords de la Tamise.

« Ordre est expédié aux vicomtes de Londres et aux autorités de Rochester de faire proclamer à cri public que tous les retardataires, sous peine d'emprisonnement, sans distinction de grade ou de condition, aient à se rendre sur l'heure dans les ports de Sandwich et de Douvres.

.... « Une terreur inexplicable pèse malgré tout sur ces troupes endurcies à tous les risques, fortes contre toutes surprises.... »

JEANNE EN PRIÈRE
D'après le tableau d'AMAN JEAN. (*Musée d'Orléans.*)

Une pièce, récemment découverte par M. Siméon Luce nous montre qu'au milieu d'août 1429, entre le sacre de Reims et l'attaque de Paris, des bandes de déserteurs parcouraient le Cotentin, cherchant, entre autres ports, à gagner Cherbourg, pour s'y embarquer et fuir la terre de France. « Le 18 août, — trois semaines avant le siège de Paris, — le lieutenant général du bailliage reçoit deux mandements du conseil royal de Normandie.... Le second ordonne d'empêcher tous Anglais, Gallois ou autres gens d'armes de s'embarquer pour repasser la Manche. »

Tel était assurément l'état d'esprit de nombre des soldats composant la garnison de Paris. Il est facile dès lors de comprendre combien aisément Jeanne en eût eu raison, si on l'eût laissée agir librement.

Il en fut, hélas! comme on le verra, tout autrement, et la Pucelle, ici comme partout ailleurs, vit ses meilleurs desseins et ses plus sages résolutions mis en échec par l'indolence du Roi et les sourdes machinations des conseillers trop dignes de lui qui l'entouraient. Jeanne devait en pâtir, mais la France encore plus qu'elle peut-être.

L'assaut toutefois fut tenté le lendemain. C'était la fête de la Nativité. A Rouen, les juges de Jeanne lui firent grief d'avoir combattu pendant ce jour; mais Jeanne ne s'en défendit point, estimant avec son Maître que si l'on peut sauver son âme le jour du Sabbat, il est bien permis de sauver Paris un jour de fête.

JEANNE D'ARC DANS L'AFFICHE
D'après l'affiche de GRASSET pour le théâtre de la Renaissance.
(*Malherbe et Cie, éditeurs à Paris.*)

Les chefs, comme elle le dit plus tard, ne songeaient qu'à « faire une escarmouche ou une vaillance d'armes »; elle y « alla à leur requête », mais, ajoute-t-elle, « c'était bien mon intention d'aller outre et de passer les fossés ».

Ainsi donc, même avec d'Alençon, Gaucourt et les autres, Jeanne était obligée de dissimuler son dessein et n'osait avouer son désir d'engager une action décisive.

On partit de la Chapelle à huit heures du matin. L'armée se divisa en deux corps. Rais, Gaucourt et la Pucelle commandaient le corps d'attaque; ils se dirigèrent vers la porte Saint-Honoré[1]. Le duc d'Alençon et le comte de Clermont, comme corps de réserve, s'établirent près d'une sorte de mamelon, appelé

1. Cette porte était située près de l'entrée de l'avenue de l'Opéra, non loin du Théâtre-Français.

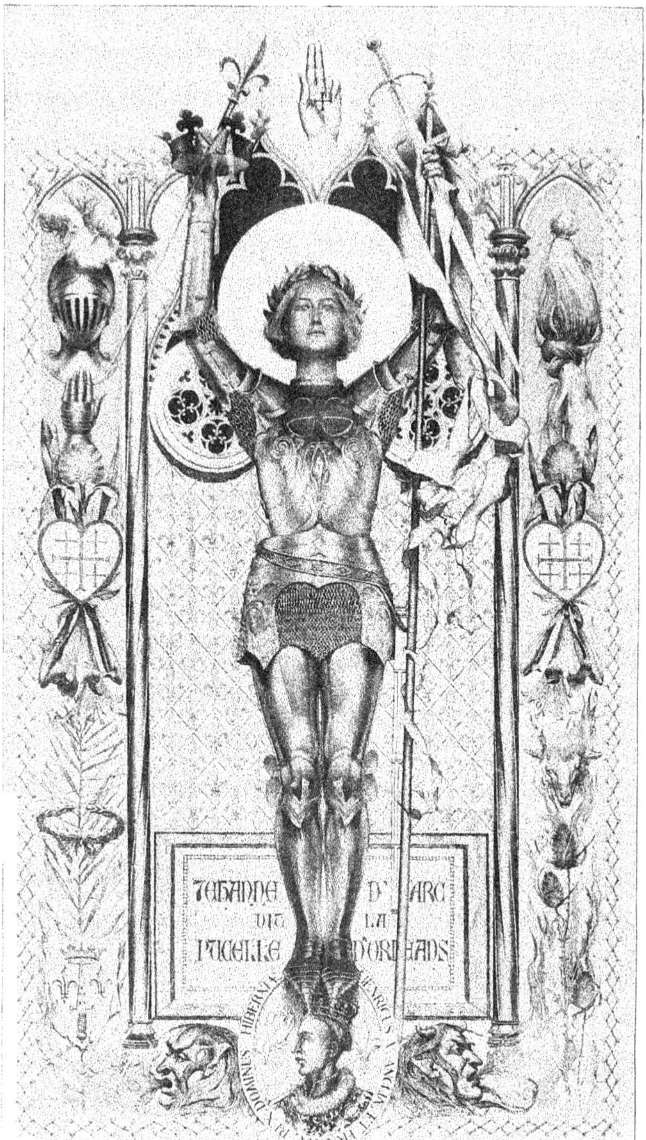

Copyright, 1895.] [Par Harper frères.

JEANNE D'ARC DITE LA PUCELLE D'ORLÉANS

D'après la composition de DUMONT, extraite du *Harper's Magazine*.

JEHANNE LA PUCELLE
Gravure sur bois tirée de la *Mer des hystoires*, 1491.
(*Bibliothèque nationale.*)

depuis butte des Moulins ou butte Saint-Roch. Ils pouvaient de là surveiller la porte Saint-Denis.

Dès leur arrivée, Jeanne et ses compagnons s'emparèrent du boulevard qui protégeait la porte Saint-Honoré. Malheureusement, le second fossé était rempli d'eau; il fallut entreprendre de le combler de fagots et d'autres matériaux. Jeanne conduisait les travaux avec une intrépide activité.

Vers le soir, comme de la hampe de son étendard elle sondait le fond du fossé et donnait l'ordre de le combler, un trait d'arbalète l'atteignit à la cuisse. Malgré sa blessure, Jeanne continua de diriger l'action, et le succès semblait devoir couronner ses efforts.

En effet, une panique considérable régnait dans Paris. Nombre d'habitants, venus d'abord au sommet des remparts pour assister à l'assaut, regagnaient précipitamment leurs demeures et s'y enfermaient. La vue de Jeanne les avait terrifiés.

Mais l'assaut durait depuis midi; il se faisait tard, et des chefs, jugeant que les troupes étaient lasses et voyant du reste Jeanne blessée, ordonnèrent d'arrêter le combat.

Jeanne protesta avec véhémence contre cette retraite, insista pour qu'on continuât l'assaut, assurant que la victoire le couronnerait; on ne l'écouta pas. Elle resta avec quelques hommes; il fallut que d'Alençon et Gaucourt vinssent l'entraîner de force; ils la firent monter à cheval et regagnèrent la Chapelle. Tout le long du chemin, elle ne cessa de protester contre ce qu'on l'obligeait de faire, déclarant que la place eût été prise si on l'eût laissée libre d'agir.

Quoique blessée, Jeanne passa une partie de la nuit en prière dans la petite église de la Chapelle. Heures bien douloureuses pour elle et qui durent laisser en son âme une amère impression ! Puis lui échappait par la résolution irréfléchie des capitaines et le fait de la mollesse du Roi, à qui ceux-ci sans doute avaient voulu être agréables.

C'est particulièrement le souvenir de cette veille que Jeanne passa dans la prière et l'angoisse, qui a comme consacré ce sanctuaire pour tous ceux qui ont le culte de la mémoire de la vénérable héroïne.

Là, comme dans la crypte de Vaucouleurs, elle eut sa veillée de larmes.

Quoi qu'il en soit, le lendemain dès le matin elle était prête à recommencer le combat et à réparer la faute commise la veille par ses compagnons d'armes. Elle pria le duc d'Alençon de faire sonner la charge et monta à cheval, déclarant que Paris serait pris avant qu'elle rentrât à la Chapelle.

D'Alençon et les principaux chefs partageaient ses espérances : ils ne pouvaient douter d'ailleurs que nombre de Parisiens ne supportassent avec peine le joug anglais et ne se déclarassent pour le Roi de France dès le premier succès des Français. On le vit bien quand, au moment où l'on s'avançait sur la ville, le baron de Montmorency en sortit avec nombre de gentilshommes et d'hommes d'armes.

On partit donc allégrement. Mais, au moment même où l'on approchait des murs, le duc René d'Anjou et le comte de Clermont survinrent, et au nom du roi invitèrent la Pucelle à se rendre à Saint-Denis ; en même temps, le duc d'Alençon et les autres chefs recevaient ordre de rebrousser chemin avec Jeanne.

Ils se retirèrent la mort dans l'âme, et il ne fallut rien moins à Jeanne que le grand respect qu'elle portait à l'autorité royale, et dont elle tenait à donner toujours l'exemple, pour qu'elle ne se révoltât pas contre l'ordre reçu.

Combien tristement elle dut cheminer sur la route de la Chapelle, sous les regards des assiégés qui raillaient les Français comme des fuyards, suivie de l'armée, honteuse de ce qu'on lui faisait accomplir et peut-être en voulant à Jeanne des espérances maintenant déçues qu'elle leur avait fait concevoir. Les malheureux sont facilement injustes.

Cependant le duc conservait encore quelque espoir et sans doute s'efforçait de le communiquer à la Pucelle. Peut-être fallait-il attribuer la décision du Roi à la crainte qu'il avait de voir une défaite complète succéder à l'échec de la veille. Peut-être, une fois quelques renforts amenés, il autoriserait un nouvel assaut.

D'Alençon avait aussi les jours précédents fait jeter un pont sur la Seine à Saint-Denis. Il se flattait de pouvoir, grâce à ce travail, faire l'assaut de Paris par un autre côté et surprendre avec succès les Parisiens, qui ne comptaient pas sur cette attaque[1].

On arriva à Saint-Denis en tenant ces propos. D'Alençon communiqua son plan au Roi. Celui-ci ne dit point sa pensée et garda le silence.

Peut-être cette réserve permettait-elle encore quelque espoir. Cette illusion dura peu, car dans la nuit, — c'était celle du vendredi au samedi, — le pont construit par d'Alençon fut détruit sur les ordres du Roi.

Pour cette fois, le doute n'était plus possible.

Charles resta quelques jours encore à Saint-Denis. Il y tint quelques conseils, dans lesquels assurément plusieurs des courtisans le louèrent de sa résolution. Il confia au comte de Clermont le gouvernement des villes et pays soumis depuis le sacre et laissa celui de Saint-Denis au comte de Vendôme et à l'amiral de Culan. Ceux-ci devaient surveiller Paris, mais n'étaient pas en force pour le menacer.

LA VIERGE DES GAULES
D'après un médaillon en pierre dure.
(*Collection Haldat du Lys.*)

Le 13 septembre, il vint à Saint-Denis. Quand Jeanne sut que toutes sollicitations étaient inutiles et que la décevante résolution de se retirer du côté de la Loire était irrévocable chez le Roi, elle se rendit à l'abbaye de Saint-Denis et dans l'abbatiale déposa son armure sur l'autel de la Vierge, non loin des reliques du saint patron. On l'interrogea à Rouen sur les motifs qui l'avaient fait agir.

« Quelles armes offrîtes-vous en l'église de Saint-Denis en France? — Un mien blanc harnois entier, tel qu'il convient à un homme d'armes, avec une épée que je gagnai devant Paris. — A quelle fin offrîtes-vous ces armes? — Par dévotion, comme c'est accoutumé parmi les hommes d'armes, quand ils sont blessés. Ayant été blessée devant Paris, j'offris ces armes à saint Denis

1. De récentes recherches ont établi que l'espoir de d'Alençon était fondé. Voir *Un détail du siège de Paris par Jeanne d'Arc*. G. Lefèvre-Pontalis, *Biblioth. de l'école des Chartres*, 2, XLVI, 1885.

prince que c'est le cri de France. — Ne l'avez-vous pas fait pour que ces armes fussent adorées? — Non. »

Il fallait l'astuce et la malveillance des juges de Jeanne pour supposer en elle ce motif inspiré par l'orgueil. Mais avec plus de justice on peut estimer qu'elle agit par d'autres raisons que celle de dévotion et de fidélité à « la coutume des hommes d'armes quand ils ont été blessés ».

Jeanne n'avait que trop lieu de perdre courage. Depuis le sacre, le Roi l'entravait sans cesse en ses meilleurs desseins. Ce n'était qu'à force de constance qu'elle l'amenait de temps à autre à se ranger à son propre avis. Venu à Saint-Denis à contre-cœur, il l'avait arrêtée au moment où les espérances de succès paraissaient forcées, et aujourd'hui, taciturne, inerte et presque maussade, il se dirigeait vers la Loire, pour rechercher un repos indigne d'un prince pour lequel Dieu et son envoyée avaient tant fait.

En vérité, qui n'eût perdu à la fois patience et courage, qui n'eût pas abandonné un Roi aussi indigne de la couronne qu'on lui avait rendue et du dévouement qu'on lui montrait!

Ces pensées se pressent dans l'âme quand on entre dans la basilique de Saint-Denis avec le souvenir de Jeanne d'Arc. Ces voûtes, elle les a vues; ces pierres, elle les a touchées; ces dalles, peut-être son pied les a foulées!

C'est à cette place qu'elle se prosterna avant de déposer son « harnois tout blanc », c'est là qu'elle se tint à genoux, longuement sans cotte et en larmes, après le sacrifice consommé.

Quel drame étrange et précipité que celui de cette vie de Jeanne d'Arc! En sept mois à peine, que de choses diverses, que de contrastes, que de heurts! Domremy qu'elle abandonne, Vaucouleurs où elle lutte, et puis Chinon où elle salue le Dauphin, Poitiers où elle triomphe des docteurs, Tours où on l'arme, Blois où elle voit l'armée pour la première fois, voilà le prélude. Puis Orléans, et Jargeau, et Patay, et Reims. C'est la triomphante épopée. Le ciel commence de s'assombrir, les victoires sont moins rapides; la lutte languit, le Roi écoute moins docilement la Pucelle, et Paris survient, puis Saint-Denis, et le calvaire commence pour finir au bûcher de Rouen!

On a pensé que Charles VII n'avait arrêté les opérations de Jeanne d'Arc sous Paris que dans l'espoir que le duc de Bourgogne lui livrerait cette ville, à

JEANNE AU SIÈGE DE PARIS
Gravure d'ABRAHAM BOSSE, d'après VIGNON, pour *la Pucelle ou la France délivrée*, poème de CHAPELAIN.

la suite des négociations [illegible] entamées avec lui. Celui-ci lui eut bientôt fait comprendre quel fond il fallait faire sur ses promesses.

Muni du sauf-conduit que le Roi lui avait accordé, il vint à Paris. Chemin faisant, il ne put cacher qu'il travaillait contre les intérêts du faible monarque. Bedford le nomma lieutenant général du royaume pour le compte du roi d'Angleterre, ne gardant pour lui-même que le gouvernement de la Normandie.

Cela n'avait pas empêché La Trémoïlle et le comte de Clermont d'aller au passage lui rendre l'hommage de leurs sentiments.

Ainsi les choses devenaient de plus en plus claires : les adversaires de Jeanne à la cour se révélaient nettement comme ceux du Roi et de la France même.

Il en est généralement ainsi. Ceux qui combattent l'homme de bien ne le combattent pas pour lui-même; ils ne s'en prennent, au fond, qu'aux principes de justice et de vérité dont il est le serviteur fidèle.

Leur haine dès lors ne s'arrête bientôt plus à la seule personne de celui qu'ils ont attaqué, et tous ceux qui alentour défendent le même principe, essuient de leur part la même inimitié. C'est le bien qui est en cause, beaucoup plus que l'homme de bien.

Il est bon que les choses soient ainsi; tôt ou tard, le méchant est reconnu pour ce qu'il est, et l'honnête homme recueille l'estime dont il était digne.

La foule l'avait tout d'abord méconnu, et c'est son ennemi qui passait pour être le défenseur de la vérité. Les rôles se modifient; la justice trouve enfin son heure, et les choses sont remises en leur place.

Malheureusement, un long temps parfois s'écoule avant qu'il en advienne ainsi. Jeanne d'Arc l'éprouva et justice ne lui fut pas rendue sur l'heure.

Ne nous en plaignons pas trop. La vraie gloire est durable comme les chênes; c'est pour cela que, comme eux, elle croît lentement. De nos jours, on voit chez tous je ne sais quelle soif de gloire et quelle impatience d'immortalité. En cette hâte, et pour la contenter, les uns emploient le bronze et les autres le livre : un homme notoire ne peut plus mourir sans que, dans l'année qui suit sa mort, on ne lui consacre une biographie, si même on ne lui élève un monument. Parfois on l'honore de l'une et de l'autre.

Bossuet mourut en 1704; près de cinquante ans s'écoulèrent avant qu'on eût écrit sa première Vie. Encore était-elle brève. Que dire de Jeanne d'Arc?

Tout pesé, c'est là une bonne école de mesure et de sagesse. On dira que si nous attendons cinquante ans pour écrire la vie de nos « grands hommes » ou leur élever un monument, il est nombre d'entre eux qui n'auront pas cette bonne fortune.

C'est peut-être, au fond, ce qu'il faut désirer. La postérité sait reconnaître tôt ou tard ceux qui sont dignes de son souvenir; mais, de grâce, laissons à cette noble justicière qui s'appelle l'Histoire, le délai d'entendre la cause et de méditer sa sentence avant de l'édicter.

JEANNE EN ARMURE DE COMBAT

Statuette en bronze. (*Musée Jeanne d'Arc*, à Orléans.

JEANNE FAITE PRISONNIÈRE A COMPIÈGNE
D'après la peinture murale exécutée par LENEPVEU au Panthéon.

VII

SAINT-DENIS ET COMPIÈGNE

DÉCOURAGEMENT DE QUELQUES CHEFS
LES ARMES DE JEANNE D'ARC

JEANNE D'ARC
Statuette du XVIIIe siècle.
(Coll. Haldat du Lys.)

A partir de Reims, l'astre de Jeanne semble pâlir; depuis Saint-Denis, l'ombre devient plus épaisse.

Il semble qu'une pente irrésistible conduise Jeanne d'Arc vers la catastrophe dernière où se devaient ruiner, non sa gloire, mais sa jeunesse et sa vie même.

Serait-ce, comme on l'a dit tant de fois, que la mission de Jeanne se bornât à faire sacrer le Dauphin après avoir délivré Orléans?

On a trop développé ce lieu commun, aussi banal qu'il est injurieux pour Jeanne d'Arc.

Chose étrange, ce sont presque toujours des admirateurs de la Pucelle qui tentent de mettre en honneur cette thèse.

C'est entendre bien misérablement la vie de Jeanne, bien mal entendre aussi la loi suprême qui domine la vie de l'homme, mal entendre enfin l'action de Dieu dans le monde.

Depuis quand une vie est-elle grande sans labeurs, sans épreuves, et depuis quand aussi la souffrance n'assure-t-elle pas à ce que nous sommes « ce je ne sais quoi d'achevé que les malheurs ajoutent aux grandes vertus »?

JEANNE CHEVAUCHANT AU MILIEU DES HOMMES D'ARMES
D'après une lithographie d'E. GRASSET. (*Verneau, éditeur à Paris.*)

Depuis quand enfin l'épreuve est-elle, chez un homme, la marque de l'abandon de Dieu, et de quel principe peut-on pour établir que Dieu s'était retiré de Jeanne et qu'elle n'était plus son envoyée, par ce seul fait que ses triomphes sont devenus d'abord moins rapides et moins surprenants, et que la défaite advint enfin pour elle, ainsi que la captivité?

N'écrivait-on pas naguère que Jeanne avait été vaillante et victorieuse tant qu'elle avait été un outil dans la main de Dieu; qu'elle s'affaiblit et se condamne à la défaite, du jour où elle devient un agent?

Quoi! voilà toute votre héroïne! C'est cet outil que vous célébrez en vos hymnes, cet être passif et inconscient, que vous voulez offrir en modèle à notre race si « agissante » et si fière!

… CHEVAUCHANT AU MILIEU DES HOMMES D'ARMES
… Lithographie … (… éditeur à Paris)

Jeanne et qu'elle n'était plus son envoyée, par ce seul fait que ses triomphes sont devenus d'abord moins rapides et moins surprenants, et que la défaite advint enfin pour elle, ainsi que la captivité?

… pas naguère que Jeanne avait été vaillante et victorieuse tant … été un outil dans la main de Dieu; qu'elle s'affaiblit et se … la défaite, du jour où elle devient un agent?

… voilà toute notre héroïne! C'est cet outil que vous célébrez … ces, cet être passif et inconscient, que vous voulez offrir en modèle … si « agissante » et si fière!

Hachette & Cie — Jeanne d'Arc

La Cour de Justice

D'après la miniature de Jean Fouquet (Bibliothèque de Munich)

Imp. Mattereau Paris

COMMENT LES FRANÇAIS LEVÈRENT LE SIÈGE DE COMPIÈGNE
D'après une miniature des Vigiles de Charles VII (1484).

Que veut-on servir ici, la raison ou la foi? Comment n'entend-on pas qu'on les blesse l'une et l'autre! Car si la raison a parfois grandi l'homme jusqu'à le porter à croire qu'il peut vivre et agir sans Dieu, il faut qu'on sache que la foi ne nous permet pas de penser que la vie de l'homme se fasse sans lui. Le génie, qui certes vient de Dieu, cependant ne peut briller sans le travail de l'homme qui le possède. Un homme n'est pas un héros sans son propre effort et sa propre vaillance; la grâce même « ne fait pas tout en nous sans nous ».

Et c'est à notre temps si jaloux de la grandeur de l'homme, et qui n'entend qu'à peine même les dogmes les plus adoucis touchant le besoin que nous avons de Dieu, qu'on croit pouvoir opportunément proposer de telles doctrines, c'est à son culte qu'on offre une Jeanne d'Arc ainsi faite!

En vérité, la patience devient une rude vertu devant de tels enseignements, quand on a dans les veines un sang chrétien, jaloux de la grandeur de nos dogmes, et un « sang de France » jaloux de la grandeur de Jeanne.

La Pucelle entendait tout autrement les choses et, si elle disait nettement : « N'était la grâce de Dieu, je ne pourrais rien faire », et « Je n'ai rien fait que du commandement de Dieu », elle ajoutait avec non moins de netteté : « Aide-toi, Dieu t'aidera ». « Besognons, Dieu besognera ». « Les soldats batailleront, Dieu leur donnera la victoire ».

Qu'est-ce donc que « s'aider », qu'est-ce que « besogner » et « batailler », sinon agir?

Que le Dauphin, après le sacre, ait estimé qu'il avait recueilli de l'action de Jeanne ce qu'il en pouvait recevoir de meilleur, on se l'explique, quand on songe à sa mollesse et à son incapacité. Mais Jeanne n'est pas venue seulement pour le Dauphin : à nous aussi Dieu l'a donnée.

Pour notre bien elle a fait autre chose que « bouter l'étranger hors de France » : elle nous a offert à nous Français l'exemple d'une vie vraiment grande.

Que serait Jeanne pour nous aujourd'hui si son épopée se fût terminée à

« J'IRAI VOIR MES BONS AMIS DE COMPIÈGNE »
Statue d'E. Leroux, érigée sur la place de l'Hôtel de Ville de Compiègne.

Reims? La pourrions-nous proposer en modèle aux femmes françaises? Serait-elle pour nous-mêmes une image vivante de foi, de patriotisme, d'inébranlable constance, de noble dignité devant l'injustice et de fierté sereine devant la haine?

Qui nous profite le plus aujourd'hui, qui l'honore et la grandit davantage devant notre génération, d'Orléans ou de Rouen, de ses victoires ou de ses douleurs?...

Non. C'est à partir de Reims et de Paris qu'elle devient admirable, c'est depuis lors qu'elle est vraiment notre sœur, parce qu'au lieu de forcer seulement notre admiration par des luttes épiques et des triomphes guerriers auxquels nous ne pouvons songer pour nous, elle souffre comme nous souffrons, rencontre l'homme méchant comme nous le rencontrons, gémit et pleure comme nous gémissons et pleurons.

La mission de Jeanne ne s'est pas plus terminée au sacre que celle du Christ au jour des Rameaux. C'est du Calvaire que nous est venu le salut, non du Thabor.

Désintéressons donc la gloire de l'héroïne d'une théorie peu honorable pour elle, puisqu'elle fait de Jeanne d'Arc, à partir des fêtes de Reims, une sorte de déclassée, sortie de sa voie providentielle et persistant à continuer d'agir sous l'empire de je ne sais quel sentiment personnel, dont il faudrait au moins nous dire la nature et le mobile.

Désintéressons aussi la religion d'une interprétation de la vie de Jeanne d'Arc où sa doctrine n'a point de part, et d'une sorte de compromission où il ne convient pas que l'engagent ceux de nos auteurs sacrés qui ont soutenu cette thèse.

Les hommes sont sévères pour l'insuccès. Si les victoires de Jeanne eussent, après Reims, continué d'être aussi rapides et aussi éclatantes, personne

TOUR DE JEANNE D'ARC A COMPIÈGNE
Dessin d'après nature de BOUDIER.

n'eût songé à prétendre que sa mission se terminait au sacre. Mais le succès d'une entreprise n'en établit pas plus la légitimité que l'échec auquel elle aboutit n'en est la négation.

En maintes occasions, Jeanne d'Arc a déclaré qu'elle était envoyée, non seulement pour délivrer Orléans et faire sacrer le Dauphin, mais encore pour lui rendre Paris et « purger tout le royaume » de la présence des Anglais.

C'est le but qu'elle se croyait tracé et qu'elle a du reste, même après sa mort, tant contribué à atteindre.

C'est pour cela qu'en dépit de ses goûts et de ses désirs personnels, et quoiqu'elle déclarât le bonheur qu'elle aurait à « retourner près de son père et de sa mère, pour faire le ménage et garder les moutons avec ses frères », elle est restée. C'est qu'elle était convaincue qu'il lui fallait continuer la lutte.

Elle l'a continuée, même après que ses voix lui eurent révélé à Melun « qu'elle serait prise avant la Saint-Jean ».

Si Jeanne eût estimé que sa mission se terminât à Reims, tenons pour certain qu'en cela, comme en toutes circonstances, elle eût agi conformément à sa conviction et que nulle force au monde ne l'eût arrêtée.

Elle est restée à l'armée, parce qu'elle croyait devoir le faire et le voulait.

Qui du reste songeait à l'y contraindre? La plupart de ceux qui l'entouraient n'eussent-ils pas favorisé son dessein de partir plutôt que de l'entraver?

Est-ce le Roi, ou La Trémoïlle, est-ce Regnault de Chartres ou Clermont, qui l'eussent retenue?

Aussi bien, à supposer que Jeanne se fût retirée après le sacre, les choses y eussent-elles gagné ou perdu?

Quand on voit comment elles tournent malgré sa présence et le succès partiel de ses armes, on peut se demander ce qu'il fût advenu de son départ.

Lorsque les villes des bords de l'Oise se rendaient sans coup férir, ne fallait-il pas l'attribuer au prestige de Jeanne? Quand Paris était sur le point de se rendre, quand les recrues anglaises refusaient de passer le détroit, n'était-ce pas encore par le fait de sa personne?

Sur quel dessein judicieux de l'héroïne et, à plus forte raison, de la Providence, peut-on dès lors fonder cette opinion que la mission de Jeanne devait se terminer à Reims, et que la Pucelle devait, à cette date, quitter l'armée?

Les faits se réduisent à ceci : le sacre accompli, on comprit si bien l'importance qu'un tel événement devait avoir en France, qu'on perdit quelque chose de l'activité première. L'homme est ainsi fait que l'obstacle l'excite et que le succès l'endort.

Jeanne seule ne subit point cette loi du cœur de l'homme. Et nous l'avons vue le jour même du sacre poursuivre l'œuvre commencée et écrire au duc de Bourgogne.

Quant au Roi, à la plupart des courtisans et à plusieurs chefs, il en était d'eux tout autrement. Le Roi avait recouvré la couronne; à leur avis, il n'y avait pas lieu de se presser pour recouvrer le royaume.

Qu'on n'oublie pas en outre l'envie des seigneurs à l'endroit de Jeanne d'Arc, celle qu'ils nourrissaient tout bas contre d'Alençon. La crainte qu'ils

JEANNE VICTORIEUSE
D'après une statue de ROULLEAU, érigée à Chinon.

avaient que Jeanne et le duc, continuant d'unir leur action, n'en vinssent à prendre dans le royaume et aux yeux du Roi une importance capable de miner la leur.

Qu'on ajoute enfin à cela la sécurité qu'ils concevaient en voyant d'une part nombre de villes françaises apporter d'elles-mêmes au Roi le témoignage de leur soumission, et de l'autre les Anglais trahir la terreur dont Jeanne les pénétrait.

On aura ainsi la clef d'un mystère, beaucoup plus simple d'ailleurs qu'il ne le semble, et dont l'obscurité est bien moins le fait des choses elles-mêmes que celui d'écrivains qui cèdent trop facilement au penchant de modifier de bonne foi les événements pour étayer leurs théories, au lieu de suivre les événements mêmes pour les raconter tels qu'ils sont, et les commenter tout uniment.

L'astre de Jeanne semblait pâlir. Cependant il devait encore en plusieurs faits de guerre jeter un éclat qui rappelait celui des premiers jours.

Il était facile de prévoir que la retraite du Roi à Gien entraînerait le découragement des chefs de l'armée et la défection d'un certain nombre des villes qui s'étaient ralliées à la cause de Charles VII.

Le duc d'Alençon, dégoûté, se retira en sa vicomté de Beaumont, près de sa femme dont le vœu était ainsi accompli; la plupart des autres chefs regagnèrent leur seigneurie.

L'absence de d'Alençon ne fut cependant pas de longue durée. Jeanne était restée à peu près seule près du Roi, et combien triste! Le duc, stimulé sans doute par la constance de la Pucelle, revint à la cour et proposa d'aller à la tête des hommes d'armes qu'il avait réunis, reconquérir la Normandie en passant par le Maine et les bords de la Bretagne. Il y mettait une clause toutefois : c'est que la Pucelle l'accompagnerait; il pensait sagement qu'à cette condition était attaché le succès de l'expédition.

C'était précisément la seule qu'on ne voulût pas accepter. Le Roi eût laissé faire, mais l'archevêque de Reims et La Trémoïlle, toujours assidus quand il fallait combattre Jeanne et le duc, ne voulurent à aucun prix consentir à ce qu'ils unissent leur action. Ces deux mauvais génies de la France n'avaient que trop d'influence sur l'esprit de Charles VII et ils l'amenèrent facilement à leur avis.

Pendant ce temps, les gens d'armes laissés par le Roi à Saint-Denis venaient d'en être chassés par les Anglais, qui s'étaient aussitôt emparés de la ville. Ils la livrèrent au pillage et enlevèrent de l'abbatiale l'armure, le « blanc harnois » que Jeanne y avait déposé.

Le pillage s'étendit à toute la contrée, qu'il s'agît des villes ou des campagnes, et les habitants se convainquirent, hélas! trop justement, du péril qu'il y avait à quitter les Anglais pour s'attacher à Charles VII. On devine quel fut l'effet de ces incidents sur les villes qui pouvaient songer encore à se rallier au Roi de France.

Quelques chefs, tels que le comte de Vendôme et le maréchal de Boussac, « tentaient bien çà et là quelque vaillance »; mais ces actions isolées, outre qu'elles irritaient l'ennemi plus qu'elles ne l'inquiétaient réellement, faisaient perdre beaucoup de monde aux Français.

JEANNE S'APPRÊTANT POUR LE COMBAT
D'après le tableau de G. W. Joy. (*Appartenant à Mgr J. Kenyon.*)

De là à la débandade il n'y avait qu'un pas; aussi nombre de gens de guerre désertaient-ils.

Quoique le Roi fût du côté de la Loire, le pays était loin d'être tout à lui. Quelques villes demeuraient fidèles au parti anglais.

On finit par s'en inquiéter et, comme Jeanne ne cessait de réclamer la permission d'aller combattre, on crut bon de donner pâture à son impatience en l'envoyant faire le siège de Saint-Pierre-le-Moustier et de la Charité.

JEANNE D'ARC FAITE PRISONNIÈRE A COMPIÈGNE
D'après le dessin de PHILIPPOTEAUX.

Jeanne eût mieux aimé autre chose; Paris lui tenait toujours au cœur. Cependant elle préférait encore cette campagne à l'inaction. Elle partit donc pour Bourges afin d'y grouper l'armée, et, la chose faite, elle se rendit sous les murs de Saint-Pierre-le-Moustier en compagnie du sire d'Albret. Celui-ci était le frère de la Trémoïlle et Jeanne ne pouvait faire que bien peu de fond sur son dévouement.

Selon son habitude, Jeanne attaqua la place avec véhémence, combattant au premier rang, sans s'inquiéter de savoir si on la suivait ou non.

Son écuyer, d'Aulon, s'en aperçut et, malgré une blessure qui le retenait, se rendit près d'elle au pied des murailles. Il arriva au galop de son cheval et lui demanda ce qu'elle faisait. Jeanne ôta son casque et lui répondit. Mais citons plutôt le texte de la déposition écrite faite par d'Aulon au procès de réhabilitation.

« Dit (Jean d'Aulon) que certain temps après le retour du sacre du Roi, fut advisé par son conseil qu'il était très nécessaire de recouvrer la ville de la Chérité (la Charité), que tenaient lesdits ennemis, mais qu'il fallait avant prendre la ville de Saint-Pierre-le-Moustier, que pareillement tenaient iceulx ennemis.

« Dit que, pour ce faire et assembler gens, alla ladicte Pucelle en la ville de Bourges, en laquelle elle fist son assemblée; et de là avec certaine quantité de gens d'armes, desquieulx Monseigneur d'Elbret estait le chef, allèrent assiéger ladicte ville de Saint-Pierre-le-Moustier.

« Et dit que, après ce que ladicte Pucelle et ses dictes gens eurent tenu le siège devant ladicte ville, il fut ordonné alors de donner l'assault à cette ville. Et ainsi fut fait. Et de la prendre firent tout leur devoir ceux qui là étaient; mais obstant le grand nombre de gens d'armes estant en ladicte ville, la grande force d'icelle, et aussi la grande résistance que ceux du dedans faisaient, furent contraints et forcés lesdicts François de battre en retraite, pour les causes dessus dictes.

COMMENT LA PUCELLE FUT PRISE DEVANT COMPIÈGNE
Miniature des Vigiles de Charles VI. (*Bibl. nat.*)

« Et à celle heure, il qui parle, lequel était blessé d'un traict parmi le talon, tellement que sans potences (béquilles) ne se pouvait soutenir ni aller, vit que ladicte Pucelle était demeurée très petitement accompaignée de ses gens d'armes, ni d'autres; et doutant il, qui parle, que inconvénient ne s'en ensuivît, monta sur un cheval et incontinent tira vers elle, lui demanda ce qu'elle faisait là ainsi seule et pourquoi elle ne se retraihait comme les autres avaient fait.

« Laquelle, après ce qu'elle ot (eut) osté sa salade (son casque) de dessus sa teste, lui respondit qu'elle n'était pas seule et que encore avait elle en sa compaignie cinquante mille de ses gens et que d'ilec ne se partirait jusques à ce qu'elle eût prinse ladicte ville.

« Et dit il, qui parle, que à cette heure, quelque chose qu'elle dit, n'avait pas avec elle plus de quatre ou cinq mille hommes.

« Et ce sçait il certainement et plusieurs autres qui pareillement la virent.

« Pour laquelle cause lui dict derechief qu'elle s'en allât d'ilec et se retirât comme les aultres faisaient. Et adonc luy dist qu'il lui fiet apporter des figots et claies pour faire un pont sur les fossés de ladicte ville, afin qu'ils y peussent mieux approchier.

« Et en luy disant ces paroles, s'écria à haute voix et dict : « Aux figots et aux chies tout le noyce, afin de faire le pont. Lequel incontinent après fut faict et dressé.

« De laquelle chose iceluy desposant fut tout esmerveillé; car incontinent ladicte ville fut prinse d'assault sans y trouver pour lors trop grant résistance[1]. »

Le siège de la Charité fut sans délai commencé; mais la place était fort importante, et il fallait pour mener la chose à bonne fin un matériel considérable et beaucoup d'argent.

Jeanne adressa un appel à plusieurs villes : Bourges lui répondit, Orléans aussi; mais la cour ne fit rien, et il fallut lever le siège. Ce fut pour la Pucelle le sujet d'un grave déplaisir.

JEANNE D'ARC FAITE PRISONNIÈRE
Reproduction d'une gravure sur bois d'après un dessin de PAUL DELAROCHE.
(*Hist. des ducs de Bourgogne*, par M. DE BARANTE, *Didier et Cie, éditeurs.*)

Ces choses se passaient à la fin de novembre 1429. Le Roi eut sans doute quelque confusion du peu de secours qu'il prêtait à Jeanne, quand elle, au contraire, n'hésitait à rien sacrifier pour lui. Il la combla donc d'honneurs. Elle fut annoblie, ainsi que sa famille.

Par un privilège assez rare, il fut statué que cette noblesse serait héréditaire pour les descendants de la famille de Jeanne, non seulement par les hommes, mais par les femmes.

On composa à Jeanne et à sa famille un blason. Il était à fond d'azur avec une épée surmontée de la couronne de France et flanquée de deux fleurs de lys. De ce détail, les frères de Jeanne d'Arc prirent le nom de « du Lys ».

Mais Jeanne préféra garder son nom avec sa bannière et ne fit pas usage de ce blason.

De ce qu'elle n'en usa pas, plusieurs écrivains ont inféré qu'il n'est point juste de considérer ce blason comme celui de Jeanne d'Arc. Ils fortifient cette remarque de la réponse que fit Jeanne à ses juges, à savoir « qu'elle n'avait pas eu de blason ».

Elle disait vrai, puisque par modestie elle n'avait pas accepté de faire usage personnel de celui que le Roi lui avait constitué, tout en l'acceptant

1. Cité par M. Joseph Fabre, *Procès de réhabilitation*. t. I, p. 246.

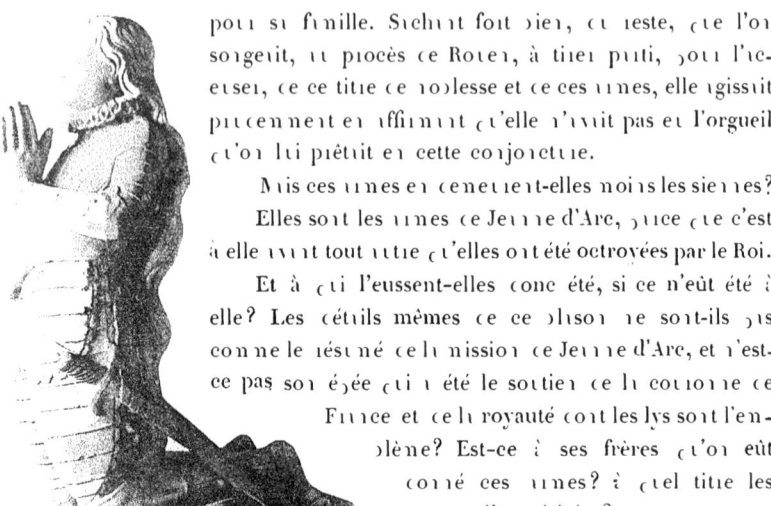

JEANNE D'ARC
D'après une statue en pierre restaurée et conservée à Domremy.

pour sa famille. Sachant fort bien, au reste, que l'on songeait, au procès de Rouen, à tirer parti, pour l'accuser, de ce titre de noblesse et de ces armes, elle agissait prudemment en affirmant qu'elle n'avait pas eu l'orgueil que l'on prêtait en cette conjoncture.

Mais ces armes en demeurent-elles moins les siennes? Elles sont les armes de Jeanne d'Arc, parce que c'est à elle avant tout autre qu'elles ont été octroyées par le Roi.

Et à qui l'eussent-elles donc été, si ce n'eût été à elle? Les détails mêmes de ce blason ne sont-ils pas comme le résumé de la mission de Jeanne d'Arc, et n'est-ce pas son épée qui a été le soutien de la couronne de France et de la royauté dont les lys sont l'emblème? Est-ce à ses frères qu'on eût donné ces armes? à quel titre les eussent-ils méritées?

Il ne faut pas vouloir subtiliser en semblables matières.

Il est peut-être inopportun aussi quand, aujourd'hui, les armes de Jeanne d'Arc, ainsi conçues, ont depuis longtemps reçu droit de cité partout en France, de venir dérouter l'opinion populaire, qui, si elle renonçait à ce blason de Jeanne, n'en prendrait probablement pas un autre.

Ces armes plaisent par leur composition, leurs détails et leurs nuances mêmes. Croit-on qu'on ferait facilement accepter à tous la colombe avec la devise : *De par le Roy du Ciel.*

Jeanne d'Arc a apporté à la France la source de la paix qu'elle goûta plus tard; de nos jours, elle réapparaît au milieu de nous comme une pacificatrice. Rien n'est plus vrai, mais il n'en demeure pas moins que le peuple aime à voir en elle surtout la guerrière qui a sauvé la France : et voilà pourquoi cette épée soutenant la couronne lui plaît.

Ces raisons suffiraient pour conserver le blason connu de Jeanne d'Arc, lors même que la critique historique aurait pour cela quelque léger sacrifice à faire. Mais il n'y en a aucun à lui demander ici, et le blason en question est bien celui de Jeanne, parce que c'est à Jeanne avant tout autre qu'il a été donné par Charles VII, parce que, d'autre part, il est le résumé de sa sublime

« J'AI BAILLÉ MA FOI A AUTRE QU'A VOUS, RÉPONDIT JEANNE, ET JE LUI EN TIENDRAI MON SERMENT »

D'après le tableau de M. Dumont.

mission, parce qu'enfin sa famille ne l'a possédé que par Jeanne et comme un héritage de la Pucelle.

Ces honneurs furent faits à Jeanne « en considération des louables et utiles services qu'elle avait rendus au royaume et lui devait rendre encore ».

La Pucelle eût préféré à tout cela une bonne armée, des subsides et

APRÈS LA JOURNÉE DE COMPIÈGNE, JEANNE PRISONNIÈRE
D'après le tableau de PATROIS.

quelque honorable campagne à mener contre Paris ou la Normandie. Son ennui n'en fut donc pas moindre.

Avant de poursuivre le récit des actions de Jeanne, on peut citer opportunément ici une partie du témoignage que Marguerite la Thouroulde rendit au procès de réhabilitation. Il contient plusieurs détails sur le séjour de Jeanne à Bourges avant le siège de Saint-Pierre-le-Moustier, sur sa vertu, sa piété et divers de ses goûts.

Marguerite la Thouroulde, veuve de feu maître René de Bouligny, de son vivant conseiller du Roi dans le gouvernement des finances, avait connu Jeanne à Bourges. C'est chez elle que la Pucelle demeura pendant trois semaines.

« J'ai vu, dit-elle, Jeanne seulement à l'époque où le Roi revint de Reims après son sacre. Il se rendit à Bourges où était la Reine, et moi avec elle. Le Roi approchant de la ville, la Reine alla au-devant de lui jusqu'à Selles-en-Berry, et je l'y accompagnai.

« Pendant que la Reine allait à la rencontre du Roi, Jeanne prit les devants et vint saluer la Reine[1]. On la conduisit à Bourges et, par ordre de Monseigneur d'Albret, elle fut logée chez moi, malgré le dire de mon mari, qui m'avait annoncé quelques jours avant qu'elle devait loger chez un certain Jean Duchesne.

« Jeanne resta dans notre logis l'espace de trois semaines; elle y couchait, buvait et mangeait. Presque toutes les nuits, je couchais avec elle. Jamais je ne vis, ni ne pus soupçonner en elle rien de mauvais. Elle se gouvernait en honnête femme et bonne catholique. Elle se confessait très souvent, aimait à assister à la messe et maintes fois me demanda de l'accompagner à matines, où j'allai et la conduisis à plusieurs reprises sur ses instances. »

Marguerite et Jeanne aimaient à deviser ensemble, et Jeanne lui racontait nombre de circonstances de sa vie.

« Il nous arrivait fréquemment de causer ensemble, poursuit Marguerite. Je lui disais : « Si vous ne craignez point d'aller aux assauts, c'est « que vous savez bien que vous ne serez pas tuée. — Je ne suis pas plus « sûre que les autres gens de guerre », me répondait-elle.

« Quelquefois Jeanne me racontait comme elle avait été examinée par les clercs et qu'elle leur avait fait cette réponse : « Il y a ès livres de Notre-Seigneur « plus que ès vôtres ».

... « Jeanne avait fort en horreur le jeu de dés. Elle était bien simple et ignorante. A mon regard, elle ne savait absolument rien hors le fait de guerre[2].

« J'ai souvenance que maintes femmes venaient à mon logis quand Jeanne y demeurait. Elles lui apportaient des patenôtres (chapelets) et autres objets de piété pour les faire toucher. Jeanne riait et disait : « Touchez-les vous-mêmes. « Ils seront aussi bons par votre toucher que par le mien ».

« Jeanne était très large en aumônes et bien volontiers elle subvenait aux pauvres et aux indigents. « J'ai été envoyée, disait-elle, pour la consolation des « pauvres et des indigents ».

1. Nous avons déjà fait ressortir la haute courtoisie de Jeanne envers les princesses et les dames.

2. Dame de qualité, la femme de René de Bouligny avait pris pour ignorance ce qui chez Jeanne n'était que défaut d'instruction. Tous les actes de Jeanne et ses paroles dénotent en elle une connaissance naturelle des objets les plus divers.

... « D'après ce que je sais d'elle, tout était innocence dans son fait, hormis le fait d'armes. Elle montait à cheval et maniait la lance comme eût fait le meilleur chevalier. L'armée en était dans l'admiration[1]. »

Jeanne allait maintenant connaître d'autres loisirs. Il lui fallait suivre le roi à Bourges, puis à Sully-sur-Loire. Cette inaction la fatiguait, et quand elle songeait à l'emploi qu'elle eût pu faire de son temps à la tête de l'armée, son ennui s'aggravait encore. Quelquefois elle se rendait à Orléans. Cette ville lui était toujours chère; elle y retrouvait de bons et fidèles amis et un peuple dont l'accueil la consolait en quelque mesure de ses épreuves.

« JEHANNE LA PUCELLE », TRIPTYQUE MODERNE EN MÉTAL
(*Musée Jeanne d'Arc*, à Orléans.)

C'est à cette même époque qu'une femme, nommée Catherine de la Rochelle et se disant inspirée par des visions, vint la trouver. Laissons Jeanne nous raconter cet incident avec sa verve accoutumée. Elle est à Rouen.

« N'avez-vous point vu ou connu Catherine de la Rochelle? lui demande-t-on.

— Oui, à Jargeau et à Montfaucon en Berry.

— Ne vous a-t-elle pas montré une dame vêtue de blanc qu'elle disait lui apparaître de temps en temps?

— Non.

— Que vous a dit cette Catherine?

— Elle me dit qu'une dame blanche vêtue de drap d'or venait à elle, lui

1. Joseph Fabre, *Procès de réhabilitation*, t. I, p. 291 et suiv.

disant d'aller par les bonnes villes et que le Roi lui fît donner des hérauts ou des trompettes pour faire crier : « Qui a or, argent ou trésor « caché, qu'il l'apporte immédiatement! » — Elle ajoutait que ceux qui en auraient de caché et qui ne l'apporterait pas serait bien reconnu par elle et qu'elle saurait bien retrouver lesdits trésors, avec lesquels seraient payés ses hommes d'armes.

« A quoi je répondis : « Retournez près de votre « mari, faire votre ménage et nourrir vos enfants ».

« Pour plus de certitude, je parlai de cela à mes saintes. Elles me dirent : « Dans le fait de cette Catherine, il n'y a que folie, et c'est tout néant ».

« J'écrivis à mon Roi pour qu'il sût à quoi s'en tenir, et quand je vins à lui, je lui dis : « Dans le fait de cette Catherine, il n'y a que « folie et c'est tout néant ». Toutefois frère Richard voulait que Catherine fût mise en œuvre. De tout cela il s'ensuivit que ledit frère Richard et ladite Catherine furent mal contents de moi.

JEANNE D'ARC
D'après la statue d'EMILE CHATROUSSE, érigée boulevard Saint-Marcel, Paris.

— Parlâtes-vous avec Catherine de la Rochelle du fait d'aller à la Charité-sur-Loire?

— Elle me disait : « Je ne vous « conseille pas d'y aller, il fait trop « froid ». Et elle ajoutait qu'elle n'irait point. Elle voulait aussi se rendre vers le duc de Bourgogne pour faire paix. Et moi je lui dis : « Il me semble qu'on « n'y trouvera point de paix, sinon par « le bout de la lance ».

— Ne vous êtes-vous point enquise de cette dame blanche dont parlait Catherine?

— Je demandais à Catherine si cette dame blanche qui lui apparaissait venait toutes les nuits, et, pour ce vérifier, je voulus coucher avec elle dans le même lit. J'y couchai et veillai jusqu'à minuit et ne vis rien, puis m'endormis. Quand vint le matin, je demandai à Catherine si cette dame blanche était venue. « Oui, me répondit-elle, mais vous dormiez, et je ne pus vous éveiller ».

LE SERMENT DES AMAZONES FRANÇAISES AU PIED DE LA STATUE DE JEANNE D'ARC
D'après une gravure anonyme en couleurs de 1815.

— La dame blanche ne viendra-t-elle pas demain? lui demandai-je.

— Elle reviendra », me répondit Catherine.

« Pour ce, je dormis ce jour, afin de pouvoir veiller la nuit suivante. Et cette nuit-là je couchai avec Catherine, et toute la nuit je restai les yeux ouverts. Mais je ne vis rien, encore que de moment en moment je demandasse à Catherine : « Ne viendra-t-elle point? » A quoi elle répondait : « Oui, « tantôt[1] ».

On a vu qu'une trêve avait été conclue avec le duc de Bourgogne; elle devait expirer à Noël, elle fut prolongée jusqu'à Pâques.

Charles VII lui avait cédé Compiègne en garantie, mais les habitants de cette cité, — si chère à Jeanne d'Arc, — refusèrent de ratifier cette convention. Pont-Sainte-Maxence remplaça Compiègne en ce marché.

Par malheur les Anglais n'étaient pas liés par cette trêve, et les Bourguignons n'étaient que trop habiles à se glisser dans leurs rangs pour combattre avec eux.

1. Joseph Fabre, *Procès de condamnation*, p. 121.

Parmi toutes les autres, la ville de Reims semblait plus manifestement menacée. Les Anglais et les Bourguignons ne lui pardonnaient pas le sacre du Roi et l'accueil qu'elle lui avait fait à cette occasion. La Pucelle écrivit aux habitants de cette ville une nouvelle lettre à la date du 16 mars de l'année 1430.

Jeanne faisait de son mieux bonne figure en écrivant ainsi. Mais son déplaisir était grand et l'état des affaires de France était loin de lui agréer. L'inaction à laquelle elle était réduite la fatiguait; aussi se résolut-elle à se rendre près de ceux qui combattaient. On se battait en Normandie, mais la campagne de Picardie et de l'Ile-de-France était plus active.

« BESOGNONS, DIEU BESOGNERA »
D'après la statuette en bronze de FRÉMIET.
(*More éditeur*, Paris.)

Les mécontents étaient nombreux à Paris; Bedford et le duc de Bourgogne y étaient peu populaires. Jeanne le savait et ne désespérait pas de leur reprendre un jour la grande ville. En toute occurrence, elle entendait ne rester pas plus longtemps inactive.

Elle ne parla à personne de sa résolution, et partit sans prendre congé du Roi.

Elle se rendit à Lagny-sur-Marne, à quelques lieues de Paris. Les défenseurs de cette place guerroyaient contre les Anglais de la garnison parisienne.

C'est vers cette même époque que, retournée à Melun, elle apprit de ses voix qu'elle serait prise avant la Saint-Jean; elles le lui répétaient souvent, dit-elle plus tard.

Jeanne crut-elle que cette captivité ne serait que passagère?... On ne sait. Toujours est-il qu'elle ne changea rien à son dessein de combattre et ne s'en montra nullement affectée.

C'est à Lagny que se passa l'affaire relative au brigand Franquet d'Arras. Les Anglais étaient venus en pillage sous la conduite de cet homme. Jeanne, informée de la chose, partit avec quelques hommes d'armes et leur fit de nombreux prisonniers, parmi lesquels se trouvait Franquet. Comme on l'a vu plus haut par le témoignage de Jeanne elle-même, la Pucelle avait d'abord songé à

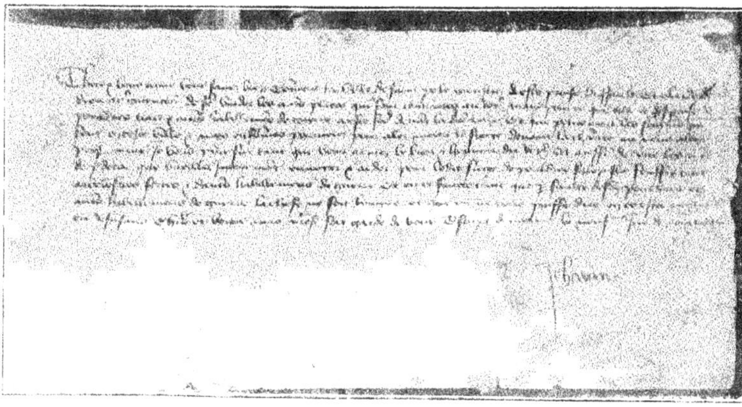

LETTRE DE JEANNE D'ARC AUX HABITANTS DE RIOM (9 NOVEMBRE 1429)[1]
(Conservée à la Bibliothèque de Riom.)

en faire l'échange contre un Parisien auquel elle portait intérêt. Mais, celui-ci étant mort, elle consentit, sur les instances du bailli de Senlis, à le livrer à la justice.

Jeanne allait bientôt porter son effort sur un autre point. Nous avons vu que Charles VII avait un instant songé à remettre Compiègne en garantie au duc de Bourgogne et que les habitants de cette ville s'étaient opposés énergiquement à l'accomplissement de ce contrat. Le duc, tout en acceptant une autre ville, désirait vivement Compiègne. Il songea donc à la prendre.

Il se mit en campagne le 17 avril 1430, et détruisit, chemin faisant, Gournay. Il assiégea ensuite Choisy-sur-Aisne.

Jeanne d'Arc, arrivée le 13 mai à Compiègne, y tint conseil. Il fut convenu qu'avec Xaintrailles et plusieurs autres capitaines elle essayerait de dégager Choisy. Ils y eussent réussi, mais une trahison du gouverneur de

1. « A MES CHERS ET BONS AMIS LES GENS D'ÉGLISE, BOURGEOIS ET HABITANTS DE LA VILLE DE RIOM.

« Chers et bons amis, vous savez bien comment la ville de Saint-Pierre-le-Moustier a été prise d'assaut; et, avec l'aide de Dieu, ai intention de faire vider les autres places qui sont contraires au roi; mais pour ce que grande dépense de poudres, traits et autres habillements de guerre a été faite devant ladite ville, et que petitement les seigneurs qui sont en cette ville et moi en sommes pourvus pour aller mettre le siège devant la Charité où nous allons présentement, je vous prie, sur tant que vous aimez le bien et l'honneur du roi, et aussi de tous les autres de par deçà, que veuilliez incontinent envoyer et aider pour ledit siège, de poudres, salpêtre, souffre, traits, arbalètes fortes et autres habillements de guerre; la chose ne soit longue et qu'on ne vous puisse dire en ce être négligents ou refusans. — Chers et bons amis, notre Sire soit garde de vous. Écrit à Moulins, le IXe jour de novembre. »

Soissons, cependant au service du comte de Clermont, dérouta leurs plans; Choisy fut pris et rasé.

Cet exploit terminé, le duc de Bourgogne devait naturellement se porter sur Compiègne; il le fit sans retard; sans retard aussi Jeanne d'Arc y revint.

Le 23 mai, le duc, avec le comte d'Arundel, s'établit devant cette place forte. Jeanne, qui allait en divers endroits pour réchauffer le zèle des défenseurs du Roi, se trouvait alors à Crespy.

Aussitôt qu'elle fut avertie que Compiègne était investi, elle s'y rendit. Au milieu de la nuit, elle avait réuni quelques centaines d'hommes d'armes et, sans s'inquiéter des remarques qu'on lui faisait sur le petit nombre de ses compagnons : « Nous sommes assez, dit-elle, j'irai voir mes bons amis de Compiègne ». Et de fait, elle était entrée dans la place le 24 mai, au matin.

« La ville de Compiègne, dit M. Wallon, placée sur la rive gauche de l'Oise, domine la rivière et la vallée qui s'étend de l'autre côté en une prairie basse et humide, large d'un quart de lieue, avant d'atteindre à l'escarpement du bord de Picardie. La ville y communique par un pont et une chaussée qui se prolonge au-dessus de la prairie, jusqu'au versant de la colline. La place était donc forte par elle-même, et son boulevard faisant tête de pont lui assurait le libre accès de l'autre bord. Les ennemis qui l'assiégeaient étaient bien loin de l'avoir investie. Ils ne tenaient que la rive de l'Oise opposée à la ville; le duc de Bourgogne était à Coudun-sur-l'Aronde, au nord, à une lieue de Compiègne; Jean de Luxembourg, un peu plus près, à Clairoix, au confluent de l'Aronde et de l'Oise, au nord-est; et Baudon de Noyelle, avec un corps détaché, à Margny, à l'issue de la chaussée devant la place; à l'ouest, Mongommery et les Anglais s'étaient logés à Venette[1]. »

A peine arrivée depuis quelques heures, Jeanne résolut de commencer l'action. Son plan consistait à attaquer les Bourguignons à Margny, à les surprendre par la rapidité de l'attaque, à les rejeter sur Clairoix, pour se porter ensuite avec la même rapidité sur Venette, où se tenaient les Anglais. Ce dessein n'était pas sans périls, mais il avait aussi de réels avantages.

Les choses allèrent au début selon les désirs de la Pucelle; mais bientôt elles s'embrouillèrent. Par suite d'un mouvement des Anglais, l'arrière des troupes de Jeanne craignit de se trouver cerné; une débandade s'ensuivit; il fallut, bon gré mal gré, reculer après eux; Jeanne s'y refusait,

1. Wallon, *Jeanne d'Arc*, édit. in-12, p. 220.

mais l'ennemi, encouragé par cette apparence de défaite, finit par la presser.

Guillaume de Flavy, qui défendait Compiègne, fut pris d'affolement, craignit que les Anglais n'entrassent dans la ville, et comme Jeanne approchait du rempart, il ordonna de lever la herse.

Jeanne, entourée de quelques hommes fidèles, se défendit avec intrépidité : « Rendez-vous à moi et baillez la foi », lui dit un soldat. « J'ai

« ENTOURÉE DE QUELQUES HOMMES FIDÈLES, JEANNE SE DÉFENDIT AVEC INTRÉPIDITÉ. »
Tableau de CARRIER-BELLEUSE extrait de la *Mission patriotique de Jeanne d'Arc*. (*Imprimeries réunies*.)

juré et baillé ma foi à autre qu'à vous, dit-elle, et je lui en tiendrai mon serment. »

Mais bientôt elle fut saisie par ses vêtements, jetée à bas de son cheval, et faite prisonnière par un archer du bâtard de Wandonne, un des chevaliers de Jean de Luxembourg. Pierre d'Arc, son frère, son écuyer d'Aulon et Poton de Xaintrailles furent pris avec elle.

Comme les voix le lui avaient prédit, Jeanne était prisonnière.

Y eut-il trahison? On l'a pensé, et plusieurs écrivains se sont efforcés de l'établir. Il est certain que le rôle de Guillaume de Flavy, gouverneur de Compiègne, est difficile à justifier. Il y a lieu de se demander comment, sachant que Jeanne combattait, ignorant au moins si elle était rentrée dans la place, et peut-être la voyant lutter au bord du fossé, il a pu ordonner de lever la herse et de fermer les portes de la ville.

Cependant rien ne pouvait faire redouter une trahison de sa part; il continua de défendre vaillamment la place dont il avait la charge. Jeanne ne l'accusa jamais pendant sa captivité ou son jugement, et le grand amour qu'elle garda pour ceux de Compiègne, la tentative d'évasion qu'elle fit pour aller les secourir, se concilieraient difficilement en elle avec la pensée qu'elle aurait été trahie par Guillaume de Flavy, qui gouvernait encore Compiègne à l'époque où elle voulait aller sauver ceux de cette ville.

TIMBALE EN ÉMAIL DÉCORÉE D'UN PORTRAIT DE JEANNE D'ARC
(*Musée Jeanne d'Arc*, à Orléans).

Assez de trahisons évidentes s'imposent à nous dans le cours de la vie de Jeanne; laissons de côté celles dont nous n'avons pas les preuves, pour l'honneur de notre pays et pour notre consolation.

On lit, il est vrai, dans le *Miroir des femmes vertueuses*, ouvrage publié au commencement du XVIe siècle, qu'un jour Jeanne, ayant assisté à la messe en l'église de Saint-Jacques de Compiègne, se retira près d'un pilier de cette église et que, voyant là quelques bonnes gens et une troupe d'enfants, elle leur dit : « Mes enfants et mes chers amis, je vous signifie que l'on m'a vendue et trahie et que de brief serai livrée à la mort. Si vous supplie que vous priiez Dieu pour moi, car jamais je n'aurai plus de puissance de faire service au Roi ni au royaume de France ».

Le propos est touchant et bien digne de Jeanne d'Arc. Mais quand l'a-t-elle tenu? Évidemment ce ne peut-être au matin du jour où elle fut prise, puisque, arrivée à l'aurore, elle combattit presque aussitôt; ce n'était pas le lendemain, puisqu'elle ne rentra pas à Compiègne. Sans doute c'était lors de l'un de ses autres voyages à Compiègne. Mais à quelles gens et à quel fait Jeanne rapportait-elle sa pensée en parlant ainsi?... Nous ne savons. Tant de trahisons, nous l'avons dit, l'entravaient, qu'il n'y avait embarras pour elle que dans le choix à faire.

A supposer toutefois qu'il n'y ait pas eu trahison formelle de la part de

Flavy, homme du reste à qui plus d'un crime a été imputé, il n'en demeure pas moins que sa conduite fut au moins fort équivoque. La vie et la liberté de la Pucelle avaient une telle importance, que même la prise de Compiègne n'était pas comparable au désastre qui devait s'ensuivre de sa captivité.

COMMENT LES ANGLAIS ET BOURGUIGNONS EMMENÈRENT CAPTIVE LA PUCELLE A MARGNY
Gravure sur bois des Vigiles de Charles VII.

Quelle soirée dut être pour Jeanne celle du 24 mai! On l'emmena au camp de Margny, dont nous avons parlé. Cette place était à très peu de distance de Compiègne. Jeanne pouvait de là voir les remparts de la ville. Pendant qu'on l'entraînait, reçut-elle au moins des hommes d'armes qui se tenaient au haut des murs quelques marques de regret, quelques signes d'adieu?...

Nous n'avons sur toute cette fin de journée, comme sur celles qui suivirent, aucun détail. Du moins avons-nous cette ressource de nous recueillir, d'évoquer cette scène où Jeanne est emmenée par ceux qui l'ont prise, traversant les rangs ennemis au milieu des hourras des Anglais et des Bourguignons, soulagés enfin de la terreur qu'elle leur inspirait.

N'en doutons pas, elle fut sereine et fière, elle passa au milieu d'eux comme il convenait à la Pucelle qui les avait si fort fait trembler, et il y eut dans son regard comme en toute sa personne quelque chose qui leur inspira non seulement le respect, mais la crainte.

Dès qu'il eut appris la prise de Jeanne, le duc de Bourgogne, dont la conduite fut en toutes ces conjonctures si misérable, arriva en hâte.

Sa place n'était pas là.

Jeanne l'avait toujours traité avec égards; les lettres qu'elle lui avait adressées respiraient le respect, parce qu'il était prince du sang.

Et le voici qui vient, sans pudeur, consommer sa trahison envers la

France et contempler, vaincue et captive, celle qui a tout fait pour la sauver.

Il était homme, elle était femme, cette condition seule eût dû suffire pour le rappeler à la générosité et au respect. Mais Jeanne était aussi Française, ou plutôt elle était comme l'incarnation vivante de la France; lui, avant d'être duc de Bourgogne, était fils de la France, prince du sang français. Que venait-il faire et, déjà coupable d'avoir combattu contre son pays et donné la main à l'étranger, que n'avait-il du moins la pudeur de se tenir au loin et de n'insulter point par sa présence à l'infortune de l'héroïne, qui aujourd'hui gémissait enchaînée et demain devait mourir pour cette France que lui trahissait?

Il fallait donc qu'il fût dit qu'en ce drame du martyre de Jeanne, ainsi que dans la passion du Christ, tout ce que les hommes réputent grand viendrait se confondre en une commune honte.

C'est comme un universel déchaînement de toutes les passions basses et haineuses; mais c'est aussi une précipitation vers un même abîme de toutes les grandeurs et de toutes les puissances qui se mettent au service de ces mêmes passions, contre cette enfant de dix-neuf ans. En cet abîme toutes choses se mêlent, couronnes de rois et de ducs, mitres de prélats et casques de guerriers, bonnets de docteurs et chapes de moines; seigneurs, manants, gens de robe et gens d'épée, tous viennent à cette curée d'injustice, de haine et d'oppression.

Mais la vérité et la justice, pour marcher lentement, n'en arrivent pas moins. La postérité et l'histoire ont fait leur œuvre; elles glorifient Jeanne et honnissent ceux qui l'ont opprimée.

MÉDAILLE FRAPPÉE POUR L'INAUGURATION DE LA STATUE ÉRIGÉE EN L'HONNEUR DE JEANNE A ORLÉANS EN 1802.

LA PUCELLE OU LA FRANCE DÉLIVRÉE
Gravure d'ABRAHAM BOSSE, d'après VIGNON, extraite de *la Pucelle ou la France délivrée.*

VIII

DE BEAULIEU A DIEPPE

LES DOULOUREUSES ÉTAPES DE LA CAPTIVITÉ DE JEANNE LA PUCELLE

« OU SERAI-JE CE SOIR? »
Statue de Fossé, érigée au Crotoy.

Le bâtard de Wandonne qui s'était emparé de Jeanne d'Arc à Compiègne faisait partie des gens d'armes de Jean de Luxembourg; Jeanne appartenait donc à celui-ci.

L'infortunée prisonnière ayant passé quelques jours au camp de Margny, Jean de Luxembourg la fit conduire en son château de Beaulieu; elle y serait, pensait-il à bon droit, plus en sûreté que sous Compiègne.

Il y avait, en effet, lieu de craindre que, dans une sortie imprévue et vigoureuse, la garnison de la ville ne fît irruption dans le camp où l'on gardait Jeanne et ne tentât de la délivrer.

Or Jean de Luxembourg était trop avisé pour ne pas apprécier justement la valeur de sa captive.

Quelle que fût l'inertie de Charles VII et son indifférence, il était à supposer qu'il comprendrait combien lui importait la liberté de Jeanne. On devait s'attendre par suite à quelque démarche de sa part en faveur de la Pucelle, à quelque offre d'argent considérable faite par lui pour la rançon de la prisonnière.

COMMENT LES ANGLAIS AMENÈRENT LA PUCELLE A BEAULIEU
Gravure sur bois extraite des Vigiles de Charles VII (*Musée Carnavalet.*)

Mais la captivité de Jeanne d'Arc n'importait pas moins au parti anglais. Le duc de Bedford ne pouvait donc tarder à proposer l'achat de la Pucelle.

Des deux acheteurs, le plus offrant certainement avait gain de cause; mais avant tout Jean de Luxembourg devait mettre en sûreté un dépôt d'aussi grand prix.

Telles étaient sans doute les considérations qui le portèrent à faire sans retard conduire Jeanne à son château de Beaulieu.

Ces sollicitudes étaient vaines. L'Angleterre songeait à s'assurer de la personne de Jeanne d'Arc, et Bedford avisait sans doute dès cette heure à s'en débarrasser pour jamais, par la captivité d'abord et par la mort ensuite.

Mais Charles VII ne montrait aucune velléité de délivrer la pauvre Pucelle.

Spectacle profondément triste, mais qu'il faut cependant avoir le courage de considérer, ne fût-ce que pour mieux connaître toutes les misères qui peuvent trouver place même dans le cœur de ceux que leur naissance et leur condition semblaient devoir en préserver.

La Trémoïlle favorisait ces dispositions du prince, mais ne laissait point toutefois éclater au dehors la secrète joie qu'il en ressentait.

Regnault de Chartres eut moins de retenue, ou plutôt moins de pudeur. Il ne put garder pour lui l'expression du plaisir que lui causait la captivité de Jeanne d'Arc, et écrivit à ce sujet « à ses diocésains » une lettre qui suffirait pour ternir à jamais sa mémoire et lui assurer près de Cauchon une place, hélas! trop peu discutable.

Dans cette lettre il annonce aux Rémois la prise de la Pucelle, il y voit un châtiment envoyé de Dieu à Jeanne et bien mérité, puisqu'elle « ne voulait croire conseil, mais faisait tout à son plaisir ». A son avis, la France avait grandement souffert de l'ingérence de la Pucelle dans les affaires politiques, mais un réconfort lui venait « dans la personne d'un jeune berger, gardeur de brebis dans les montagnes de Gévaudan, en l'évêché de Mende, lequel disait ne plus ne moins ce que avait fait la Pucelle, et qu'il avait commandement

JEANNE D'ARC ET DUNOIS SOUS PARIS
D'après une peinture du XVIIe siècle. (*Collection de M. Haldat du Lys.*)

d'aller avec les gens du Roi et que sans faute les Anglais et les Bourguignons seraient déconfits ».

Pour que rien ne manquât à son épître, il ajoutait : « Sur ce que on lui dit que les Anglais avaient fait mourir Jeanne la Pucelle, le pastour répondit que tant plus il leur en mescherrait et que Dieu avait souffert prendre Jeanne, pour ce qu'elle s'était constituée en orgueil, et pour les riches habits qu'elle avait pris et qu'elle n'avait pas fait ce que Dieu lui avait commandé, mais avait fait sa volonté[1] ».

Cet aventurier était un berger visionnaire né aux environs de Mende; il

1. Wallon, *Jeanne d'Arc*, édition in-12, p. 130. Hachette et Cie, éditeurs.

prétendait représenter trait pour trait saint François d'Assise et montrer des stigmates à ses pieds et à ses mains.

Nous savons d'autre côté, par l'auteur du *Journal d'un Bourgeois de Paris*, qu'au mois d'août 1431 les Anglais capturèrent devant Beauvais « un méchant, nommé Guillaume le Berger, qui faisait les gens idolâtres en lui, et chevauchait de côté et montrait, de fois en autres, ses mains et ses pieds et son côté, et étaient tachés de sang comme saint François[1]. »

Tel était le triste héros que Regnault de Chartres en était arrivé à préconiser.

L'HÉROÏNE FRANÇAISE
Gravure en couleurs de SERGENT exécutée en 1787.

Où n'en vient pas un homme quand il ouvre son âme aux basses passions de l'envie et de la haine à l'égard du juste.

Jeanne est captive depuis quelques jours à peine : ennemi caché mais sans merci de l'infortunée, Regnault de Chartres ne peut retenir l'expression de la joie qu'il ressent de son malheur. Il faut qu'il la manifeste sans retard et dans un acte public.

Et c'est à ses diocésains que lui, leur évêque, adresse la triste missive en laquelle son cœur s'épanche. Il ne peut nier, malgré le désir qu'il en a, le génie de la Pucelle, non plus que sa valeur militaire et ses beaux faits de guerre; mais du moins espère-t-il atteindre et gâter toutes ces choses dans leur source même en l'accusant d'orgueil et d'esprit de hauteur. « Elle ne voulait croire conseil, mais faisait tout à son plaisir. »

C'est l'éternel grief des incapables et des envieux qu'on ne consulte point. Regnault se pose en défenseur de la vertu et couvre le vice de sa jalousie du vêtement de l'humilité dont il revendique les droits.

L'historien doit à sa mission de flétrir un tel désordre moral et de marquer de la note qui convient quiconque oublie à ce point les devoirs de

1. *Journal d'un Bourgeois de Paris*. Edit. Tuetey, p. 272.

l'homme privé, les obligations plus hautes de l'homme public, et celles plus sacrées encore que lui impose le caractère de pontife.

Saint Jean Chrysostome fait cette remarque que quand la femme, cet être timide, doux et dévoué, vient à se perdre, elle va dans la voie du mal et du crime beaucoup plus loin que l'homme et surpasse en cruauté les animaux les plus sauvages.

« TOUS MES DITS ET FAITS SONT EN LA MAIN DE DIEU »
D'après la statue de G. Clère.

Il semble qu'il en soit ainsi du prêtre. Quand la haine ou l'envie prennent en son âme la place de la charité, qui est le plus pressant de ses devoirs, ces froides passions revêtent en lui je ne sais quoi d'amer, d'irréductible et de profond que l'homme du monde ne connait pas.

Dans la passion du Christ, Caïphe est le grand scélérat. Dans le long martyre de Jeanne d'Arc, Regnault de Chartres et Cauchon sont les deux grands coupables.

Qu'on ne blâme pas la sincérité de cet aveu, douloureux pour celui qui l'écrit à cette place.

Il importe que, par une sentence à la fois sans réticences comme sans merci, nous nous dégagions, nous évêques et prêtres, de ce voisinage infamant, pour nous et que nul au monde ne juge ces hommes plus justement que nous-mêmes.

Tenter d'atténuer leur crime ou de le voiler par le silence, serait amener contre nous nos adversaires et sembler établir, entre ces prélats indignes et nous, quelque solidarité.

Au contraire, par la loyauté de notre jugement, désarmons ceux qui tentent de se faire du crime de ces hommes une force contre nous; rendons d'avance faible et vain ce qu'ils pourraient dire, en disant nous-mêmes avec une force suprême et une droiture sans faux-fuyants notre indignation comme notre mépris pour les bourreaux de Jeanne.

Évêques et Français, ils n'ont été ni la France ni l'Église; mais ils ont été de l'une et de l'autre. A titre de chrétiens et de Français, nous nous devons de les honnir et de les « bouter », comme disait Jeanne, hors des rangs où nous voulons servir, en un culte égal, la patrie et la religion.

Reims réservait à Jeanne d'Arc un juste et glorieux retour et naguère ses citoyens, unis aux pouvoirs civils et religieux, élevaient à Jeanne un monument, gage de leur culte pieux et l'une des plus belles œuvres consacrées à la Pucelle par la sculpture française.

Pendant que Charles VII abandonnait Jeanne et que ses ministres la trahissaient de cette façon, les Anglais s'employaient activement à s'assurer de la prisonnière. Jean de Luxembourg avait repoussé leurs premières ouvertures, sans doute dans l'espérance d'obtenir du roi de France une rançon plus élevée. Mais ce premier échec ne les avait pas découragés.

Déjà l'Université de Paris avait pris pour son compte la chose en main. Dès le 25 mai, on y avait connu la prise de la Pucelle; et le 26, sans plus tarder, le vicaire général de l'Inquisition écrivait au duc de Bourgogne pour le prier de lui livrer Jeanne d'Arc, comme hérétique. Quelques jours après, l'Université entière joignait sa requête à celle de l'inquisiteur.

Bientôt l'évêque de Beauvais, Pierre Cauchon, entrait en scène et se faisait l'interprète des vœux de l'Université à cet endroit. Ancien recteur de ce corps considérable, il était devenu conservateur de ses privilèges.

Chassé de Beauvais par les habitants de cette ville au moment où ils s'étaient déclarés pour le parti du Roi de France, il avait abandonné son évêché et s'était retiré à Rouen. Le siège archiépiscopal de ce diocèse était vacant; Cauchon l'ambitionnait, et comme il devait l'obtenir du roi d'Angleterre, il se mit sans délai au service du parti anglais, dans l'espoir d'obtenir ce siège.

Vers la mi-juillet, après s'être concerté avec l'Université de Paris, il vint au camp établi sous Compiègne et réclama du duc de Bourgogne qu'il lui livrât la Pucelle, la cause de celle-ci étant du ressort de sa juridiction. Jeanne avait été prise en effet dans le diocèse de Beauvais, et bien qu'ayant quitté sa ville épiscopale et cessé d'administrer cette église, Cauchon entendait dans les présentes conjonctures se réclamer de son titre pour user du droit de juger la prisonnière de Jean de Luxembourg.

Il fut facile de comprendre que, tout en parlant en son propre nom, Cauchon n'était que le mandataire, non avoué mais réel, de l'Angleterre. On le vit bien quand il offrit pour la rançon de Jeanne 10000 francs d'or. Selon la coutume de France, le Roi avait le droit, pour cette somme, de se faire remettre tout prisonnier quel que fût son rang. Présentement le roi d'Angleterre, agissant comme roi de France, réclamait, par l'entremise de l'évêque de Beauvais, l'usage de ce privilège.

age de leur culte pieux et l'une des plus belles œuvres consacrées à la Pucelle par la sculpture française.

Pendant que Charles VII abandonnait Jeanne et que ses ministres la traitaient de cette façon, les Anglais s'employaient activement à s'assurer de la prisonnière. Jean de Luxembourg avait repoussé leurs premières ouvertures, sans doute dans l'espérance d'obtenir du roi de France une rançon plus élevée. Mais ce premier échec ne les avait pas découragés.

Déjà l'Université de Paris avait pris pour son compte la chose en main. Dès le 25 mai, on y avait connu la prise de la Pucelle; et le 26, sans plus tarder, le vicaire général de l'Inquisition écrivait au duc de Bourgogne pour le prier de lui livrer Jeanne d'Arc, comme hérétique. Quelques jours après, l'Université entière joignait sa requête à celle de l'inquisiteur.

Bientôt l'évêque de Beauvais, Pierre Cauchon, entrait en scène et se faisait l'interprète des vœux de l'Université à cet endroit. Ancien recteur de ce corps considérable, il était devenu conservateur de ses privilèges.

Chassé de Beauvais par les habitants de cette ville au moment où ils se tiraient des Anglais pour le parti du Roi de France, il avait abandonné son évêché et s'était retiré à Rouen. Le siège archiépiscopal de ce diocèse était vacant; Cauchon l'ambitionnait, et comme il devait l'obtenir du roi d'Angleterre, il se mit sans délai au service du parti anglais, dans l'espoir d'obtenir ce siège.

Vers la mi-juillet, après s'être concerté avec l'Université de Paris, il vint au camp établi sous Compiègne et réclama du duc de Bourgogne qu'il lui livrât la Pucelle, la cause de celle-ci étant du ressort de sa juridiction. Jeanne avait été prise en effet dans le diocèse de Beauvais, et bien qu'ayant quitté sa ville épiscopale et cessé d'administrer cette église, Cauchon entendait dans les présentes conjonctures se réclamer de son titre pour user du droit de juger la prisonnière de Jean de Luxembourg.

Il fut facile de comprendre que, tout en parlant en son propre nom, Cauchon n'était que le mandataire, non avoué mais réel, de l'Angleterre. On le vit bien quand il offrit pour la rançon de Jeanne 10000 francs d'or. Selon la coutume de France, le Roi avait le droit, pour cette somme, de se faire remettre tout prisonnier quel que fût son rang. Présentement le roi d'Angleterre, agissant comme roi de France, réclamait, par l'entremise de l'évêque de Beauvais, l'usage de ce privilège.

Hachette & Cie — Jeanne d'Arc

Jeanne d'Arc

d'après la Statue de Fremiet, Érigée place des Pyramides à Paris

L'offre fut alléchante pour Jean de Luxembourg. Il était d'illustre souche, et sa famille avait donné des rois à la Hongrie, des empereurs à l'Allemagne. Mais pauvre, il dépendait entièrement du duc de Bourgogne, et devait être tenté par l'offre de la somme considérable qui lui était offerte.

L'intervention du Roi de France, à supposer qu'il eût offert une somme égale ou supérieure, eût pu le faire hésiter. Mais Charles VII ne bougea pas.

PORTE DE L'ÉVÊCHÉ DE BEAUVAIS OU HABITAIT CAUCHON
D'après une photographie.

Cauchon obtint donc gain de cause et quitta radieux Jean de Luxembourg pour venir annoncer à ceux dont il était l'envoyé le succès de sa misérable négociation.

Il avait été décidé que la Normandie serait imposée pour subvenir au paiement de la somme convenue. Nous avons le texte de la réquisition relative à cet objet.

Jeanne dans sa prison eut-elle connaissance de ces divers incidents? Eut-elle l'amertume de lire la lettre écrite par Regnault de Chartres, et d'apprécier le marché conclu pour sa perte par Cauchon? Nous ne savons. Elle demeura quelque temps dans la prison du château de Beaulieu. Elle ne se résignait pas, du reste, à la captivité. Les saintes la lui avaient prédite, mais elle ignorait sans doute qu'elle dût être définitive. Aussi essaya-t-elle de s'évader. Il s'en fallut de peu qu'elle ne réussît et ne s'échappât à travers les planches de clôture de sa prison. Déjà elle était sortie de la tour et s'apprêtait à y enfermer ses gardiens, quand le portier l'aperçut et la reprit.

Quelle fut au juste la durée du séjour de Jeanne d'Arc à Beaulieu? Il semble assez difficile de l'affirmer. Quelques historiens prétendent qu'elle y demeura quatre mois, d'autres réduisent à deux mois le temps qu'elle passa dans ce château.

Les premiers s'appuient sur un passage de Perceval de Cagny, dont voici les termes :

« Messire Jean de Luxembourg la fit venir en son logis trois ou quatre jours, et après il demeura au siège devant Compiègne, et fit mener la Pucelle en un château appelé Beaulieu en Vermandois. Et là elle fut détenue prisonnière l'espace de *quatre mois ou environ.*

« La Pucelle étant en prison audit château de Beaulieu, celui qui était son maître d'hôtel avant sa prise et qui la servait en sa prison, lui dit : « Cette pauvre ville de Compiègne que vous avez « tant aimée, sera cette fois remise aux mains « des ennemis de la France ». Et Jeanne lui répondit : « Cela ne sera pas, car toutes les « places que le Roi du Ciel a réduites et mises « en l'obéissance du gentil Roy Charles par « mon moyen, ne seront point reprises par « ses ennemis, en tant qu'il fera diligence « pour les garder ».

« IL FUT A LA PEINE, IL SERA A L'HONNEUR »
D'après la statue de CARAVANIEZ.
(*Barbedienne éditeur, à Paris.*)

Comme on l'a fait judicieusement ressortir du texte même de ce passage, Perceval de Cagny a sans doute confondu les deux châteaux de Beaulieu et de Beaurevoir où Jeanne fut successivement prisonnière. En effet, l'incident relatif à Compiègne s'est passé à Beaurevoir, tandis que Perceval le raconte comme s'étant passé à Beaulieu[1].

Jeanne était à Arras avant la fin de septembre 1430. Prise le 24 mai, elle a donc passé un peu plus de quatre mois à Beaulieu. En tenant donc compte du renseignement donné par Perceval de Cagny, il y aurait lieu de supposer

1. Voir à ce sujet l'intéressante étude de M. l'abbé Debout. *Jeanne d'Arc prisonnière à Arras.* Arras, imprimerie de la Société du Pas-de-Calais. in-12. 40 pages.

qu'elle passa une semaine ou deux à Beaulieu et ensuite quatre mois à Beaurevoir.

Le château de Beaulieu où Jeanne fut enfermée par Jean de Luxembourg a

L'ÉPÉE DE LA FRANCE
D'après la peinture de DERUET, XVIIe siècle. (*Collection de M. de Haldat du Lys.*)

été détruit; à peine en demeure-t-il quelques restes informes, un bout de fossé et deux épaulements. Une maison a été construite, probablement au siècle dernier, sur l'emplacement de la tour. Il reste encore une partie des anciennes

« C'ÉTAIT UNE BONNE ÉPÉE DE GUERRE, PROPRE A DONNER DE BONNES BUFFES »
D'après un tableau anonyme. (*Musée d'Orléans.*)

caves où l'on voit l'ouverture cintrée d'un passage souterrain qui conduisit, dit-on, au château de Nesle[1].

La tradition du séjour de Jeanne d'Arc en ces lieux est restée très vivante dans la population. Il est à souhaiter que quelque jour un monument, fût-il modeste, s'élève sur l'une de ces ruines, et rappelle le lieu de la première captivité de la libératrice.

Jean de Luxembourg s'était effrayé de la tentative d'évasion qu'avait faite Jeanne. Il crut donc sage de l'éloigner davantage du théâtre de la guerre et l'envoya en son château de Beaurevoir, non loin de Cambrai.

Pendant que Jeanne éprouvait ces traitements de la part des grands, qu'ils fussent du parti d'Angleterre ou de celui de la France, le peuple lui montrait un dévouement touchant et fidèle.

La nouvelle de sa captivité avait été bientôt répandue dans les provinces, et les petites gens, qui l'avaient aimée, la pleuraient et priaient pour sa délivrance. On nous a conservé le texte des oraisons qui, en certains jours, se récitaient à la messe.

1. Nous devons ces renseignements à l'obligeance de M. l'abbé Barthélemy, curé de Beaulieu.

La captivité de Jeanne n'était pas étroite à Beaurevoir comme elle le devait être plus tard. Nous savons que la femme et la tante de Jean de Luxembourg allaient visiter la prisonnière. Sans doute elles se plurent à atténuer pour elle, dans la mesure qui leur fut possible, les souffrances de la prison.

Désireuses de la sauver, elles l'exhortèrent à quitter son habit d'homme; mais Jeanne ne put se rendre à leur prière.

Les visites des dame et demoiselle de Luxembourg furent pour Jeanne un adoucissement à sa captivité. Celle-ci, du reste, espérait toujours que la liberté ne tarderait pas pour elle, et selon le dicton qui lui était familier: « Aide-toi, Dieu t'aidera », elle étudiait attentivement les moyens dont elle pouvait disposer pour échapper à sa prison.

Le sire de Luxembourg ne l'ignorait pas: aussi l'avait-il fait enfermer dans une tour très élevée. Jeanne n'en songeait pas moins à l'évasion, si périlleuse fût-elle.

La seule pensée d'être livrée aux Anglais lui faisait horreur. Aussi, quoique ses voix, ainsi qu'elle le déclara plus tard au procès, insistassent

« J'OFFRIS CES ARMES A SAINT-DENIS, PARCE QUE C'EST LE CRI DE FRANCE »
D'après le tableau de Mlle DE CHATILLON. (*Musée de Compiègne.*)

près d'elle pour la détourner de toute pensée d'évasion, y songeait-elle sans cesse.

Un jour son chef d'hôtel, Jean d'Aulon, qui l'avait suivie dans sa captivité, lui dit que ceux de Compiègne allaient être massacrés et que leur ville serait détruite : « Comment Dieu, s'écria-t-elle, laissera-t-il mourir ces bonnes gens de Compiègne qui ont été et sont si loyaux à leur Seigneur ».

La nuit suivante, affolée par cette pensée en même temps que par la crainte d'être remise aux Anglais, elle se précipita de la partie de la tour qu'elle habitait, en passant par une fenêtre cependant fort élevée au-dessus du sol. Elle tomba et demeura sans mouvement. On la crut morte; elle avait perdu la mémoire et l'on eut peine à lui faire comprendre où elle se trouvait.

VILLAGE DE BEAUREVOIR ET MONUMENT ÉLEVÉ EN L'HONNEUR DE JEANNE D'ARC
D'après une photographie.

Pendant plusieurs jours Jeanne fut malade. On la soigna : il importait de ne pas perdre un trésor de tel prix. Elle se rétablit. Sainte Catherine la consola et lui promit que Compiègne serait délivré. En effet, le siège fut levé le 26 octobre.

Cette nouvelle tentative d'évasion effraya davantage encore le sire de Luxembourg. Aussi, malgré les instances de sa femme et de sa fille, livra-t-il Jeanne aux Anglais.

Elle ne leur fut point toutefois remise dès cette époque, mais conduite de Beaurevoir à Arras. Cela dut se faire vers la fin de septembre 1430. Jeanne passait ainsi des mains de Jean de Luxembourg à celles du duc de Bourgogne, lequel ne devait la livrer aux Anglais que plus tard.

Mais, comme il connaît lui-même désormais garantie à l'endroit de la prisonnière, les Anglais pouvaient être tranquilles. Il ne lui déplaisait pas sans doute, au lendemain de son échec sous Compiègne, de prendre sur Jeanne une sorte de revanche. Au moins estimait-il ne pouvoir négliger cette occasion

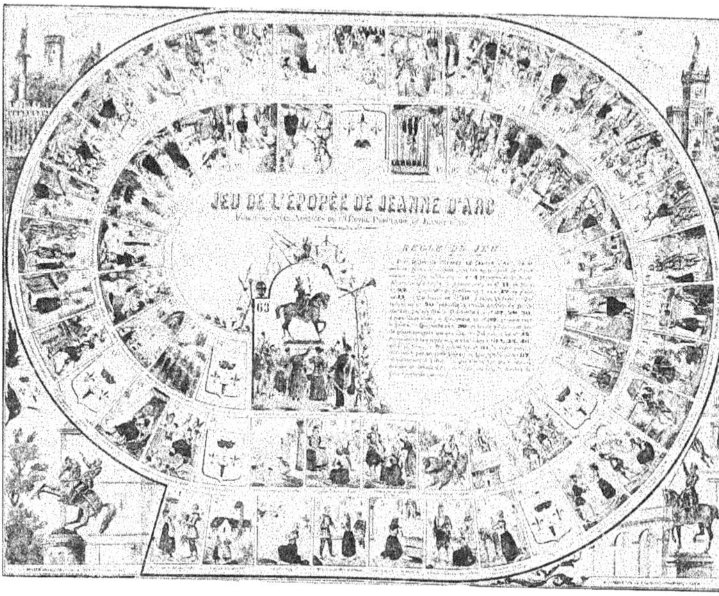

JEU DE L'ÉPOPÉE DE JEANNE D'ARC
Publié par l'Œuvre populaire de Jeanne d'Arc (1894). (*Roppart, éditeur.*)

d'accroître les obligations du roi d'Angleterre envers lui, en mettant la main dans une certaine mesure au marché qui livrait Jeanne à ses ennemis.

Il poursuivait ainsi le triste rôle auquel il était depuis trop longtemps fidèle et qui, aux yeux de l'histoire, jette sur sa personne une note honteuse dont son souvenir ne se lavera jamais.

On ne sait pas au juste où la Pucelle fut emprisonnée à Arras. Quelques auteurs prétendent qu'elle fut jetée dans la prison du Châtelain, où on lui fit subir des interrogatoires[1].

Quoique sa captivité fût plus étroite encore qu'à Beaurevoir, cependant on lui laissait quelque liberté relative. Elle put ainsi écrire aux habitants de Tournai et leur demander quelques subsides. Ceux-ci étaient fort dévoués à la cause du Roi et plusieurs fois pendant sa campagne elle leur avait écrit.

C'est à Arras qu'elle reçut la visite d'un gentilhomme, Jehan de Pressy, qui l'exhorta, dit-elle, à quitter ses habits d'homme.

1. Voir sur ce sujet, *Jeanne d'Arc à Arras*, par M. l'abbé Debout. Laroche, Arras, 1894.

Elle y fut aussi visitée par un Écossais, qui lui fit voir son portrait.

Il est difficile de dire au juste de combien de temps fut le séjour de Jeanne à Arras. On croit toutefois qu'elle quitta cette ville vers la mi-novembre, pour être conduite au Crotoy en passant par Drugy. Elle aurait donc séjourné à Arras pendant deux mois.

Les habitants de cette ville n'ont pas oublié les liens douloureux qui unissent à leur cité le souvenir de Jeanne. Des fêtes commémoratives y ont eu lieu plusieurs fois, non sans éclat. On n'y a point toutefois élevé à l'héroïne le monument qui lui serait si bien dû.

Jeanne ne fit que passer par Drugy. « Elle y passa la nuit », dit le chroniqueur Jean de la Chapelle[1].

Nous n'avons pas plus de renseignements sur le séjour de Jeanne d'Arc au Crotoy que sur celui qu'elle fit à Beaurevoir ou à Arras. C'est chose fâcheuse. En toute cette voie douloureuse qui mène notre vénérable héroïne de Compiègne à Rouen, il serait bon de la suivre, d'assister à cet intime entretien qu'elle avait avec elle-même au souvenir de son passé.

Pourquoi les murs de sa prison ne sont-ils plus, et que ne pouvons-nous aller vénérer ces pierres témoins de ses longues journées solitaires et de ses nuits sans sommeil!

Le souvenir de Jeanne et de ses épreuves domine la plage coquette et calme du Crotoy. La bourgade s'avance en promontoire dominant la mer. Le port est situé à l'embouchure de la Somme. Un bras de mer d'environ une lieue de largeur le sépare de l'autre rive, sur laquelle on découvre, coquettement campé, Saint-Valéry-sur-Somme.

L'horizon s'étend avec une grâce infinie au nord jusqu'aux côtes de Normandie, au midi en une chaîne de collines longues et adoucies jusqu'au fond de l'anse, en laissant voir au loin les hauteurs qui dominent Abbeville.

Sur la rive même, au milieu d'un bouquet d'arbres, la municipalité et les habitants, avec le concours du gouvernement français, ont élevé un monument à l'héroïne qui fut captive en leurs murs.

Le piédestal est en pierre du pays; la statue, un peu plus grande que nature, est en bronze. Jeanne y est assise, enchaînée. Son regard triste et

1. Voir Quicherat, t. V, p. 360 à 363.

profonde sous l'horizon, et semble déjà dire à Rouen, caché là-bas, derrière les collines bleues, ce qu'elle disait à la veille de sa mort : « O Rouen, seras-tu ma dernière demeure? »

Perdue en ce coin de pays retiré, cette statue est peu connue et par suite peu renommée. Les images qui en ont été faites sont d'ailleurs médiocres. Elle est digne cependant de figurer aux premiers rangs parmi les œuvres qu'ont consacrées à Jeanne d'Arc[1].

TOUR SAINT-LUCIEN A BEAUVAIS[2]

L'expression de la physionomie est fort saisissante; elle est d'une beauté égale, vue de face ou de côté. On ne saurait mieux rendre la douleur de l'infortunée victime, retenue là pendant plusieurs mois, en une captivité relativement douce toutefois, puisque les dames d'Abbeville purent souvent aller visiter Jeanne, et qu'on lui accordait la permission d'entendre la messe.

Jeanne dut bientôt quitter ces lieux et ce ne fut pas sans angoisse. On la livra définitivement aux Anglais. A la place même où la statue s'élève, on la fit monter dans une barque avec les fers aux mains. Singulier jeu de la fortune, on la débarqua à Saint-Valéry, en face, précisément à l'endroit d'où, quatre

1. Cette statue est l'œuvre du statuaire Fosse, originaire des environs d'Amiens.

2. Une tradition locale prétend que Jeanne d'Arc aurait habité cette tour pendant une nuit; à ce titre nous en donnons la vue, sans nous prononcer sur sa valeur.

cents ans plus tôt, était parti Guillaume le Conquérant avec quarante voiles pour la conquête de cette terre anglaise qui aujourd'hui semblait prendre une cruelle revanche en arrachant au sol français sa fleur la plus belle et la plus touchante, déjà flétrie par la souffrance et la captivité.

Quiconque a le culte de la mémoire de Jeanne d'Arc doit vénérer ces lieux; ils comptent parmi ceux que la présence de l'héroïne a consacrés.

Un historien nous dit que lorsque les dames d'Abbeville venaient au Crotoy visiter Jeanne, elle les « baisait amiablement » et en les quittant leur disait : « A Dieu ! »

De Saint-Valéry, Jeanne fut conduite à cheval et sous bonne garde à Eu; elle ne fit qu'y passer et fut dirigée sur Dieppe.

En chemin elle faillit périr et quelques Anglais voulurent la noyer. Ils estimaient n'avoir nulle sécurité tant que la Pucelle serait encore en vie. Mais il ne suffisait pas pour leur vengeance de la tuer, il fallait souiller sa mémoire en la mettant à mort comme une criminelle.

Jeanne quitta donc Dieppe saine et sauve et arriva à Rouen. C'est là qu'elle devait mourir.

JEANNE D'ARC
Médaille de DOMARD (1823).

JEANNE INSULTÉE DANS SA PRISON A ROUEN
D'après un dessin de VITAL-DUBRAY. (*Musée Jeanne d'Arc*, à Orléans.)

IX

ROUEN

JEANNE EN PRISON — SON PROCÈS

JEANNE D'ARC DEVANT SES JUGES
D'après la miniature d'un manuscrit latin de la fin du XVe siècle.

L'AVOUERAI-JE? J'aimerais terminer ici cette étude de la vie de Jeanne d'Arc et laisser dans l'ombre ce dernier et douloureux épisode dans lequel viennent s'abîmer tant de jeunesse, tant de grâce, tant de génie et une si haute vertu.

Ce long et inique procès qu'elle va subir, cette dure prison où on l'enferme et d'où elle ne sort que pour aller devant ce tribunal indigne de la juger, cette lente agonie, les révoltes généreuses et fières de la victime, les lâches et menteuses menées des bourreaux, cet évêque, ces docteurs, prêtres et moines, ces soixante hommes revêtus d'un caractère sacré qu'ils oublient et, seule devant eux tous, cette enfant de dix-neuf ans défendant pied à pied la justice de sa cause, son honneur et sa vie; ses fières paroles d'une part, ses lamentations douces et tristes de l'autre, son horreur du bûcher, son effroi de la mort, son affolement devant la torture, sa défaillance passagère, puis son relèvement, son supplice et ses dernières paroles, tout cela me navre.

J'en ai vingt fois interrompu le récit quand j'en faisais la lecture, n'ayant pas le courage d'aller jusqu'au bout, tant mon cœur défaillait en suivant l'angélique et noble victime en cette voie douloureuse.

Comment écrirai-je ce que je n'ai pas même pu lire quand d'autres l'avaient écrit?...

Qu'on ne m'accuse pas ici de feinte et d'habileté. Qu'on n'estime pas que je ne voudrais déroger à la rude et triste tâche de juger comme ils le méritent les hommes qui ont si odieusement condamné Jeanne.

COMMENT LES ANGLAIS FIRENT PÉRIR LA PUCELLE
D'après une miniature tirée des Vigiles de Charles VII.

Ceux qui ont lu les pages qui précèdent celles-ci, m'accorderont ce témoignage que je n'ai point reculé devant le devoir de l'historien, quand pour le remplir il n'a fallu marquer d'une juste infamie ceux que j'eusse eu tant de joie à saluer comme des hommes de bien.

Mais je voudrais, je le confesse, que l'on effaçât de l'histoire de notre pays cette page de déshonneur. Je voudrais qu'entre tous les bons Français — il y en a tant! — il fût convenu qu'un voile de silence et d'oubli couvrira désormais ce crime, plus que sanglant puisqu'il est ignoble.

Ce sont des gens d'Église, — il est vrai et je voudrais l'ignorer, — qui ont trempé presque seuls, sous la pression de l'Anglais, dans cet attentat. Mais ces gens d'Église étaient aussi gens de France.

J'aimerais que nul ne l'oubliât parmi nous, qu'on ne se fît pas contre la religion une force de ce qui déshonore la patrie, et que, dans une trêve durable, il fût entendu que, sous les yeux de cette mère qui est la France, nous ne nous jetterions plus à la face, par haine de parti, des injures et des sarcasmes qui l'atteignent elle-même dans la mesure où elles atteignent chacun de ceux qui les subissent.

LE DERNIER JOUR DE JEANNE D'ARC
D'après une lithographie de CÉLESTIN NANTEUIL pour le titre d'un morceau de musique. (*Ve Richaud, éditeur.*)

Au moins, puisque le silence n'est pas possible, contentons-nous de parcourir rapidement cette triste carrière et de résumer les événements dans la mesure exacte où il le faut faire pour que l'histoire trouve son compte.

Parmi les témoins cités au procès de réhabilitation, en 1456, figure Guillaume Manchon, qui avait été le greffier principal au procès de Rouen. Né en 1395, il avait trente-six ans à l'époque de la mort de la Pucelle; il en avait donc soixante-deux lors de la réhabilitation.

Sa déposition est remplie de détails du plus haut intérêt et respire une sincérité qu'atténue à peine le secret et naturel désir de n'accabler point sans merci des juges qu'il condamne évidemment, mais dont il fut l'interprète obligé et le collaborateur plus ou moins résigné.

A Rouen, du reste, quoique souvent effrayé des violences de Cauchon, il n'avait pas dissimulé les sympathies qu'il éprouvait pour la victime de l'évêque de Beauvais. Il leur donna un libre cours quand, vingt-six ans plus tard, il fut appelé à témoigner à l'endroit de la Pucelle et de ses juges.

Nous citerons quelques passages importants de sa déposition; ils ont une éloquence simple et persuasive.

« Je n'ai connu, dit-il, ni le père ni la mère de Jeanne, ni aucun de ses parents. Elle-même, je ne l'ai connue qu'à l'époque où elle fut amenée à Rouen.

« On disait qu'elle avait été prise dans le diocèse de Beauvais. Pierre

JEANNE PRISONNIÈRE
D'après la statue de BARRIAS, érigée à Rouen.

Cauchon en tira prétexte pour se la faire livrer. Il écrivit tant au roi d'Angleterre et au duc de Bourgogne, qu'enfin il l'obtint en échange d'une rente annuelle de trois cents livres et d'une somme de mille écus donnée au nom du roi d'Angleterre à l'homme d'armes du duc de Bourgogne qui avait fait Jeanne prisonnière.

« Monseigneur de Beauvais et les maîtres qu'on fit venir de Paris, et les Anglais, à l'instance desquels fut mené tout le procès, procédèrent par haine. Ils ne pardonnaient pas à Jeanne d'avoir combattu le parti anglais et, en la frappant, ils voulaient atteindre le Roi de France.

« Je ne veux pas dire que tous ceux qui ont jugé Jeanne aient obéi à des sentiments de haine. Là-dessus je m'en rapporte à leur conscience....

« Si Jeanne fut conduite à Rouen et non à Paris, c'est que le roi d'Angleterre et ses principaux conseillers étaient alors à Rouen.

« On m'obligea à prendre part au procès comme greffier. Je le fis bien malgré moi. Mais je n'aurais pas osé résister à un ordre des seigneurs du conseil royal.

« C'étaient les Anglais qui poursuivaient le procès et il eut lieu à leurs frais. Ce n'est pas à dire que l'évêque de Beauvais ou le promoteur aient cédé à une pression de la part des Anglais. Ils s'acquittèrent de leur besogne bien volontairement. Je n'en dirai pas autant des assesseurs et des autres conseillers. Ils n'auraient pas osé faire de l'opposition; et il n'y en avait pas un qui ne fût en crainte. »

Manchon ne récrimine point avec véhémence, il ne met dans son récit nulle amertume; mais il n'en fait pas moins la part d'un chacun. Il avoue sa propre crainte, la couardise de la plupart des assesseurs, la pression exercée par les Anglais sur eux, et la haine doublée de cupidité et d'ambition que dès le premier jour Cauchon apporte en la cause.

Laissons-le parler encore; il y a profit à l'entendre. « Au commencement du procès, continue-t-il, eut lieu une réunion où étaient le seigneur évêque de Beauvais, l'abbé de Fécamp, maître Nicolas Loyseleur et plusieurs autres, dans une maison près du château. J'y fus mandé et l'évêque me dit :

« Il vous fait bien servir le roi. Nous avons l'intention de faire un beau « procès contre cette Jeanne[1]. Avisez un autre greffier qui vous assiste ». — Je nommai Boisguillaume et il me fut adjoint.

« Ayant été ainsi greffier au procès, j'ai bien connu Jeanne. A ce qu'il me semblait, elle était très simple, et cependant dans ses réponses il y avait maintes fois beaucoup de sagesse à côté de pas mal de simplicité. A mon avis, il était impossible que, dans une cause si difficile, elle suffît elle-même à se défendre contre de si grands docteurs, si elle n'eût été inspirée.

ANCIEN CHATEAU DE ROUEN
D'après un manuscrit conservé à la mairie de Rouen.

.... « Chacun craignait de déplaire à l'évêque et aux Anglais. Ainsi, après le commencement du procès, maître Jean Lohier, notable clerc normand, vint à Rouen. L'évêque de Beauvais le manda et l'invita à dire son opinion sur le procès de Jeanne. Quelle réponse fit-il à l'évêque? Je l'ignore, n'ayant pas été présent. Mais le lendemain je rencontrai maître Lohier et je lui demandai : « Avez-vous vu le procès? — Je l'ai vu, me répondit-il. Comme je l'ai dit à « l'évêque, ce procès ne vaut rien. Impossible de le soutenir, pour plusieurs « raisons ». (Ici Manchon développe longuement ces raisons, d'après les paroles de Lohier.) Lohier, reprend-il, ajouta : « Vous voyez comme ils procèdent. Ils

1. *Contrà istam Johannam.*

« la prendroient, s'ils pouvoient, par ses paroles. Ils tireroient avantage des asser-
« tions où elle dit : « Je suis certaine », au sujet des apparitions. Mais si elle
« disait : « il me semble », n'est avis qu'il n'est homme qui la pût con-
« damner. Je n'aperçois rien qu'ils agissent plus par haine que par tout autre
« sentiment. Ils ont l'intention de faire mourir Jeanne. Aussi ne me tiendrai-je
« plus ici. Je ne veux plus y être. Ce que je dis déplaît. »

« De fait, Mgr de Beauvais était fort indigné contre ledit Lohier. Néan-

PROCÈS DE JEANNE D'ARC
D'après une lithographie de CHASSELAT, 1820.

moins il l'avait pressé de demeurer pour voir la conduite du procès; à quoi Lohier répondit qu'il ne demeurerait point.... « Voilà Lohier, disait Cauchon, « qui nous veut bailler belles interlocutions en notre procès. Il veut tout « calomnier et dit que le procès ne vaut rien...; on voit bien de quel pied il « cloche. Par saint Jean! nous n'en ferons rien; mais continuerons notre « procès comme il est commencé. »

« Ce jour même, Lohier quitta Rouen. Il n'avait plus osé rester en cette ville, sous l'autorité des Anglais. »

Ces témoignages rendus par Manchon donnent un vivant tableau de ce qui se passa à Rouen au début du procès.

Cauchon en est l'âme, les Anglais sont derrière lui et donnent à sa haine la puissance d'intimidation qu'il n'eût pas eue sans eux. Quelques hommes, amis et confidents de Cauchon, sortis de Beauvais avec lui, secondent ses machinations; les autres, pris de peur à l'endroit de leur sécurité, ou fuient loin de Rouen, ou se soumettent lâchement à ce qu'on exige d'eux.

Perpétuelle histoire de l'humanité, où les grandes iniquités sont toujours l'œuvre de quelques scélérats qui osent et des faibles qui tremblent et les suivent.

TOUR OÙ FUT ENFERMÉE JEANNE D'ARC A ROUEN (ÉTAT ACTUEL)
D'après une photographie.

Chaque fois que, durant le procès, l'un des juges essaya de défendre Jeanne ou même de réclamer en sa faveur quelque légitime modification à la procédure, Cauchon s'emporta.

Il alla parfois jusqu'à les menacer de mort ou de prison.

L'Anglais Stafford était là pour seconder l'évêque de Beauvais, et un jour, au témoignage de Manchon, il poursuivit, l'épée nue, jusque dans la chapelle, un des docteurs, coupable d'avoir parlé de Jeanne avec quelque intérêt.

Assurément de tels incidents ne justifient pas le crime de ceux qui ont condamné Jeanne d'Arc, mais il est juste de reconnaître qu'ils atténuent la lourde responsabilité qui leur incombe et expliquent leur conduite s'ils ne l'excusent pas dans quelque mesure.

Écoutons encore Guillaume Manchon, son témoignage nous instruit. « Parmi les docteurs les plus affectés contre Jeanne, dit-il, j'ai remarqué Beaupère, Midi et Jacques de Touraine. J'ajouterai Loiseleur. Maître Nicolas Loiseleur était un familier de l'évêque de Beauvais et tenait extrêmement le parti des Anglais. Il se fit passer auprès de Jeanne comme étant de son pays et ainsi trouva moyen d'avoir familiarité et conversation avec elle.

« Mon confrère Boisguillaume et moi nous fûmes avisés de la chose par le seigneur de Warwick, l'évêque de Beauvais et Maître Loiseleur. Ils nous dirent : « Cette Jeanne dit merveilles sur ses apparitions. Pour savoir plus à plein la vérité de sa bouche, nous nous sommes avisés de ceci : Maître Nicolas feindra qu'il est Lorrain et du parti de Jeanne; il entrera dans la prison en habit laïque; les gardes se retireront, on les laissera seuls. »

« Il y avait dans la chambre voisine une ouverture faite exprès où on nous fit placer, mon confrère et moi, pour entendre ce que dirait Jeanne.... L'évêque et le comte nous dirent d'enregistrer les réponses faites par Jeanne; mais je répondis que cela ne devait pas se faire et qu'il n'était pas honnête d'enregistrer ainsi le procès....

.... « Jeanne avait grande confiance en Loiseleur, si bien que plusieurs fois il l'ouït en confession. Il n'était pas permis à Jeanne de se confesser à personne qu'à lui. »

Il semble difficile d'imaginer une trame plus honteuse que celle de ces trois hommes contre leur infortunée captive.

« Bien des fois, en écrivant le procès, j'eus à subir les réprimandes de l'évêque de Beauvais et de divers maîtres. Ils voulaient me forcer à écrire selon leur imagination et contrairement à ce que Jeanne avait en tête de dire; et quand il y avait quelque chose qui ne leur plaisait point, ils défendaient de l'écrire, en disant que cela ne servait point au procès.

« Pendant les cinq ou six premiers jours notamment, comme je consignais par écrit les réponses de Jeanne sans rien omettre de ce qui l'excusait, les juges voulurent à plusieurs reprises me contraindre à modifier ma rédaction. Ils me disaient en latin d'employer d'autres termes, de façon à changer le sens des paroles et à rédiger autre chose que ce que j'entendais. Mais je n'écrivis jamais que selon mon entendement et ma conscience. »

Voilà donc dans quelles conditions fut commencé et conduit cet inique procès. On voit par là d'avance ce que vaudra la sentence.

Manchon nous donne aussi quelques détails sur les conditions de la captivité de Jeanne d'Arc. Ils sont douloureux.

« Un jour, dit-il, l'évêque de Beauvais et le comte de Warwick et moi, nous entrâmes dans la prison où était Jeanne, et nous la trouvâmes les deux pieds dans les fers. Il paraît, d'après ce que j'ouïs dire alors, que la nuit

Copyright, 1895] [Par Harper frères.

INTERROGATOIRE DE JEANNE

D'après le tableau de DUMONT publié dans le *Harper's Magazine*.

elle était attachée par une chaîne de fer qui lui ceignait le corps; mais je ne l'ai pas vue attachée ainsi. Il n'y avait dans la prison ni lit, ni objet de literie, mais quatre ou cinq misérables individus, qui étaient ses gardiens. »

Voici encore quelques détails sur la conduite du procès : « On fatiguait Jeanne par des interrogations multiples et diverses. Presque chaque jour avaient lieu le matin des interrogatoires qui se prolongeaient trois ou quatre heures, et, maintes fois, de ce qu'avait dit Jeanne le matin, on extrayait la matière de questions difficiles et subtiles qui servaient à l'interroger encore l'après-dînée pendant deux ou trois heures.

« On ne cessait de changer de sujet et de passer d'une question à une autre. En dépit de ces va-et-vient, Jeanne répondait prudemment. Elle avait une très grande mémoire. « Je vous ai déjà répondu là-dessus », disait-elle bien souvent; et elle ajoutait, voulant parler de moi : « Je m'en rapporte au « clerc[1] ».

Parmi les témoins du procès de réhabilitation figure encore Jean Massieu : son témoignage est plein d'intérêt. Ancien curé de l'une des dépendances de l'église paroissiale de Saint-Cande-le-Vieux à Rouen, il avait rempli les fonctions d'huissier dans le procès de la Pucelle. Il la vit et l'entretint souvent et ne négligea nulle occasion de lui montrer son dévouement dans la mesure où la chose lui était possible; il ne la quitta sur le bûcher qu'au dernier moment.

Nous ne citerons pas longuement son témoignage, lequel concorde toujours avec celui de Guillaume Manchon.

CAPTIVITÉ DE JEANNE D'ARC
D'après le tableau de Ducis (1824).

Citons toutefois le passage suivant où nous est raconté l'un des incidents les plus émouvants de la captivité de Jeanne.

« Une fois, comme je la conduisais devant les juges, Jeanne me demanda s'il n'y avait pas sur le chemin quelque église ou chapelle dans laquelle fût le corps de Notre-Seigneur Jésus-Christ. Je lui répondis oui et lui montrai une chapelle située au-dessous du château, près de notre chemin.

« Alors Jeanne me requit très instamment de la

1. J. Fabre, *Procès de réhabilitation*, t. II, *passim*.

INTERROGATOIRE DE JEANNE PAR L'ÉVÊQUE CAUCHON.
D'après une eau-forte de BIDA, extraite de *Jeanne d'Arc*, par MICHELET. (*Hachette et Cie éditeurs.*)

faire passer devant la chapelle pour qu'elle y pût saluer Dieu et prier. J'y consentis volontiers et la laissai s'agenouiller en face de la chapelle. Inclinée à terre, Jeanne fit dévotement son oraison. Le fait étant arrivé aux oreilles de Mgr de Beauvais, il en fut mécontent et m'ordonna de ne plus tolérer à l'avenir de telles oraisons.

« De son côté, le promoteur Bénédicte m'adressa maintes réprimandes :

« Truand, me disait-il, « qui te fait si hardi de laisser approcher de l'église, « sans permission, cette misérable excommuniée? Je « te ferai mettre en telle tour « que tu ne verras ni lune ni « soleil d'ici à un mois, si tu « le fais encore. » « Pourtant je n'obéis point à cette menace. Le dit promoteur, s'en étant aperçu, se mit par plusieurs fois devant la porte de la chapelle, entre Jeanne et moi, pour empêcher qu'elle ne fît ses oraisons devant la dite chapelle. »

Quelle scène! Jeanne, abandonnée des hommes, cherche en Dieu son secours. Elle demande s'il y a « sur le chemin » quelque église ou chapelle. On l'y conduit furtivement; elle ne peut y entrer. Pourtant elle veut « saluer Dieu et le prier ». Elle tombe à genoux devant la porte fermée du temple et, ne pouvant aller jusqu'au sanctuaire, elle baise le seuil; « inclinée à terre, elle fait dévotement son oraison ».

Deux hommes s'en indignent : c'est l'évêque de Beauvais et Bénédicte, le promoteur. Ils menacent Massieu pour avoir octroyé à l'infortunée cette consolation, et, cachant leur insatiable haine sous le manteau de la foi et du respect pour le lieu saint, ils reprennent et menacent de prison ce « truand qui, sans licence, laisse approcher de l'église cette femme perdue, excommuniée ».

Massieu persiste courageusement, et c'est le promoteur qui vient, sur le seuil du temple, se placer entre Dieu et Jeanne, entre celui que les Pharisiens conduisirent au Calvaire et celle que Cauchon et Bénédicte veulent mener au bûcher.

Quel abîme est-ce donc que l'homme et en quels bas-fonds ne faut-il pas descendre pour connaître sa misère!

C'est le mardi 20 février 1431 que Cauchon cita Jeanne à comparaître. Il y avait deux ans, presque à pareille date, que Jeanne était partie de Vaucouleurs pour aller vers le Dauphin (23 février 1429).

Le lendemain 21 février, l'évêque lui dit : « Jeanne, ici présente, nous évêque, désirant, en ce procès, remplir le devoir de notre office pour la conservation et l'exaltation de la foi catholique, avec la bénigne assistance de Notre-Seigneur Jésus-Christ dont ceci est l'affaire, nous vous requérons charitablement de vouloir bien, pour que ce procès marche vite et pour que votre conscience soit déchargée, dire pleine et entière vérité, sans subterfuges et sans détours, sur toutes les questions qui vont vous être adressées touchant la foi ».

Jeanne lui répondit : « Je ne sais sur quoi vous voulez m'interroger. Tout aussi bien pourriez-vous me demander telles choses que je ne vous dirais pas ».

Sur les instances qui lui sont faites, Jeanne jure de dire la vérité sur les choses qui lui seront demandées et qu'elle saura « concernant les matières de la foi ».

Cauchon l'interroge alors sur son nom, son pays, sa famille et lui demande ce qu'elle sait : « J'ai appris de ma mère *Notre Père*, répondit Jeanne, *Je vous salue, Marie*, et *Je crois en Dieu*. Je n'ai appris ma créance d'autre que de ma mère.

— Dites *Notre Père*, lui enjoint Cauchon.

— Je ne vous le dirai qu'en confession », répond Jeanne.

Cauchon insiste, Jeanne résiste et se refuse. Dès ce jour, le juge peut entendre à qui il a affaire.

En terminant cette première séance, Cauchon enjoint à John Gris, John Berwoit et à William Talbot de garder Jeanne. Il défend que qui que ce soit communique avec elle. Ils le promettent avec serment.

Le jeudi 22 février eut lieu une nouvelle séance. Quarante-sept assesseurs entouraient l'évêque de Beauvais. Le vicaire de l'inquisiteur, Jean Lemaître, peu soucieux de prendre part à un procès où il soupçonnait une telle absence de droiture, avait cherché à se dérober. Cauchon fit allusion à ses scrupules, fondés sur ce que Lemaître n'avait juridiction que pour le

JEANNE INSULTÉE PAR SES GEOLIERS
D'après une peinture anonyme du commencement du siècle. (*Musée Jeanne d'Arc*, à Orléans.)

diocèse de Rouen et que lui Cauchon agissait comme évêque de Beauvais. Aussi bien le vicaire n'en jugeait pas moins opportune la continuation du procès; on le continuerait donc sans désemparer.

L'évêque de Beauvais dit alors : « Qu'on fasse comparaître Jeanne ».

Les juges, désireux de surprendre l'accusée en quelques-unes de ses paroles, étendaient autant que possible le domaine du procès. Ils souhaitaient donc que Jeanne s'engageât par serment à répondre à leurs questions, quelles qu'elles fussent.

C'est ce à quoi Jeanne ne voulait point s'engager. Il y eut, au commencement de la séance, un nouvel incident à ce sujet entre elle et Cauchon; mais la Pucelle tint bon.

Maître Jean Beaupère, « professeur insigne de théologie », fut chargé d'interroger Jeanne.

Les questions portèrent d'abord sur les occupations auxquelles l'accusée s'était appliquée pendant son jeune âge. « J'ai appris à coudre le linge et à filer, répondit-elle; pour filer et coudre, je ne crains femme de Rouen. »

Elle ajouta : « Quand j'étais chez mon père, je vaquais aux soins du ménage. — Vous confessiez-vous? — Oui, à notre curé. »

On en vient alors à la question des voix; c'est là qu'on attendait Jeanne. Celle-ci, sans hésitation ni réticences, répond nettement.

C'est à treize ans qu'elle entendit la voix pour la première fois; une clarté accompagnait la voix.

« Quel enseignement vous donnait la voix?

— Elle m'a enseigné à me bien conduire, et à fréquenter l'église, répond Jeanne; c'est elle qui m'a dit qu'il était nécessaire que je vinsse en France. »

Puis vient le récit de son départ de Domremy, de son passage à Burey et de son voyage à Vaucouleurs. Jeanne parle ensuite de son vêtement d'homme, pris par le seul ordre de ses voix, de son départ pour Chinon et de son arrivée à la cour.

« Que demandiez-vous à votre voix? — Je ne lui ai jamais demandé autre récompense finale que le salut de mon âme. »

La séance se termine par quelques mots sur le siège de Paris.

Le 24 février, soixante-quatre assesseurs entourent Cauchon. Dès le début un nouvel incident s'élève touchant le serment. Cauchon l'exige, Jeanne le refuse. « Vous devez la vérité à votre juge, » s'écrie-t-il.

Jeanne relève le front et fièrement lui répond : « Prenez bien garde à ce que vous dites, que vous êtes mon juge : vous prenez une grande charge. — Vous voulez donc être condamnée, riposte Cauchon, à demi écrasé par cette apostrophe, à demi menaçant aussi pour se donner de l'assurance. — Tout le clergé de Rouen et de Paris, réplique Jeanne, ne saurait me condamner s'il ne l'a en droit. »

Cauchon insiste de nouveau pour obtenir le serment de Jeanne : « Je dirai volontiers ce que je sais, et encore pas tout », réplique l'héroïque enfant. Elle promet enfin de dire « ce qu'elle sait touchant le procès ».

Maître Beaupère est chargé d'interroger Jeanne. Il lui parle de ses voix.

« J'AIME MIEUX MOURIR QUE DE RÉVOQUER CE QUE NOTRE-SEIGNEUR M'A FAIT FAIRE. »

D'après une aquarelle de F. DUMONT. (*Publiée dans le Harper's Magazine.*)

JEANNE COUCHÉE DANS SA PRISON
Dessin de BENOUVILLE. (*Collection de Mme Marjolin Scheffer.*)

« Je les ai entendues hier encore », répond-elle. Suivent vingt questions de Beaupère sur les plus menus détails : Quel était le vêtement de saint Michel? la voix parlait-elle dans la chambre ou à côté? a-t-elle éveillé Jeanne en lui touchant le bras?... etc.

Jeanne dédaigne de répondre à ces questions, à la fois puériles et sournoises.

« Expliquez-nous mieux ce que la voix vous dit quand vous fûtes éveillée. — La voix m'a dit : Réponds hardiment; Dieu t'aidera », riposte vaillamment la Pucelle.

Cauchon fait sans doute quelque signe d'étonnement ou de colère en l'entendant. « Vous, évêque, reprend Jeanne en se tournant de son côté, vous dites que vous êtes mon juge; prenez garde à ce que vous faites, car, en vérité, je suis envoyée de la part de Dieu, et vous vous mettez en grand danger. »

On insiste pour l'obliger de répondre : « Croyez-vous qu'il déplaise à Dieu qu'on dise la vérité?

— Les voix, répond fermement Jeanne, m'ont dit de dire certaines choses au Roi et de vous les taire. Cette nuit même, la voix m'a dit beaucoup de choses pour le bien du Roi. » Et reprenant sa gaieté naturelle : « Je voudrais qu'elles fussent dès maintenant sues de lui, dussé-je ne pas boire de vin d'ici Pâques. Il en serait plus aise à dîner », ajoute-t-elle avec un cordial sourire qui déroute l'assemblée.

« La voix à laquelle vous demandez conseil a-t-elle une voix et des yeux? poursuit le juge. — Vous n'aurez pas encore cela de moi, riposte Jeanne; c'est un dicton parmi les enfants de mon pays qu'on est parfois pendu pour avoir dit la vérité. »

On lui tend un piège : « Savez-vous être en la grâce de Dieu ? » — Toujours alerte et avisée, Jeanne répond : « Si je n'y suis, Dieu m'y mette, et si j'y suis, Dieu m'y garde. Je serais la plus dolente du monde si je savais ne pas être en la grâce de Dieu. Mais si j'étais en péché, je crois que la voix ne viendrait pas à moi ».

On lui parle des Bourguignons, ennemis de la France, qui se trouvaient sous Domremy quand elle était enfant. « Je n'ai connu à Domremy qu'un seul Bourguignon, répond-elle joyeusement. J'aurais voulu qu'il eût la tête coupée, si toutefois, ajouta-t-elle ingénument, tel eût été le plaisir de Dieu. »

On l'interroge ensuite sur l'*arbre des Fées* qui se trouvait au Bois Chenu et sous lequel les enfants de Domremy allaient danser. On comptait bien sur ce détail forger une accusation de superstition. « C'était un bel arbre, répond Jeanne, un hêtre; on l'appelait le *beau mai*; j'y allais m'ébattre avec les autres, j'y faisais des guirlandes pour l'image de la Sainte Vierge. J'ignore si on y voyait ou non des fées. »

« Vous mêliez-vous aux divertissements de vos compagnes? — A partir du moment où je sus que je devais venir en France, répond gravement Jeanne, je me donnai peu aux jeux et aux promenades et le moins que je pus. Je ne sais même si, depuis l'âge de raison, j'ai dansé au pied de l'arbre. Je puis bien y avoir dansé quelquefois avec les enfants; mais j'y ai plus chanté que dansé. »

Une nouvelle séance a lieu le mardi 27 février. C'est encore Jean Beaupère, un des pires ennemis de Jeanne, qui l'interroge.

« Comment vous êtes-vous portée depuis samedi dernier? » demande-t-il à Jeanne. Celle-ci, qui n'ignore pas les sentiments de Beaupère, lui répond non sans ironie : « Vous voyez bien comment je me suis portée. Je me suis portée le mieux que j'ai pu ».

Presque tout l'interrogatoire porte sur la question des voix. Ce n'était pas sans dessein qu'on le ramenait à cet objet.

Après nombre de demandes oiseuses par l'apparence et souvent perfides par l'intention : « Croyez-moi si vous voulez », répond Jeanne.

« Aviez-vous congé de Dieu pour venir en France? — J'aimerais mieux être tirée à quatre chevaux que d'être venue en France sans congé de Dieu, répond Jeanne; tout ce que j'ai fait, c'est par le commandement de Dieu. »

un di[illegible] pa[illegible]

[illegible]

[illegible] divertissemen[illegible]

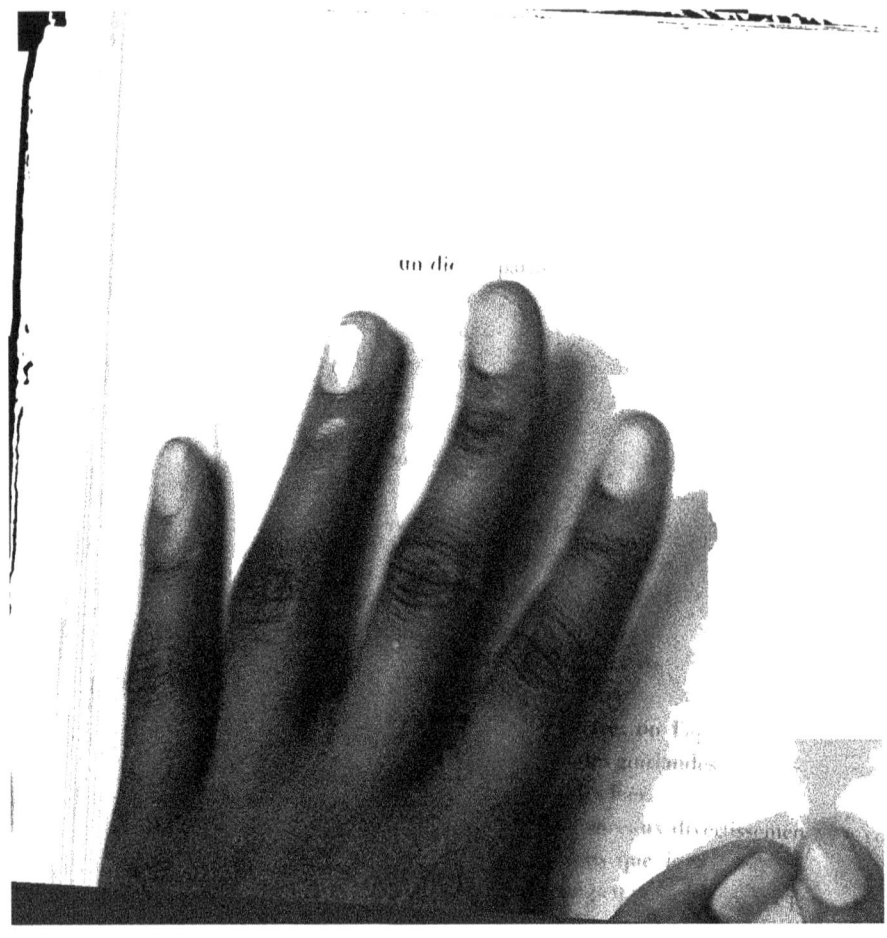

Jeanne d'Arc

et l'enfant Jésus, entourés de Saint Michel et de Jeanne d'Arc

Tableau Votif du XVe Siècle (Musée de Versailles)

Imp. Wittmann, Paris

garde. Je serais la plus dolente du monde si je savais ne ... ce Dieu. Mais si j'étais en péché, je crois que la voix ne ...

... des Bourguignons, ennemis de la France, qui se trouvaient ... était enfant. « Je n'ai connu à Domremy qu'un seul ... répond-elle bravement. J'aurais voulu qu'il eût la tête coupée, si ... uniment, tel eût été le plaisir de Dieu. »

... sur l'*arbre des Fées* qui se trouvait au Bois ... lequel les enfants de Domremy allaient danser. On comptait bien ... fonder une accusation de superstition. « C'était un bel arbre, ... on l'appelait le *beau mai*; j'y allais m'ébattre avec ... faisais des guirlandes pour l'image de la Sainte Vierge. J'ignore si ... ou non ... fées. »

... -vous aux divertissements de vos compagnes? — A partir ... que je devais venir en France, répond gravement ... peu aux jeux et aux promenades et le moins que je pus. ... depuis l'âge de raison, j'ai dansé au pied de l'arbre. Je puis ... quelquefois avec les enfants; mais j'y ai plus chanté que ...

... nouvelle séance a lieu le mardi 27 février. C'est encore Jean ... des pires ennemis de Jeanne, qui l'interroge.

... vous êtes-vous portée depuis samedi dernier? » commence- ... Celle-ci, qui n'ignore pas les sentiments de Beaupère, lui répond ... ironie : « Vous voyez bien comment je me suis portée. Je me suis ... mieux que j'ai pu ».

... tout l'interrogatoire porte sur la question des voix. Ce n'était pas ... qu'on le ramenait à cet objet.

... nombre de demandes oiseuses pour l'apparence et souvent per- ... intention : « Croyez-moi si vous voulez », répond Jeanne.

... -vous congé de Dieu pour venir en France? — J'aimerais mieux ... quatre chevaux que d'être venue en France sans congé de ... Jeanne, tout ce que j'ai fait, c'est par le commandement de

Hachette & Cie. Jeanne d'Arc

La Vierge et l'enfant Jésus entourés de Saint Michel et de Jeanne d'Arc

(Tableau Votif du XVe Siècle (Musée de Versailles)

Imp. Wittmann, Paris

L'examen porte ensuite sur les diverses épées qu'a portées Jeanne : celle de Vaucouleurs, celle de sainte Catherine et celle de Lagny, « bonne, dit-elle, à donner de bonnes buffes et de bons torchons.

— Et qu'aimiez-vous mieux, de votre bannière ou de votre épée ? — J'aimais beaucoup plus, voire quarante fois plus ma bannière que mon épée. Je n'ai jamais tué personne. »

Dans le cinquième interrogatoire public, lequel eut lieu le 1er mars, on

JEANNE PRISONNIÈRE A ROUEN, MENACÉE PAR LE COMTE WARWICK
D'après le tableau de RÉVOIL (1819). (*Musée de Rouen.*)

interrogea Jeanne sur la lettre qu'elle avait écrite au comte d'Armagnac touchant le vrai pape. On lui reprocha vivement sa lettre écrite au duc de Bedford et on s'enquit touchant ses lettres adressées aux Anglais et ses sentiments envers eux.

« Avant qu'il soit sept ans, dit-elle, les Anglais laisseront un plus grand gage qu'ils n'ont fait devant Orléans. Ils perdront tout en France.

— Comment savez-vous cela ?

— Je le sais bien, par une révélation qui m'a été faite et que cela arri-

JEANNE D'ARC DEVANT L'ÉVÊQUE CAUCHON
D'après un dessin d'ALPHONSE DE NEUVILLE.
(Extrait de l'*Histoire de France racontée à mes petits-enfants*, par GUIZOT. *Hachette et Cie, éditeurs.*)

venir avant sept ans. Je serais fort chagrine que cela tardât autant. Je le sais aussi sûrement que je vous sais là devant moi. »

Les interrogateurs retombent ensuite dans les pitoyables arguties dont ils avaient coutume : « Vos voix sont-elles hommes ou femmes, ont-elles des cheveux, sont-ils longs et pendants, ont-ils des bras, des anneaux aux oreilles? etc.

— A ce mot d'anneaux, Jeanne se tourne vivement vers Cauchon : « Vous, évêque de Beauvais, vous en avez un à moi, rendez-le-moi.... Mon père et ma mère m'en ont donné un autre.... Celui que vous avez, vous évêque, c'est mon frère qui me l'a donné; je vous charge de le donner à l'église ».

Toutes ces misérables questions tendaient à accuser Jeanne d'avoir fait toucher ses anneaux aux gens du peuple sous prétexte de les guérir.

On la raille sur son espoir de délivrance : « Ceux qui veulent m'ôter de ce monde pourront bien s'en aller avant moi », riposte Jeanne.

— « En quelle figure était saint Michel? continue le juge.

— De ses vêtements je ne sais rien.

— Était-il nu?

— Pensez-vous que Dieu n'ait pas de quoi le vêtir?

— Avait-il des cheveux?

— Pourquoi lui auraient-ils été coupés?

— Tenait-il une balance?

— Je n'en sais rien. »

Jeanne comprenait bien qu'on tramait le dessein d'abuser contre elle des réponses qu'elle aurait faites à ces questions; aussi évitait-elle d'y répondre, avec une vivacité et une liberté d'esprit qu'on ne peut s'empêcher d'admirer.

On insiste : « Plutôt que de vous dire tout ce que je sais, j'aimerais mieux que vous me fissiez couper le cou ».

C'est dans ce même interrogatoire qu'on la querelle à l'endroit de l'atta-

JEANNE D'ARC VIERGE ET MARTYRE

Couverture du Calendrier national de 1897, par M. Cordier

chement que lui montraient les gens du peuple : « Ne connaissiez-vous point les sentiments de ceux de votre parti quand ils vous baisaient les pieds, les mains et les vêtements?

— Beaucoup me voyaient volontiers, répond Jeanne avec humilité et bonté. Cependant ils ne baisaient les mains le moins que je pouvais. Mais venaient les pauvres gens à moi parce que je ne leur faisais point de déplaisir et plutôt les supportais à mon pouvoir. »

On fondait un secret espoir de la compromettre au sujet de l'enfant pour lequel elle avait prié à Lagny : le peuple estimait en effet qu'il y avait eu miracle de sa part.

Elle répondit sans réticences : « C'était un enfant de trois jours. Il fut apporté devant l'image de Notre-Dame de Lagny et on me dit que les jeunes filles de la ville étaient devant cette image et que j'y voulusse bien aller prier Dieu et la Sainte Vierge de rendre la vie à l'enfant. J'y allai et priai avec les autres, et finalement la vie apparut en cet enfant. Il bâilla trois fois et puis fut baptisé, et aussitôt il mourut et on l'enterra en terre sainte. Or il y avait trois jours, comme on disait, que la vie n'était apparue en cet enfant; et il était noir comme ma cotte. Mais quand il bâilla, la couleur commença à lui revenir. Et moi j'étais avec les jeunes filles à genoux et en prières devant Notre-Dame.

— Ne fut-il pas dit par la ville que c'était vous qui aviez fait faire cette résurrection?

— Je ne m'en enquis point. »

— Là se terminèrent les premiers interrogatoires publics.

Le 10 mars eut lieu un interrogatoire secret; il se tint dans la prison. C'est Jean de La Fontaine, vicaire de l'inquisiteur, qui posa les questions à Jeanne. Le second eut lieu le 12 mars au matin, le troisième dans l'après-midi du même jour.

On y revint sur les objets déjà traités dans les interrogatoires publics. Il en fut de même pendant les jours suivants, 13, 14 et 15 mars.

En chacun de ces jours Jeanne subit deux interrogatoires fort longs.

C'est le 15 mars qu'on lui parla de nouveau de ses tentatives d'évasion. Ses réponses sont admirables de sens et de netteté.

Elle se refuse à promettre de ne plus s'échapper.

« Jamais je ne fus en prison que je ne m'en échappasse très volontiers, dit-elle.

— Présentement, partiriez-vous si vous voyiez un point de sortie?

— Si je voyais la porte ouverte, répond-elle, je m'en irais, et ce me serait le congé de Notre-Seigneur.

— Croyez-vous?

— Je le crois fermement. Si je voyais la porte ouverte et que mes gardes et les autres Anglais n'y pussent résister, je reconnaîtrais là mon congé et que Dieu m'envoie secours. Mais sans congé je ne m'en irais pas, à moins que je ne fisse une entreprise pour savoir si Notre-Seigneur en serait content, selon notre proverbe de France : « Aide-toi, Dieu t'aidera »[1].

1. J. Fabre, *Procès de condamnation*, p. 168.

Dans l'interrogatoire suivant, samedi 17 mars, ses paroles ne sont ni moins justes, ni moins sages. Ce sont comme ces fleurs cueillies sur une tige jeune et verdoyante à l'heure où elle va tomber sous la faux. Il semble que dans ces entretiens tenus dans l'ombre du cachot avec ses bourreaux Jeanne, désarmée et condamnée d'avance, ait, par une permission de Dieu, révélé le fond dernier de grandeur, de sainteté et de génie que recélait son âme, afin qu'elle connût avec une hauteur suprême les misérables qu'elle avait devant elle et qui devaient la conduire à la mort.

JEANNE INSULTÉE DANS SA PRISON
D'après le tableau de PATROIS (1866). (*Musée Jeanne d'Arc*, à Orléans.)

Dans le neuvième interrogatoire on traite de son étendard :

« Aimiez-vous plus à l'étendard, ou l'étendard à vous?

— De la victoire de l'étendard ou de Jeanne, c'était tout à Notre-Seigneur.

— Pourquoi fut-il plus porté au sacre du Roi que les autres étendards?

— Il avait été à la peine; c'était bien raison qu'il fût à l'honneur. »

Le 18 mars, Cauchon réunit les plus dévoués à sa cause parmi les assesseurs et, sur un ton fort mesuré qui contrastait singulièrement avec la violence de sa haine et de ses discours ordinaires, il les pria de vouloir bien lui faire part de leur avis sur la manière dont il conviendrait de procéder ultérieurement.

Toujours autoritaire cependant, dans la mesure même où il se montrait modeste, il « donna ses ordres » et déclara que, « en attendant, il serait rédigé, d'après les interrogatoires de Jeanne, certains articles qui devant les juges seraient proposés *contre elle* ».

Une autre réunion, plus nombreuse, eut lieu le 22 mars.

Le 24 mars Cauchon se rendit dans la prison de Jeanne avec quelques assesseurs. On lut en français les procès-verbaux des séances tenues jusqu'alors et Jeanne les déclara exacts.

Le 25 mars, dans sa prison, Cauchon et son fidèle assesseur Jean d'Estivet l'exhortèrent à quitter son habit d'homme; Jeanne s'y refusa énergiquement et on en profita pour lui refuser d'entendre la messe.

Jusqu'ici l'on s'était contenté de préparer le procès proprement dit par des interrogatoires publics ou privés; on allait maintenant le commencer officiellement.

FONTAINE ÉLEVÉE A ROUEN
AU COMMENCEMENT DU XVIe SIÈCLE SUR LA PLACE
OÙ LES ANGLAIS ONT FAIT MOURIR LA PUCELLE
(DÉTRUITE EN 1754)
D'après une gravure d'ISRAEL SYLVESTRE (XVIIe siècle).

Le 26 mars eut lieu chez Cauchon une réunion comprenant le vice-inquisiteur et les universitaires. On leur donna lecture des articles renfermant ce que le promoteur avait le dessein de produire contre Jeanne. On délibéra ensuite; l'évêque de Beauvais déclara clos le procès préparatoire et ouvert le procès ordinaire.

Nous retrouverons dans ce second procès les tristes conditions du premier : mêmes passions chez les juges, même noblesse chez l'accusée.

Le 27 mars, la réunion fut plus nombreuse. Nouvelle lecture des articles fut donnée et Cauchon proposa : 1° de les faire connaître

« J'EN APPELLE DE VOUS DEVANT DIEU, LE GRAND JUGE »
D'après le tableau de G. ALAUX.

à Jeanne; 2° d'exiger d'elle le serment de dire toute la vérité et de répondre à toutes les questions qu'on lui poserait; 3° de l'excommunier si elle s'y refusait.

Chaque assesseur dut donner son avis : la plupart opinèrent qu'on devait d'abord lire les articles à Jeanne, la contraindre ensuite de prêter serment, et, pour le cas où elle s'y refuserait, lui accorder un délai de trois jours avant de l'excommunier.

On fit alors venir Jeanne. Le promoteur s'offrit à jurer et jura que « ni faveur, ni rancune, ni crainte, ni haine, n'inspiraient sa poursuite ». Il eût pu jurer tout le contraire; on eût alors été dans le vrai.

Maître Thomas de Courcelles lut à Jeanne, en langue française, les articles rédigés par le promoteur et constituant l'acte d'accusation. Il faut, quelque douloureuse qu'en soit la lecture, citer une partie de cet acte. On verra combien, en le composant, le promoteur avait vainement, selon sa déclaration, évité de servir « faveur, rancune, crainte et haine ».

Dans ce factum Jeanne est citée dans les termes suivants : Elle est « une certaine femme, vulgairement dite la Pucelle, véhémentement suspecte, objet de scandale et décriée aussi notoirement que possible auprès de tous les gens graves et honnêtes ». Le promoteur demande donc qu'elle « soit déclarée, à raison des faits dont suit l'énumération, sorcière, devineresse, fausse prophétesse, invocatrice et conjuratrice des malins esprits, superstitieuse, adonnée à la pratique des arts magiques, mal sage en tout ce qui touche à la foi catholique, schismatique, doutant et s'écartant de l'article l'Église une, sainte et de plusieurs autres articles de notre foi; sacrilège, idolâtre, apostate, maldisante et malfaisante, blasphématrice envers Dieu et ses saints, scandaleuse, séditieuse, perturbatrice de la paix, excitatrice de la guerre, cruellement altérée de sang humain et provocatrice de son effusion, absolument et impudemment oublieuse de la décence et des convenances de son sexe, prenant sans vergogne l'habit et l'état d'homme de guerre; pour ces causes et autres, abominable à Dieu et aux hommes, prévaricatrice des lois divines et humaines et de la discipline ecclésiastique, séductrice des princes et des peuples, usurpatrice de l'honneur et du culte divin, pour avoir permis et consenti sacrilègement et au mépris de Dieu qu'on la révérât et adorât, donnant ses mains et vêtement à baiser; hérétique ou au moins véhémentement suspecte d'hérésie ».

LA VIERGE FRANÇAISE
Tiré de l'Almanach national de Jeanne d'Arc pour 1891, par A. CORDIER.

Ce réquisitoire était signé de son auteur Jean d'Estivet. Il ajoutait, non sans raison, qu'il n'entendait pas s'astreindre à démontrer certains points superflus, mais qu'il s'en tiendrait à l'essentiel, c'est-à-dire à ce qui pourrait et devrait suffire pour atteindre *le but visé* par lui.... Voilà donc sous quels traits ce prétendu juge présente à ses collègues la pure et admirable fille que la France vénère aujourd'hui, que l'humanité entière glorifiera demain.

Nous avons voulu citer cette suite d'injures dont on l'accable, rappeler

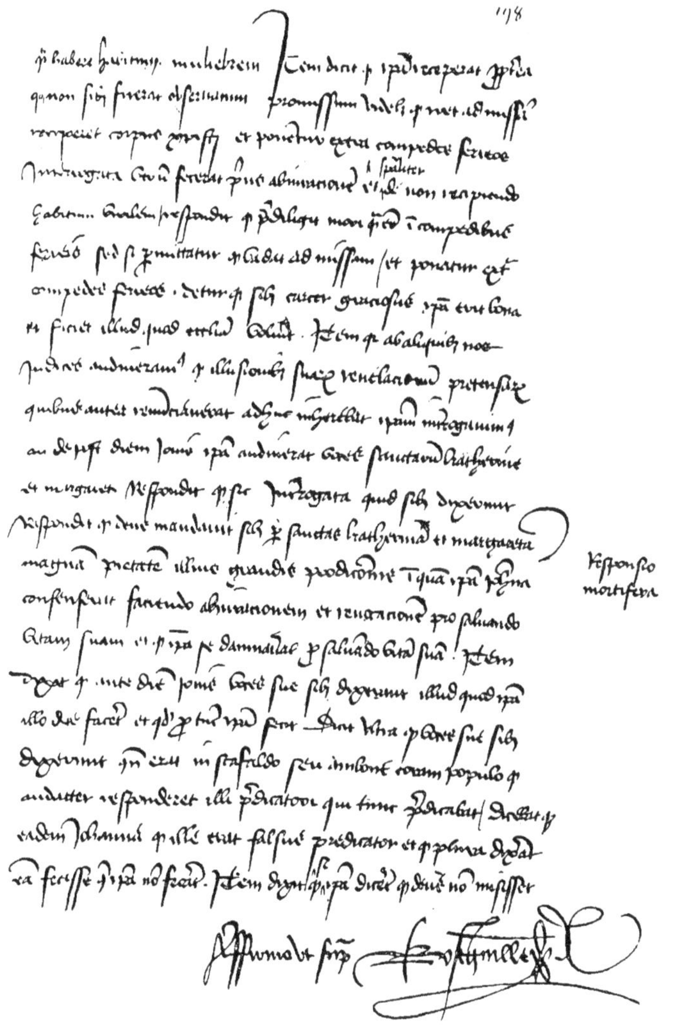

FAC-SIMILÉ D'UNE PAGE DU PROCÈS DE JEANNE D'ARC
Extraite d'un manuscrit latin du XVe siècle.

chier ces opprobres dont fut couvert son front de vierge, d'héroïne et de martyre. C'était le plus bref et le meilleur moyen de la venger, car il ne sem personne, parmi ceux qui liront ces lignes, qui ne fasse retomber sur les juges de l'infortunée l'ignominie dont ils ont voulu la couvrir.

Cette lecture une fois terminée, on communiqua à Jeanne les douze longs articles dans lesquels on avait résumé les prétendus crimes dont on l'accusait.

Après chaque article, on lui demandait : « Jeanne, qu'avez-vous à dire? »

La courageuse enfant tint tête à l'attaque avec vaillance et noblesse.

Il y eut souvent dans ses réponses une hauteur sereine et forte qui devait singulièrement frapper ses juges. Mais de tels hommes pouvaient-ils donc être convaincus? Quelques-uns, il est vrai, sous le coup des énergiques accents de Jeanne et à la vue de son indignation, essayèrent de lui venir en aide; mais le regard de Cauchon les fascinait bientôt, et la terreur les ramenait au silence.

Presque à tous les articles, Jeanne répond soit en demandant à ce qu'on se reporte à ses précédentes réponses, soit en niant énergiquement. Quant à se rétracter, jamais : « J'aime plus cher mourir que de révoquer ce que j'ai fait du commandement de Dieu ».

A propos de l'article 15e, on lui demande si elle consent à quitter son habit d'homme.

« Je ne laisserai pas encore l'habit que je porte, dit-elle, et il n'est pas en moi de dire dans combien de temps je pourrai le laisser.

— Alors, s'écrie Cauchon, vous voulez vous priver de la messe. »

A cette parole, Jeanne se redresse et jette cette fière apostrophe : « Si vous, mes juges, vous refusez de me faire ouïr la messe, il est bien au pouvoir de Notre-Seigneur de me la faire ouïr quand il lui plaira, sans vous ».

On lui reproche d'avoir délaissé les travaux des femmes pour aller guerroyer : « Tout ce qui est œuvre de femme lui répugne, dit l'accusation.

— J'ai refusé et je refuse encore de quitter l'habit d'homme. Quant aux autres œuvres de femmes, il y a assez d'autres femmes pour les faire. »

Elle avait déclaré que Dieu rendrait au Roi de France son royaume. « De quelle partie du pays parlez-vous? » lui demande l'évêque. « Je parle de tout le royaume, répond fièrement Jeanne. Si le duc de Bourgogne et les autres sujets du Roi ne viennent pas en obéissance, le Roi les y fera venir par force. Et quant aux Anglais, la paix qu'il y a, c'est qu'ils s'en aillent en leur pays, en Angleterre. »

On lui parle de sa lettre aux Anglais. « Si les Anglais eussent cru ma lettre, ils n'eussent fait que se montrer sages. Avant qu'il soit sept ans, ils s'apercevront bien vite de la vérité de ce que je leur écrivais. »

Le 28 mars, on reprend l'interrogatoire, on revient à la charge touchant son habit d'homme. « L'habit et les armes que j'ai portés, je les ai portés par le congé de Dieu, répond Jeanne; je ne laisserai pas cet habit sans le congé de Notre-Seigneur, dût-on me trancher la tête. »

A l'occasion du 30e article on l'accuse d'invoquer les mauvais esprits. « J'appellerai mes voix à mon aide, tant que je vivrai, répond Jeanne.

— Comment les requérez-vous?

— Je réclame Notre-Seigneur et Notre-Dame qu'ils m'envoient conseil et réconfort, et puis ils me l'envoient.

— Par quelles paroles les requérez-vous? »

Jeanne répond en citant cette prière si touchante et si simple : « J'adresse ma requête en cette manière : Très doux Dieu, en l'honneur de votre sainte Passion, je vous requiers, si vous m'aimez, que vous me révéliez ce que je dois répondre.... Pour ce, plaise à vous à moi l'enseigner. »

JEANNE VIERGE ET MARTYRE
D'après la statue de G. Clère.

« Vos voix vous parlent-elles jamais de vos juges? interrompt Cauchon, inquiet sans doute à cet endroit, en dépit du scepticisme qu'il affiche au dehors.

— J'ai souvent, par mes voix, nouvelles de vous, Monseigneur de Beauvais.

— Que vous disent-elles de moi? reprend Cauchon.

— Je vous le dirai à vous, à part, » riposte Jeanne, sans doute avec un fin sourire.

L'interrogatoire fut clos. Pendant les premiers jours d'avril on fit un nouveau résumé, avec autant de bonne foi qu'on en avait mis à rédiger le premier, et on le soumit aux juges. Il serait trop long de le citer en entier : le courage nous manquerait du reste pour reproduire ces ignominies, œuvre de la haine et du mensonge.

Le 12 avril on soumit ce résumé aux assesseurs, et chacun d'eux opina. Nous ne les suivrons point dans cette triste besogne. Tous, sauf trois exceptions, souscrivirent aux décisions, tout en essayant d'amoindrir la responsabilité qu'ils encouraient par là. Le grotesque ne fait pas toujours défaut; l'extrême subtilité y amène plusieurs des examinateurs. Tel le bachelier Raoul Sauvage, lequel dit à propos du 12e article : « Affirmer que Dieu aime certaines personnes, c'est bien; mais dire que sainte Catherine et sainte Marguerite *ne parlent pas anglais*, c'est là une assertion qui semble téméraire et blasphématoire! »

A la date du 13 mai toutes les adhésions étaient parvenues.

Le 19 avril, Jean Beaupère, Jacques de Touraine et Nicolas Midi étaient partis pour Paris. Il leur fallait soumettre la décision des juges de Rouen au contrôle de l'Université. La faculté de théologie et celle des décrets furent préposées à l'examen des conclusions et rendirent le 14 une délibération motivée.

Cette consultation fut soumise à l'approbation de l'Université et celle-ci la ratifia le 14 mai en deux lettres, adressées l'une au roi d'Angleterre, l'autre à l'évêque de Beauvais. La dernière se terminait par le souhait que fût accordée à Cauchon « une couronne inflétrissable ». Le vœu des docteurs est accompli : la « couronne » dont l'histoire a couvert le front du juge et bourreau de Jeanne d'Arc est assurée de l'immortalité. Elle n'est pas de celles que l'on peut « flétrir ».

La volonté vaillante de Jeanne et sa vigueur corporelle fléchirent à la fin sous le fardeau de ses épreuves et des fatigues que lui causaient les interrogatoires laborieux et multiples. Elle tomba malade.

Cauchon estima sans doute cette condition favorable à ses secrets desseins. Il se rendit donc dans la prison de Jeanne et lui adressa une « admonition charitable » pour l'exhorter à se soumettre et à rétracter ses erreurs. Il y joignit la menace des châtiments qui l'atteindraient si elle ne venait à résipiscence.

« Je vous rends grâce, répondit Jeanne, de ce que vous me dites touchant mon salut. Il me semble, vu la maladie que j'ai, que je suis en grand danger de mort. S'il en est ainsi, que Dieu veuille faire son plaisir de moi. Je vous requiers seulement que j'aie confession et mon Sauveur aussi et que je sois mise en terre sainte. »

Sur ce que Cauchon lui oppose, à savoir qu'elle ne peut attendre ni sacrements ni terre sainte si elle ne se soumet, elle réplique : « Si mon corps meurt en prison, je m'attends que vous le fassiez mettre en terre sainte. Si vous ne l'y faites pas mettre, je m'en attends à Notre-Seigneur ».

Jeanne d'Arc

D'après une miniature du XVᵉ Siècle (Collection de Mʳ. Georges Spetz)

tions, se souscrivirent aux accusations, tout en essayant d'amoindrir la responsabilité qu'ils encouraient par là. Le grotesque ne fut pas toujours défaut; l'extrême subtilité y amène plusieurs des examinateurs. Tel le bachelier Raoul Sauvage lequel dit à propos du 12ᵉ article : « Affirmer que Dieu aime certaines personnes, c'est bien, mais dire que sainte Catherine et sainte Marguerite *ne parlent pas anglais*, c'est là une assertion qui semble téméraire et blasphématoire ! »

A la date du 18 mai toutes les adhésions étaient parvenues.

Le 29 avril, Jean Beaupère, Jacques de Touraine et Nicolas Midi étaient partis pour Paris. Il leur fallait soumettre la décision des juges de Rouen au contrôle de l'Université. La faculté de théologie et celle des décrets furent proposées à l'examen des conclusions et rendirent le 14 une délibération.

Cette consultation fut soumise à l'approbation de l'Université et celle-ci accompagna le tout en deux lettres, adressées l'une au roi d'Angleterre, l'autre à l'évêque de Beauvais. La dernière se terminait par le souhait que fût accordée à Cauchon « une couronne inflétrissable ». Le vœu des docteurs est accompli : la « couronne » dont l'histoire a couvert le front du juge et bourreau de Jeanne d'Arc est assurée de l'immortalité. Elle n'est pas de celles qu'on peut « flétrir ».

La volonté vaillante de Jeanne et sa vigueur corporelle fléchirent à la fin sous le fardeau des épreuves et des fatigues que lui causaient les interrogatoires laborieux et multiples. Elle tomba malade.

Cauchon ne manqua pas de mettre cette condition favorable à ses secrets desseins. Il se rendit donc dans la prison de Jeanne et lui adressa une « admonition charitable » pour l'exhorter à se soumettre et à rétracter ses erreurs. Il y joignit la menace des châtiments qui l'atteindraient si elle ne venait à résipiscence.

« Je vous rends grâce, répondit Jeanne, de ce que vous me dites touchant mon salut. Il me semble, vu la maladie que j'ai, que je suis en grand danger de mort. S'il en est ainsi, que Dieu veuille faire son plaisir de moi. Je vous requiers seulement que j'aie confession et mon Sauveur aussi et que je sois mise en terre sainte.

Sur ce que Cauchon lui oppose, à savoir qu'elle ne peut attendre ni sacrements ni terre sainte si elle ne se soumet, elle réplique : « Si mon corps meurt en prison, je m'attends que vous le fassiez mettre en terre sainte. Si vous ne l'y faites pas mettre, je m'en attends à Notre-Seigneur ».

Jeanne d'Arc

(D'après une miniature du XVe Siècle (Collection de Mr Georges Spetz)

Aux reproches qu'on lui adresse ensuite, elle répond simplement : « Je suis bonne chrétienne, bien baptisée et je mourrai bonne chrétienne.... J'aime Dieu, je le sers, et suis bonne chrétienne ».

Le 2 mai eut lieu une admonition publique. Après une exhortation de Cauchon, Jean de Châtillon prit la parole et admonesta Jeanne.

Celle-ci ne céda sur aucun point et se défendit avec autant de netteté que de vigueur : « Si je voyais le feu, dit-elle (la pensée de ce supplice ne la quittait point), encore dirais-je ce que je vous dis et n'en ferais autre chose ».

« Ne voulez-vous pas vous soumettre au pape? lui dit-on.

— Menez-m'y, répond-elle, et je lui répondrai. »

JEANNE DANS SA PRISON

D'après la peinture de BENJAMIN CONSTANT, offerte à Mme la duchesse d'Alençon.

On la menace du supplice : « Vous ne ferez pas ce que vous dites contre moi qu'il ne vous en prenne mal au corps et à l'âme ».

Et ainsi à tout instant sa voix claire et menaçante retentissait sous la voûte de la vaste salle où on la jugeait, frappant d'épouvante et de stupeur la triste assemblée des docteurs rangés autour d'elle.

Dans sa hauteur sereine elle paraissait être le juge, ils se tenaient devant elle comme des accusés.

Rien ne pouvait donc terrasser l'énergie suprême de cette enfant; elle

LE BÛCHER
D'après le bronze de L. CUGNOT.

ne grandissait pas seulement à mesure que le procès se poursuivait, elle devenait plus forte et sa parole plus vengeresse.

Il fallut aviser à d'autres moyens. Cauchon espéra mieux de l'appareil de la torture. Cette fois encore l'énergie de Jeanne devait mettre en échec son dessein.

Le 9 mai, dans la grande cour du château de Rouen, en présence de dix assesseurs, Cauchon fit venir Jeanne et l'interpella en lui disant : « Jeanne, si sur ce qu'on vient de vous lire vous n'avouez point la vérité, vous allez être soumise à la torture. Voyez-vous les instruments qui sont là tout préparés. En face de vous les exécuteurs n'attendent que notre ordre et sont prêts à remplir leur office. On va vous torturer pour vous ramener à la vérité que vous méconnaissez et pour vous assurer ainsi le double salut de votre âme et de votre corps, que vous exposez l'un et l'autre à de si graves périls par vos inventions mensongères. »

Jeanne répond fermement : « Vraiment, si vous me deviez faire arracher les membres et faire partir l'âme hors du corps, encore ne vous dirais-je pas autre chose.... »

Cependant il est visible qu'elle a dû recueillir toute sa vaillance et faire effort contre la crainte pour parler ainsi, car elle semble redouter dès maintenant un mouvement de faiblesse et prend contre elle-même des garanties pour le cas où elle y aurait un instant cédé.

Elle ajoute en effet aussitôt : « Et si je vous disais autre chose, après, je vous dirais toujours que vous me l'auriez fait dire par force ».

Aussi, toujours rusé, Cauchon n'insista-t-il pas et la séance fut levée.

Trois jours après, le 12 mai, une réunion de treize conseillers eut lieu dans la demeure de Cauchon. Celui-ci posa la question de savoir s'il était opportun de soumettre Jeanne à la torture. Quoique timidement, la plupart de ceux qui étaient présents furent d'avis qu'il n'y avait pas lieu d'y recourir.

Cauchon se soumit, tout en ajoutant : « Pour ce qui reste à faire, nous y procéderons ultérieurement ».

Cependant l'Université de Paris avait fait parvenir aux juges les délibérations dont nous avons parlé plus haut. Une nouvelle séance eut lieu, le 19 mai, dans laquelle lecture en fut donnée aux conseillers; tous y adhérèrent. Il fut en même temps décidé qu'une « admonition charitable » serait encore adressée à Jeanne.

Maître Pierre Morice fut chargé de la lui faire entendre. Jeanne écouta en silence cette tirade longue, larmoyante et sans sincérité.

L'évêque lui demanda de se soumettre : elle s'y refusa. « La manière que j'ai toujours tenue au procès, dit-elle, je la veux maintenir.

— Songez à quel péril vous allez vous exposer, repartit alors Cauchon.

SUPPLICE DE JEANNE D'ARC
D'après le bas-relief de Gois. (Piédestal de la statue érigée à Orléans.)

— Si j'étais en jugement, répond Jeanne avec force, que je visse le feu allumé et les bourrées préparées et le bourreau prêt à bouter le feu et que je fusse dans le feu, encore n'en dirais-je autre chose et je soutiendrais ce que j'ai dit au procès.

— Jeanne, reprend l'évêque suffoqué, n'avez-vous plus rien à dire ?

— Rien, répond sèchement Jeanne.

— Nous n'avons plus qu'à procéder à la clôture des débats, » conclut Cauchon.

Quelle scène inoubliable et que d'énergie raisonnée et calme en cette héroïque enfant!

Depuis quatorze jours on a menacé Jeanne de la torture, on a placé devant ses yeux la perspective du bûcher. Rien ne l'a ébranlée.

Qui donc a prétendu que la mission de Jeanne se terminait à Reims et qu'à partir du sacre elle n'est plus que l'ombre d'elle-même?...

Quand fut-elle plus grande qu'elle n'est maintenant? Que sont près de cette scène les chevauchées de Blois, la victoire d'Orléans, la mêlée de Patay et le triomphe de Reims?

Non, tout cela n'est que pénombre en comparaison de ce qui se passe à cette heure. Jeanne n'a jamais été plus grande, plus noble et plus vaillante : elle n'a jamais été plus elle-même.

D'un côté des choses, Jeanne, en se montrant aussi ferme, secondait les secrets désirs de ses ennemis. Comme ils désiraient sa perte totale, il leur en eût coûté de voir leur proie se dérober par quelque concession faite à la dernière heure.

Mais, d'autre part, il leur importait grandement de la rabaisser aux yeux de la foule.

En dépit des précautions prises, quelque écho des séances du château arrivait au dehors. La ville entière s'entretenait avec passion des incidents du procès. Quelques indiscrétions étaient bien commises par l'un ou l'autre des conseillers, selon la faiblesse de l'humaine nature. Il faut remarquer enfin que, opprimés pendant les séances par la dure autorité de Cauchon et la terreur qu'il leur inspirait, quelques-uns des assesseurs devaient avoir une pente naturelle à prendre contre lui une sorte de retour en répétant les paroles sévères que Jeanne lui disait. Révéler la grandeur de la victime, c'était rabaisser dans une égale mesure le bourreau qui la poursuivait de sa haine.

LE BÛCHER

Vignette du titre de l'*Histoire de France* d'Anquetil

([illegible], *éditeur*).

LE SUPPLICE DE JEANNE
D'après un tableau de [illegible]. Cliché de [illegible]. La mission patriotique de Jeanne d'Arc [illegible].

X

LE SUPPLICE DE JEANNE

LE CIMETIÈRE SAINT-OUEN ET LA PLACE DU VIEUX-MARCHÉ

STATUE DE JEANNE D'ARC
Par la princesse Marie d'Orléans.

Cauchon comprit bien qu'on ne pouvait laisser les événements suivre leur cours et qu'il importait au premier chef d'obtenir de Jeanne une rétractation publique, à quelque prix que ce fût.

Les âmes basses et méchantes ont souvent une connaissance approfondie de la nature humaine. Les grands côtés d'un homme leur échappent, mais ils excellent à découvrir ses faiblesses. Ce sont, à leurs yeux, les brèches qu'on peut élargir et par où l'assaut sera victorieusement livré pour le triomphe de leurs desseins pervers et de leurs menées souterraines.

Pour cette fois, Cauchon ne s'était pas trompé et Jeanne devait un instant défaillir.

On a souvent déploré cette défaillance : c'est un tort.

Quand le chêne et le roseau vivent l'un près de l'autre, c'est par leur sommet qu'ils s'éloignent, c'est par les pieds qu'ils se rapprochent.

La Fontaine a fait erreur en les mettant en guerre : il eût mieux fait de les concilier l'un avec l'autre, en rappelant ce qu'il y a de commun dans leur sort. L'aquilon renverse le front altier « au Caucase pareil », il épargne la tige humble et pliante du roseau ; mais quand le sol s'ébranle, chêne et roseau en pâtissent également, une commune misère les rapproche.

Cette défaillance unique de Jeanne d'Arc me touche plus que tous ses hauts faits ; je ne puis pas vaincre comme elle, mais elle a défailli comme moi.

Grâce à cette défaillance, il me sera permis de dire qu'elle est sortie de son sexe et qu'elle n'a pas subi en quelque mesure le fait de cette timidité qui est la marque particulière de la femme, son charme le plus touchant et peut-être, tout compté, sa plus grande force.

Ce phénomène mérite bien qu'on l'étudie. La douleur est le fond de la vie, pour l'homme comme pour la femme. Ni l'un ni l'autre ne s'y peuvent soustraire, mais il est visible qu'ils n'en portent point le fardeau de la même manière.

L'homme est généralement vaillant contre la douleur physique ; la femme, en face de cette même douleur, perd son assurance. L'incendie s'allume, les eaux débordent, le fer mitraille, le canon tonne, le bruit des batailles se fait entendre, le sang coule : l'homme à cette vue, s'il a quelque vigueur morale, se redresse, combat, résiste ; le danger double ses forces : timide hier dans le calme, le voici brave dans le tumulte.

Au contraire, dans les mêmes conjonctures, la femme a peur, elle se détourne, implore, verse des larmes et cède à l'effroi.

En retour, la douleur morale la trouve plus vaillante que l'homme. A l'approche d'une épreuve menaçant la famille, le père s'inquiète. Peut-être raisonne-t-il plus qu'il n'est opportun. Il analyse à l'excès, sonde l'avenir et porte d'autant plus douloureusement ce fardeau de l'inconnu qu'il l'a pesé plus minutieusement.

La femme, au contraire, la mère surtout, se montre vaillante. Elle aborde l'épreuve et l'affronte avec son cœur, et parce que ce cœur est comme infini dans ses tendresses et son dévouement, il ne craint rien.

Dès lors attendez tout de sa constance : elle ne faiblira pas tant que durera l'épreuve.

L'homme ne pleure guère ; son angoisse a je ne sais quoi d'austère, sinon d'aride. La femme pleure abondamment, mais il semble que ses larmes sont une source mystérieuse d'où ses forces renaissent sans cesse.

Singulier assemblage de tristesse et de sérénité, de larmes désolées et de sourires embellis d'espérances. Les semaines s'écoulèrent, les mois succédèrent aux mois, les années aux années, vous la retrouverez toujours chancelante et toujours debout, toujours en pleurs et toujours sereine, veillant nuit et jour au chevet de l'enfant qui se meurt, jusqu'à l'heure où le Ciel le lui aura pris ou rendu.

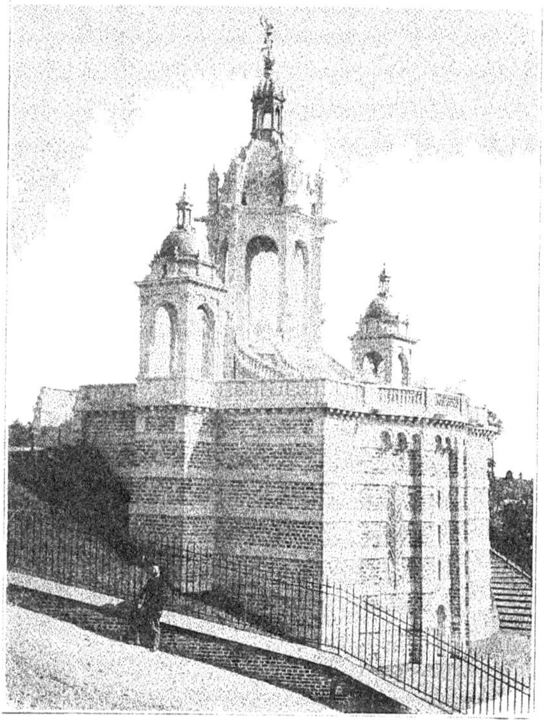

VUE DU MONUMENT ÉRIGÉ A BON-SECOURS, PRÈS DE ROUEN
MM. LISCH, architecte, et BARRIAS, sculpteur.

Telle est la femme devant l'épreuve.

Jeanne, par ce point comme par tous les autres, est restée essentiellement femme.

Au cours de son jugement, nous ne l'avons pas vue faiblir même un instant; elle tient tête à ses juges, encore bien qu'elle n'ignore pas que sa vie dépend de leur sentence et qu'elle connaisse d'autre part la malice ou la coupable faiblesse de leurs dispositions. On admire la netteté avec laquelle elle discute et de quel regard sûr et prompt elle découvre le faible de leur argumentation. A certaines heures elle devient le juge, ils sont les accusés; ses paroles noblement hautaines fustigent Cauchon, Bénédicte d'Estivet et Jean de La Fontaine, et constamment, de la première séance à la dernière, cette enfant de dix-neuf ans contre l'assemblée des cinquante docteurs qui prétendaient la juger.

Mais voici que le 24 mai un grand mouvement se fit dans Rouen. La foule se portait en masse vers le cimetière Saint-Ouen. Deux échafauds y venaient d'être dressés et l'on apprenait que Jeanne devait monter sur l'un, tandis que l'évêque de Beauvais et le cardinal évêque de Winchester, avec les assesseurs, occuperaient l'autre. Les évêques de Thérouanne, de Noyon et de Norwich devaient compléter la réunion.

Maître Guillaume Érard, « homme de grande éloquence », devait sermonner Jeanne et l'exhorter à rétracter ses faits et dires.

Les sentiments de l'homme, nobles ou bons, s'accroissent par le voisinage de ses semblables, l'individu se voit comme emporté par la foule là où il ne songeait pas à aller, il cesse d'être lui-même et devient une part de ce tout le monde dont sont faites les multitudes et dont l'égarement aveugle a si fréquemment été la cause des crimes qui déshonorent les peuples et tracent dans leur histoire des pages déshonorées que rien n'effacera plus au cours des siècles.

Jeanne, en sortant de prison, fut conduite au cimetière Saint-Ouen. Les cris de la foule l'effrayèrent. Ajoutons à cela que les Anglais, qui n'estimaient rien pouvoir tant qu'elle serait en vie, demandaient sa mort à grands cris. Cette comparution de Jeanne d'Arc leur faisait redouter de sa part quelque faiblesse qui la rendrait digne de pitié, amènerait peut-être un retour favorable de la part de la foule et leur arracherait des mains leur victime.

Dès que Jeanne apparut, en effet, ces sentiments opposés se firent bientôt jour. Les querelles s'allumèrent entre ceux qui cédaient à la pitié et ceux qui demeuraient fidèles à la haine.

On vit mieux encore quelles passions opposées se partageaient la foule quand Jeanne commença de fléchir. A ce moment, les cris devinrent plus furieux. Un Anglais cria à Cauchon : « Tu nous trahis. — Tu mens », riposta l'évêque de Beauvais. Quelques instants après, on entendit Cauchon s'écrier : « Je viens d'être insulté. Je ne procéderai pas plus avant, jusqu'à ce qu'il n'ait été fait amende honorable ».

Bientôt des pierres volèrent de tous côtés; les blessés gémissaient et l'on se demandait jusqu'où le désastre allait s'étendre.

La frayeur de Jeanne s'accrut à cette vue.

Ici ce n'était plus l'ennemi qu'il fallait braver, l'Anglais qu'il fallait mettre en déroute. L'étendard de Jeanne n'était plus en sa main, la chaînette des condamnés remplaçait son coursier de bataille; seule devant ces milliers d'hommes et sans un seul qui la défendît, elle aussi, comme elle l'avait dit de ses parents au jour du départ de Domremy, elle aussi « perdit le sens ».

Nicolas Loiseleur, en qui la pauvre enfant croyait encore, malgré ses multiples trahisons, était allé la prendre en sa prison. L'huissier Massieu l'accompagnait, essayant à la dérobée de faire entendre à l'infortunée quelques paroles d'espoir et de réconfort.

« ELLE CRIA SIX FOIS D'UNE VOIX FORTE : JÉSUS ! »
D'après un dessin de PHILIPPOTEAUX.
(Extrait de l'*Histoire de France*, éditée par LAHURE.)

Loiseleur ne cessait de pousser Jeanne à l'abjuration, lui disant qu'elle devait se soumettre à l'Église et qu'elle serait brûlée si elle se refusait à signer la cédule de rétractation qu'on lui présenterait bientôt.

Massieu, de son côté, l'exhortait dans le même sens et avec bonne foi. Il le rapporta plus tard au procès de réhabilitation.

« Jeanne demandait conseil, dit-il; Érard m'avait dit : « Conseillez-la pour cette abjuration ». D'abord je m'étais excusé; puis je dis à Jeanne : « Comprenez bien que si « vous allez à l'encontre d'aucuns desdits articles, vous serez brûlée ».

A cette menace d'être brûlée, la pauvre enfant se lamentait et gémissait amèrement.

« Je vous conseille, reprenait Massieu, de vous en rapporter à l'Église universelle si vous devez abjurer ces articles ou non. »

Cependant Guillaume Érard avait commencé son discours; il fut très dur pour Jeanne, ne lui ménagea pas les outrages et d'une voix tonnante acheva de terrasser son courage déjà ébranlé.

Quand Érard eut fini de parler, Cauchon se leva. Un grand silence se fit; les juges comprenaient bien que la lutte terrible ouverte depuis plusieurs mois entre eux et Jeanne arrivait à la crise suprême. Le peuple le sentait aussi.

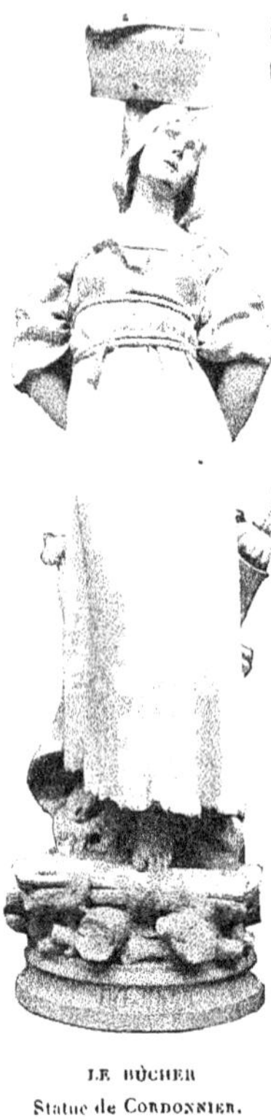

LE BÛCHER
Statue de CORDONNIER.
(*Musée du Luxembourg.*)

L'évêque de Beauvais parla froidement à Jeanne, résuma les accusations portées contre elle, entassa l'une sur l'autre les épithètes d'orgueilleuse, menteuse, séductrice, devineresse, blasphématrice, cruelle et apostate. Ce fut comme un torrent de honte et de boue qui couvrit la pauvre martyre.

Le peuple applaudissait et quelques-uns reprenaient à haute voix, pour les accentuer, les outrages à elle lancés par l'évêque.

En terminant, Cauchon, de plus en plus foudroyant, dit à Jeanne :

« Nous t'abandonnons au bras séculier, priant ce même pouvoir que, tout en t'imposant la mort et la mutilation des membres, il veuille bien à ton égard modérer son jugement et, si de vrais signes de repentir apparaissent en toi, que te soit administré le sacrement de pénitence. »

A ce moment, Guillaume Érard reprit avec force, s'adressant à Jeanne : « Signe, ou tu seras brûlée aujourd'hui même ».

Cependant le bourreau se tenait là avec sa charrette, prêt sur un signe à s'emparer de Jeanne. Loiseleur ne cessait de la pousser à signer. Massieu, resté près d'elle, l'y exhortait de son côté.

Jeanne, affolée, déclara alors : « Je veux, dit-elle, tenir tout ce que l'Église ordonne et tout ce que vous, juges, voudrez dire et sentencier. Du tout, j'obéirai à votre sentence et volonté ».

On lui présenta sans retard la cédule de rétractation et elle la signa.

Le greffier Manchon, dans sa déposition qu'il fit vingt-cinq ans plus tard, dit « qu'à ce moment Jeanne sourit ».

En effet, un rire étrange courut sur ses lèvres. Sans doute ce fut comme un éclair de vertige et de folie passagère. Ses forces avaient défailli, et ni sa raison ni son cœur navré n'avaient pu porter fermement cette dernière épreuve.

Je ne sais, mais ce rire n'est plus douloureux à évoquer que ne le sera le spectacle de sa mort même sur le bûcher.

Demain la force lui sera revenue avec la possession d'elle-même. Redevenue vaillante, elle mourra comme elle a vécu, douce et forte; elle se lamentera, mais elle tiendra ferme et, plus grande que ses ennemis, elle sera plus constante que leur malice même.

« ET INCLINANT LA TÊTE, ELLE EXPIRA »
D'après Max Blondat, céramique de M. Lachenal.

Mais aujourd'hui sa pauvre âme, que, en ce sourire, je vois passer comme un corps de vierge martyre à la dérive d'un fleuve, ballotté et ondoyant, cette ruine momentanée de tout ce qu'elle a été, cette mort, en un mot, de Jeanne vivante, me navre au delà de toute amertume. Je voudrais me détourner, ne plus entendre. Je voudrais surtout me taire et ne plus écrire.

O France, pays généreux et bon, que ce souvenir ne sorte pas de ta mémoire, et n'oublie jamais l'agonie de celle qui a tant pâti pour te sauver!

Le trouble qu'avait ressenti Jeanne au cimetière Saint-Ouen et la défaillance passagère qui s'en était suivie, avaient été tout de sentiment et presque affaire des sens.

La jeune fille, à la fois sous l'empire de la timidité et de la pudeur qui sont le propre de ce sexe et de cet âge, s'était affolée devant cette foule; les cris l'avaient effrayée; seule en face de ce tumulte de passions diverses mais toutes dirigées contre elle, elle avait perdu toute assurance et l'étrange rire qui avait passé sur ses traits avait bien révélé le trouble de son âme.

Elle n'avait même pas lu le texte de la rétractation qu'on lui avait fait signer[1] et l'on devait consommer l'infamie dont elle était victime en substituant à cette cédule une autre pièce plus explicite et contenant maint article qui n'était pas dans la première.

C'était du reste « à l'Église » qu'elle avait déclaré « se soumettre » et la terreur l'avait amenée à cette seule concession, qu'elle avait sur l'échafaud consenti à voir l'Église dans ces évêques et leurs assesseurs dont jusqu'alors elle avait récusé la compétence.

Elle était à peine descendue de l'échafaud qu'elle commença de se ressaisir. « Comme on revenait du prêche de Saint-Ouen après l'abjuration, dit Guillaume Manchon dans son témoignage, Loiseleur disait à la Pucelle : « Jeanne, vous « avez fait une bonne journée. S'il plaît à Dieu, vous avez sauvé votre âme. — « Or çà, dit-elle, entre vous gens d'Église, menez-moi en vos prisons et que je « ne sois plus en la main des Anglais. » Sur quoi, Monseigneur de Beauvais : « Menez-la, dit-il, où vous l'avez prise ». En conséquence, Jeanne fut ramenée au château d'où elle était partie. »

Massieu rend le même témoignage. Déçue en son attente, Jeanne commença de voir combien on l'avait indignement trompée.

Elle voulut cependant tenir la promesse qu'elle avait faite et déposa l'habit d'homme.

« Ce même jour, après dîner, poursuit Massieu, devant le conseil de l'église, Jeanne déposa l'habit d'homme et prit celui de femme, ainsi qu'il lui était ordonné. C'était le jeudi ou le vendredi de la Pentecôte. L'habit d'homme fut mis dans un sac, en la même chambre où Jeanne était prisonnière. Elle demeura sous la garde de cinq Anglais. La nuit, il en restait trois dans la chambre et deux dehors à la porte de la chambre. Jeanne, couchée, avait les jambes tenues par deux paires de fers et le corps enserré par la chaîne qui,

1. « Elle fit une croix avec une plume que je lui donnai », dit Massieu.

traversait les pieds de son lit, tenait à une grosse pièce de bois et fermait à clef. En cet état elle ne pouvait se mouvoir de place. »

Combien douloureux dut être pour l'infortunée ce soir du 24 mai! combien sombre la nuit qu'elle passa dans le cachot, seule avec elle-même!

Quels retours tristes et navrants ne fit-elle pas sur les divers incidents de ce jour! Quelle ruine non seulement de ses deux espoirs passés, mais de sa grandeur même!

Peu à peu le calme de l'âme lui revenait, sa terreur s'était apaisée; n'entendant plus ces cris, ce tumulte, n'ayant plus autour d'elle cette foule hurleuse et menaçante, elle commençait à redevenir elle-même.

Elle repassa alors en sa mémoire ce qui s'était fait depuis le matin; elle analysa avec amertume ce drame rapide, ce rêve malfaisant et cruel devant lequel son regard s'était voilé et sa raison avait un instant chancelé comme dans un vertige.

Ainsi donc elle avait pu reconnaître un instant que ses voix l'avaient trompée et que, suivant son expression, « Jésus-Christ lui avait failli ».

MONUMENT ÉLEVÉ A ROUEN EN 1756
SUR L'EMPLACEMENT DE L'ANCIENNE FONTAINE DU XVe SIÈCLE
D'après une photographie.

Sa vaillante et ferme résistance avait cessé, et soumise et craintive devant ces juges qu'elle avait si longtemps dominés, elle avait signé « d'une croix » le reniement de tout ce qu'elle avait dit et fait, de tout ce qu'elle avait été « de par Dieu ».

Et à mesure que l'ombre du soir s'étendait autour d'elle, que la nuit s'écoulait et que toutes choses se taisaient, en ce silence si doux pour l'homme en paix et à cette heure effrayant pour elle, tout lui apparaissait en une clarté de plus en plus vive, avec une austérité plus inexorable.

LE BÛCHER
D'après la statue de F. Bogino.

Ses voix se taisaient, sans doute. Ce n'était plus l'heure où elle « recevait sainte Marguerite et sainte Catherine », ni celle où « elles fleuraient bon », encore moins celle « où elle pleurait de les voir partir et où elle eût bien voulu s'en aller avec elles ».

Les saintes elles aussi l'abandonnaient et, dans son angoisse, elle se demandait : « Suis-je digne de leur amour ou de leur haine? »

L'horreur du bûcher fut moins affreuse pour la pauvre Jeanne que celle de cette longue et sombre nuit.

Alors elle se dressait sur sa couche, secouait les fers qui lui serraient les pieds. Elle voulait crier à tous que « c'était par force » qu'on l'avait fait agir comme elle avait fait.

Mais les fers la retenaient. « Et puis, se disait-elle, que suis-je au fond et que faut-il penser de tout ce mystère?...

« Vraiment, n'ai-je pas été le jouet de l'illusion? mes voix ne m'auraient-elles pas trompée ou plutôt ne me suis-je pas trompée moi-même en leur donnant cette réalité? On m'avait promis le salut, et je me suis vue à deux pas du bûcher. J'avais toujours espéré la délivrance et la liberté, et ces fers qui m'attachaient et que je secoue vainement semblent en leur cliquetis railler ma douleur et mes déceptions!... »

La lutte fut affreuse et elle seule avec Dieu a pu savoir ce qu'il en était. L'imagination se perd à le vouloir entendre et il n'y a plus qu'à dire avec Bossuet : « C'est un grand abîme dans lequel on ne connaît rien ».

La lutte ne fut pas vaine toutefois, et bientôt Jeanne en sortit, retrouvant toute sa vigueur avec toute sa fierté.

Aussi bien ses ennemis devaient la seconder, en ce retour.

Ils l'avaient déshonorée, pensaient-ils, en l'amenant à abjurer. Elle mourrait maintenant sans grandeur; il y avait donc urgence de la faire mourir. Pour y réussir, il suffisait à Cauchon d'obliger Jeanne soit à revenir sur sa rétractation, soit à reprendre l'habit d'homme. Le second moyen, étant d'ordre tout matériel, semblait par suite le plus facile; on se résolut donc à y recourir tout d'abord.

« Le dimanche suivant, qui était le jour de la Trinité, dit Jean Massieu, voici ce qui se passa. Jeanne me l'a rapporté. Le matin étant venu, Jeanne dit aux Anglais, ses gardes : « Déferrez-moi et je me « lèverai ». Alors un de ces Anglais lui ôta ses habillements de femme qu'elle avait sur elle. On vida le sac où était l'habit d'homme; on jeta cet habit sur son lit, en lui disant : « Lève-toi », et on serra dans le sac les habits de femme.

MORT DE JEANNE D'ARC

Dessin de MM. PROUVÉ et CAROT, pour le Missel de Jeanne d'Arc. *Lelarge éditeur. (Collection de M. l'abbé Lemerle.)*

« Jeanne se couvrit de l'habit d'homme qu'on lui avait donné. En même temps, elle disait : « Messieurs, vous savez que « cela m'est défendu. Sans « faute, je ne le prendrai « point ». Mais ils ne voulurent pas lui en donner d'autre, si bien que le débat dura jusqu'à midi. A la fin Jeanne fut contrainte de prendre cet habit; et on ne lui en voulut pas donner d'autre.... Après dîner, divers conseillers furent mandés au château pour constater comme quoi Jeanne avait repris l'habit d'homme.... Ils disaient que les Anglais, avec haches et glaives, les avaient furieusement menacés....

« Après que Jeanne eut été vue avec l'habit d'homme, on lui rendit pour le lendemain l'habit de femme. »

Jeanne n'avait pas seulement obéi à la contrainte qu'on venait de lui imposer en reprenant l'habit d'homme. Les témoignages les plus autorisés, et entre autres ceux d'Isambard de la Pierre et de Martin Ladvenu, qui l'assistèrent en ses derniers moments, assurent qu'elle eut à souffrir les violences non seulement des misérables qui la gardaient, mais encore d'un seigneur anglais qui vint dans sa prison et tenta de lui faire subir les suprêmes outrages.

Isambard dit qu'étant entré dans la prison de Jeanne, « il la vit éplorée, le visage inondé de larmes, défigurée et outragée, en sorte qu'il en eut grande pitié ».

Guillaume Manchon confirme cette version. Il avait entendu, comme greffier, Jeanne dire que, si elle avait repris ses habits d'homme, « elle l'avait fait pour défendre sa pudeur contre ses gardiens qui voulaient y attenter ».

Aussi bien ces indignes traitements finirent de rendre à Jeanne toute son énergie, et Cauchon put le voir, quand, le lundi 28 mai, il vint la trouver dans sa prison avec ses assesseurs.

Elle déplora en termes amers « la trahison qu'elle avait consentie en faisant révocation pour sauver sa vie... : c'est seulement pour peur du feu que j'ai dit ce que j'ai dit et que j'ai révoqué ce que j'ai révoqué. »

« Du reste, ajoutait-elle, je n'ai point dit que je révocasse mes apparitions.... Tout ce que j'ai fait, je l'ai fait par peur du feu; je n'ai rien révoqué que ce ne soit contre la vérité.... J'aime mieux mourir qu'endurer plus longuement la prison.

— Eh bien, reprit Cauchon, nous n'avons plus qu'à procéder ultérieurement comme de droit et de raison. »

Là-dessus les juges se retirèrent; et Cauchon, rencontrant le comte de Warwick qui attendait à la porte de la prison le résultat de la visite, en compagnie de nombre d'Anglais, lui cria en riant : « Farewell, farewell; faites bonne chère, c'est fait! »

Le lendemain, l'évêque de Beauvais réunit ses collègues dans la chapelle du manoir archiépiscopal. Ils se trouvèrent au nombre de quarante-deux. Il les somma de donner leur avis. Ils furent unanimes à déclarer Jeanne hérétique et relapse. L'abbé de Fécamp exprima toutefois l'avis qu'une dernière admonestation fût donnée à Jeanne : on viendrait ensuite à la livrer au bras séculier.

« Il nous reste à vous remercier et à conclure, dit Cauchon. Nous concluons qu'il devra être procédé contre Jeanne comme relapse, ainsi que de droit et de raison. »

« QUE LA CROIX SOIT DEVANT MES YEUX, JUSQUES AU PAS DE LA MORT »
D'après le carton d'ALBERT MAIGNAN. (*Collection de M. Champigneulle.*)

L'iniquité était consommée. Jeanne n'avait plus qu'à mourir. Ce devait être chose faite dès le lendemain.

La malheureuse enfant en avait pris son parti quand elle avait rétracté son abjuration.

Mais la mort, et surtout une mort comme celle qui l'attendait, ouvre devant l'homme un abîme près duquel nul ne se tient ferme. Le Christ, en son humanité, a connu cette suprême épreuve, et son cœur, soumis à Dieu, souhaitait cependant que le calice s'éloignât de lui, s'il était possible.

Aussi ce n'est pas sans raison que Dieu a jeté, pour la plupart des hommes, un voile sur cet abîme. Presque toujours l'homme ignore autant sa mort que sa naissance. L'infortunée victime

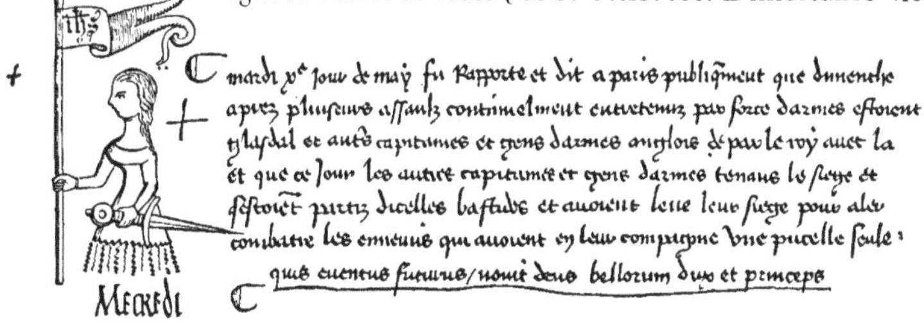

PORTRAIT DE JEANNE D'ARC

Dessiné à la plume par le greffier du Parlement de Paris en marge d'un registre sur lequel se trouve mentionnée la levée du siège d'Orléans. (*Archives nationales.*)

des Anglais et de Cauchon devait voir la sienne en face et, plusieurs heures d'avance, en considérer l'horreur.

Le matin du jour où elle mourut, s'adressant à l'un de ceux qui se trouvaient près d'elle : « Maître Pierre, lui dit-elle avec angoisse, où serai-je ce soir? — N'avez-vous pas bonne espérance en Dieu? répondit P. Morice. — Oh oui! répondit-elle, et par la grâce de Dieu je serai au Paradis ».

Pauvre Jeanne! à ce moment, son cœur se reporta sans doute vers son passé si court et si plein. En ces dernières heures, elle vit, comme en un rêve, passer devant ses yeux Domremy et le Bois Chenu où « elle avait chanté », et l'église du village, puis la crypte de Vaucouleurs où elle avait tant prié et pleuré. Elle songea à la Porte de France sous laquelle elle était passée radieuse, lorsque quittant Baudricourt elle était partie pour Chinon, aux jours glorieux d'Orléans, de Patay et de Reims, aux chevauchées rapides où sa bannière l'emportait victorieuse, aux acclamations de la foule et de l'armée entière.

Elle se rappela les beaux rêves qu'elle avait caressés, les grands desseins qu'elle avait formés : le Roi rentrant à Paris, la nation rendue à elle-même, l'Anglais « bouté hors de France ».

Et tout cela n'était donc plus qu'un souvenir ou une déception! d'autant plus douloureuse que son rêve avait été plus grand. Et de cette dramatique épopée le dernier mot allait être dit par elle. Et ce dernier mot.... Elle se détournait alors et sans doute essayait encore d'espérer.

« Où serai-je ce soir? où s'en va mon pauvre corps? où s'en va ma jeunesse sitôt flétrie? »

L'image du bûcher se dressait devant elle. Elle se prenait alors à gémir; elle pleurait, s'arrachait les cheveux, se lamentait et disait à Maître Ladvenu : « Hélas! hélas! peut-on me traiter si horriblement et si cruellement, qu'il faille que mon corps net et entier, qui ne fut jamais corrompu, soit aujourd'hui consumé et réduit en cendres!... » Elle s'arrêtait, puis reprenait avec une douleur vraiment navrante : « Oh! oh! j'aimerais mieux être décapitée sept fois que d'être ainsi brûlée!... » Et se redressant avec un geste vengeur : « Oh! j'en appelle à Dieu, le grand juge, des torts et ingravances qu'on me fait! »

Elle parlait encore, lorsque Cauchon entra dans la prison, accompagné du vice-inquisiteur. Jeanne debout, lui dit d'une voix forte : « Évêque, je meurs par vous.... J'appelle de vous devant Dieu ».

Que venait faire ici Cauchon? Les choses étaient réglées, et la condamnation de Jeanne irrévocable.

Voulut-il par cet instinct étrange qui attire malgré eux les scélérats vers leurs victimes, revoir encore et de plus près l'infortunée qui allait mourir par son fait? Était-ce impudeur et venait-il comme Judas au jardin des Olives? Fut-ce cruauté?

Il semble bien qu'il vint surtout pour essayer de ramener Jeanne à une nouvelle rétractation, laquelle ne l'eût pas sauvée de la mort, mais l'eût à nouveau déshonorée.

Il est assez malaisé de savoir au juste ce qui se passa entre sa victime et lui. Le procès-verbal qu'il produisit dix jours après la mort de Jeanne n'est revêtu d'aucun caractère d'authenticité.

« Je reconnais que mes voix m'ont déçue », aurait dit Jeanne. L'a-t-elle dit? Nous ne savons; mais si elle l'a dit, qu'en conclure? Qu'elle a nié la réalité de ces voix? Ce ne pouvait être sa pensée, puisque avant et après cette scène elle a déclaré à dix reprises cette réalité.

Jeunes ... qu'elle avait caressés, les grands desseins le Roi ... à Paris, la nation rendue à elle-même,

... qu'un souvenir ou une déception! Quant ... avait été plus grand. Et de cette dramatique ... être dit par elle. Et ce dernier mot.... Elle se ... essayait encore d'espérer.

...? où s'en va mon pauvre corps? où s'en va ma...

... se dressait devant elle. Elle se prenait alors à gémir; ... les cheveux, se lamentait et disait à Maître Ladvenu : ... me traiter si horriblement et si cruellement, qu'il ... et entier, qui ne fut jamais corrompu, soit aujour... ... en cendres!... » Elle s'arrêtait, puis reprenait avec ... navrante : « Oh! oh! j'aimerais mieux être décapitée ... ainsi brûlée!... » Et se redressant avec un geste vengeur : ... Dieu, le grand juge, des torts et ingravances qu'on me

... re, lorsque Cauchon entra dans la prison, accompagné ... Jeanne debout, lui dit d'une voix forte : « Évêque, je ... appelle de vous devant Dieu ».

... ici Cauchon? Les choses étaient réglées, et la condamna... ...ble.

... cet instinct étrange qui attire malgré eux les scélérats ... voir encore et de plus près l'infortunée qui allait mourir ... imprudent et venait-il comme Judas au jardin des Olives?

... qu'il vint surtout pour essayer de ramener Jeanne à une ..., laquelle ne l'eût pas sauvée de la mort, mais l'eût à

... de savoir au juste ce qui se passa entre sa victime et lui. ... il produisit dix jours après la mort de Jeanne n'est revêtu ... authenticité.

... que mes voix m'ont déçue », aurait dit Jeanne. L'a-t-elle ... ; mais si elle l'a dit, qu'en conclure? Qu'elle a nié la réalité ... pouvait être sa pensée, puisque avant et après cette scène

Hachette & Cie

Jeanne d'Arc

Le Supplice de Jeanne d'Arc
par E. Lenepveu (Peinture murale du Panthéon)

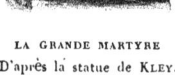

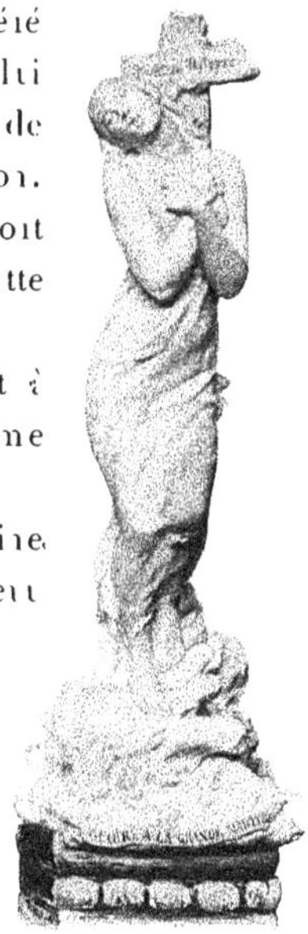
LA GRANDE MARTYRE
D'après la statue de KLEY.

Le fait est que jusqu'au dernier jour Jeanne d'Arc a espéré sa délivrance. Son cœur réclamait cet espoir, et Dieu le lui avait laissé. Quand ses voix lui disaient : « Ne te chaille de ton martyre », elle croyait qu'elles lui parlaient de sa prison.

Placée, à la fin de ce long tourment, devant une mort inévitable, il lui fallut renoncer à toute espérance. La lutte dut être effroyable. Elle eut la sincérité de le reconnaître.

En essayant de conclure de ses paroles qu'elle avait à nouveau renié ses voix, Cauchon a trahi Jeanne en même temps que la vérité.

Il était dit que cet homme conduirait jusqu'au bout la haine et le mensonge. Que sa mémoire demeure sous ce fardeau qu'il a assumé!

Il nous reste à donner le récit du supplice de Jeanne.

Nous demandons qu'on nous épargne cette tâche douloureuse, en nous permettant de laisser parler, dans l'émotion et la sincérité de leurs souvenirs, ceux qui ont assisté à ce triste spectacle.

Aussi bien que dirions-nous qui pût valoir ce qu'ils diront?

Le récit que nous trouvons dans la déposition de l'huissier Massieu, semble être le plus complet; nous le citerons donc en entier.

Après vingt-cinq ans écoulés, l'émotion ressentie au supplice de Jeanne par cet homme timide, mais bon, persiste encore et se manifeste dans ses paroles :

« Le mercredi eut lieu l'exécution. Dès le matin, après avoir ouï deux fois Jeanne en confession, frère Martin Ladvenu m'envoya trouver l'évêque de Beauvais pour l'informer qu'elle avait confessé et demandait la communion. L'évêque réunit à ce sujet quelques docteurs. D'après leur délibération il me répondit : « Vous direz à frère Martin de lui donner la communion et « tout ce qu'elle demandera ». Je revins au château et avisai frère Martin.

« Certain clerc, messire Pierre, apporta à Jeanne le corps de Notre-Seigneur; mais il le lui apporta bien irrévérencieusement, sur une patène enveloppée dans un linge dont on couvre le calice, sans lumière, sans cortège, sans surplis et sans étole.

« Cela mécontenta frère Martin. Il renvoya querir une étole et de la lumière, puis il communia Jeanne. Moi présent, elle reçut le corps de Notre-Seigneur très dévotement et en versant des larmes abondantes. »

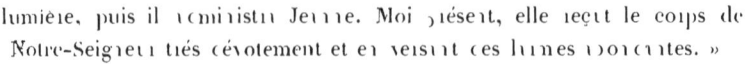

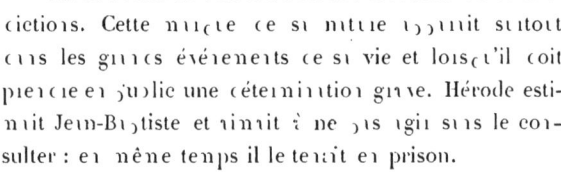

JEANNE TRIOMPHANTE
D'après la statue d'HERCULE.

Guillaume Manchon, greffier, ajoute à ce récit les détails suivants :

« Pouvait-on donner la communion à une personne ainsi déclarée excommuniée et hérétique? Ne fallait-il pas une absolution en forme de l'Église? Il fut délibéré là-dessus entre les juges et les conseillers. On décida qu'il y avait lieu de lui donner, sur sa requête, le sacrement de l'Eucharistie et de l'absoudre au tribunal de la pénitence. »

La conduite de l'homme est souvent faite de contradictions. Cette marque de sa nature apparaît surtout dans les grands événements de sa vie et lorsqu'il doit prendre en public une détermination grave. Hérode estimait Jean-Baptiste et aimait à ne pas agir sans le consulter : en même temps il le tenait en prison.

Pilate confesse la parfaite vertu de Jésus-Christ, et du même coup déclare qu'il le va « amender » en le faisant flageller.

Cauchon et ses assesseurs déclarent Jeanne hérétique et relapse : ce qui ne les empêche pas de l'admettre à la communion; Cauchon ajoute même que, avec l'Eucharistie, il faut lui accorder « tout ce qu'elle demandera ». C'est le plus clair aveu de l'innocence de Jeanne d'Arc.

En vérité, c'est à dire comme Pascal : « Quelle chimère est-ce donc que l'homme! Quelle nouveauté, quel monstre, quel chaos, quel sujet de contradiction!... Dépositaire du vrai, cloaque d'incertitude et d'erreur, gloire et rebut de l'univers! qui démêlera cet embrouillement?...[1] »

Retournons au récit de Jean Massieu :

« Jeanne, dit-il, fut menée au Vieux-Marché. Frère Martin et moi, nous la conduisîmes. Il y avait un cortège de plus de huit cents hommes de guerre, portant haches et glaives.

« Sur le chemin, Jeanne faisait de si piteuses lamentations, que frère Martin et moi nous ne pouvions nous empêcher de pleurer.

« Au Vieux-Marché, Jeanne ouït le sermon de maître Nicolas Midi bien paisiblement. Le sermon fini, maître Midi dit à Jeanne : « Jeanne, va en

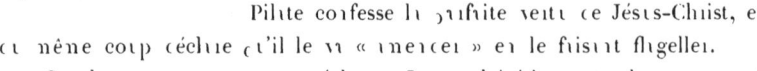

1. Pascal. *Pensées*. t. I. p. 114.

« paix. L'Église ne peut plus rien pour te défendre et te livre au bras séculier ».

« A ces mots, Jeanne, s'étant agenouillée, fit à Dieu les plus dévotes oraisons. Elle eut une merveilleuse constance, montrant apparences évidentes et grands signes de contrition, pénitence et ferveur de foi, tant par ses piteuses et dévotes lamentations que par ses invocations de la benoîte Trinité, de la benoîte glorieuse Vierge Marie et de tous les benoîts saints du Paradis, parmi lesquels elle en nommait expressément plusieurs.

JEANNE D'ARC
D'après le tableau de SIMON VOUET (XVIIe siècle).
(*Musée d'Orléans.*)

« Au milieu de ses lamentations, dévotions et attestations de vraie foi, elle demandait merci très humblement à toutes manières de gens, de quelque condition ou état qu'ils fussent, tant de l'autre parti que du sien, en requérant qu'ils voulussent bien prier pour elle et en leur pardonnant le mal qu'ils lui avaient fait.

« Elle continua ainsi un très long espace de temps, comme une demi-heure, et persévéra jusqu'à la fin.

« Ce que voyant, les juges assistants et même plusieurs Anglais furent provoqués à grandes larmes, et de fait très amèrement en pleurèrent.

« Plusieurs des Anglais présents reconnaissaient et confessaient le nom de Dieu au spectacle d'une si notable fin. Ils étaient joyeux d'y avoir assisté, disant que ç'avait été une bonne femme. »

L'émotion fut vraiment universelle.

Frère Isambard de la Pierre l'assure à son tour, dans les termes suivants :

« Elle disait des paroles si piteuses, dévotes et chrétiennes, que tous ceux qui la regardaient, en grande multitude, pleuraient à chaudes larmes. Le cardinal d'Angleterre et plusieurs autres Anglais furent contraints de pleurer et d'avoir compassion. *Lui-même* l'évêque de Beauvais versa des pleurs. »

Ce « lui-même » est tout un monde!

« Quand Jeanne fut délaissée par l'Église, j'étais encore avec elle, dit Isambard de La Pierre. Elle demanda avec grande dévotion à avoir une croix. Un Anglais en fit une petite avec le bout d'un bâton et la lui donna.

« Jeanne la reçut dévotement et la baisa avec tendresse en faisant piteuses lamentations et oraisons à Dieu notre Rédempteur qui avait souffert en la croix pour notre rédemption, de laquelle croix elle avait le signe et la représentation.

« Elle mit cette croix en son sein, entre sa chair et ses vêtements. En outre elle me demanda humblement de lui faire avoir la croix de l'église, afin qu'elle la pût voir continuellement jusqu'à sa mort. »

Un autre témoin cite les paroles mêmes de Jeanne : « Je vous prie aller me chercher la croix de l'église voisine, pour la tenir élevée devant mes yeux, jusques au pas de la mort, afin que la croix où Dieu pendit soit dans ma vie continuellement devant mes yeux ».

« Je fis tant, poursuit Massieu, que le clerc de la paroisse Saint-Sauveur la lui apporta. Quand on la lui eut apportée, Jeanne l'embrassa bien étroitement et longuement en pleurant, et elle la serra dans ses mains jusqu'à ce que son corps fût lié à l'attache.

« Pendant que Jeanne faisait ses dévotions et piteuses lamentations, les soldats anglais et plusieurs de leurs capitaines nous harcelaient, ayant hâte qu'elle fût laissée en leurs mains pour plutôt la faire mourir. »

La sentence une fois prononcée par Cauchon, Jeanne demeura « environ une demi-heure » sur l'estrade où elle avait été placée.

Il semble que les séculiers n'osassent pas s'emparer d'elle. La loi voulait que le bailli prononçât la condamnation. Cette formalité ne fut pas remplie; dix des témoins l'attestent.

« A la suite de la sentence du juge ecclésiastique, qui l'abandonnait au bras séculier, atteste Isambard de la Pierre, Jeanne fut conduite au bailli là présent, et celui-ci, sans autre délibération ou sentence, faisant signe de la main, dit : « Menez, menez! » Et c'est ainsi que Jeanne fut menée au bûcher où elle fut brûlée. »

« Je réconfortais Jeanne sur l'échafaud selon mon entendement, dit Massieu, quand ils me dirent : « Comment, prêtre, nous ferez-vous dîner « ici? »

« Et incontinent, sans aucune forme ni signe de jugement, ils l'envoyèrent au feu, en disant au maître de l'œuvre : « Fais ton office ».

« Accompagnée de frère Martin, Jeanne fut menée et attachée; et jusqu'au

LA FRANCE CHRÉTIENNE. — JÉSUS ET LA VIERGE ENTOURÉS DE L'ANGE DE LA FRANCE, DE SAINTE GENEVIÈVE ET DE JEANNE D'ARC
Mosaïque exécutée au Panthéon, d'après le tableau de HÉBERT.

dernier moment, elle continua ses lamentations dévotes envers Dieu, saint Michel, sainte Catherine et tous les saints. »

« A la fin, reprend Guillaume Manchon, inclinant la tête et rendant l'esprit, Jeanne prononça encore avec force le nom de Jésus. »

Un autre témoin, le curé Jean Riquier, dit que Jeanne ne cessa, pendant son supplice, de prononcer d'une voix très forte le nom de « Jésus ».

« Quand Jeanne vit mettre le feu au bûcher, elle se mit à crier d'une voix forte : « Jésus! » et toujours, jusqu'à ce qu'elle trépassa, elle cria : « Jésus! »

Quel drame en ces quelques mots dits si simplement par Jean Riquier! On croit entendre ce cri de Jeanne, sa voix de jeune vierge, rendue plus perçante par l'effroi et aussi par la ferveur, appelant à son secours le seul ami, l'unique consolateur qui demeure à l'âme croyante quand tous les autres font défaut!

« Elle ne voulut jamais révoquer ses révélations et persista jusqu'à la dernière heure », ajoute un autre témoin.

Combien de temps dura le supplice de Jeanne? Nous ne savons. Les

Anglais avaient exigé qu'on bâtît très haut l'échafaud de plâtre qui formait la base du bûcher, afin que la victime fût vue de toute la foule. Le supplice de l'infortunée en fut plus cruel : elle fut moins vite suffoquée.

C'est le bourreau lui-même qui, épouvanté de ce qu'il venait de faire, a rendu ce témoignage quelques heures après la mort de Jeanne d'Arc :

« Jamais, dit-il, l'exécution de nul ne m'a donné tant de crainte que l'exécution de cette pucelle, d'abord à cause de son renom et du grand bruit fait autour d'elle, puis à cause de la cruelle manière dont elle a été liée et attachée. »

« De fait, ajoute Isambard de la Pierre, les Anglais avaient fait faire un haut échafaud de plâtre et, au rapport du dit exécuteur, « il ne la pouvait bonne-« ment ni facilement expédier[1] », ayant peine à atteindre jusqu'à elle. De tout cela il était fort marri et il avait grande compassion de la cruelle manière dont on faisait mourir Jeanne. »

Jean Riquier nous a dit que Jeanne ne cessa pas de prononcer d'une voix forte le nom de Jésus, jusqu'à ce qu'elle expirât.

JEANNE LA PUCELLE
D'après la gravure de LÉONARD GAULTIER (1612).

Un autre témoin, l'appariteur Leparmentier, ajoute : « Au milieu du feu, elle cria plus de six fois : « Jésus! » Ce fut surtout en rendant le dernier soupir qu'elle cria d'une voix forte : « Jésus! » Si bien qu'elle put être entendue de tous les assistants. Presque tous pleuraient, pris de pitié. »

Jeanne n'aurait donc poussé ce cri que six fois environ. On voudrait, s'appuyant sur ce témoignage, penser que le supplice de l'infortunée ne dura que peu d'instants.

1. « Il ne la pouvait *expédier* », c'est bien dans sa crudité le mot d'un bourreau familiarisé avec sa funèbre besogne.

Dieu l'ait voulu ! L'agonie qui avait précédé celle du bûcher avait été si longue et si cruelle!

Frère Isambard de la Pierre ajoute ce détail saisissant : « Ce même bourreau m'affirma que, nonobstant l'huile, le soufre et le charbon qu'il avait appliqués contre les entrailles et le cœur de Jeanne, il n'avait pu arriver à consumer et à réduire en cendre ni les entrailles ni le cœur. Il en était tout étonné, comme d'un miracle évident ».

L'EXEMPLE DE LA PUCELLE ENHARDIT LES NOBLES COEURS DE FRANCE
Œuvre de MARTIN LE FRANC. (XVe siècle.)

Il ne s'agit donc point ici d'une simple tradition plus ou moins entachée de légende, mais d'un témoignage reçu par le bourreau lui-même.

Plusieurs autres témoins y font allusion, entre autres l'huissier Massieu :

« J'ai ouï dire par Jean Fleury, clerc et greffier du bailli, qu'au rapport du bourreau, le corps étant consumé et réduit en cendres, le cœur de Jeanne était resté intact et plein de sang ».

« A ce qu'il me semble, dit l'archidiacre Marguerie, après la mort de Jeanne, ses cendres, par ordre du cardinal d'Angleterre, furent réunies et jetées dans la Seine. »

Massieu lui affirma :

« Le bourreau eut l'ordre de recueillir les cendres de Jeanne et tout ce qui restait d'elle et de le jeter en Seine. C'est ce qu'il fit. »

Terminons ce douloureux récit par le témoignage suivant :

« Presque tout le peuple murmurait qu'il était fait à Jeanne grande injure et grande injustice. J'entendis particulièrement des paroles expressives de Maître Jean Tessard, secrétaire du roi d'Angleterre. Il revenait de la place où Jeanne venait d'être brûlée; je le vis triste, dolent et gémissant. Il se lamentait sur ce qui avait été fait et déplorait le spectacle dont il avait été témoin au lieu du supplice. « Nous sommes tous perdus, disait-il, car c'est une bonne sainte personne qu'on a brûlée. Je crois son âme dans la main de Dieu et je crois damnés tous ceux qui ont aidé à sa condamnation. »

« Je suis certain, ajoute le greffier Boisguillaume, que les juges et leurs complices encoururent une grande note d'infamie de la part du peuple. Quand Jeanne fut brûlée, le peuple maudissait les auteurs de sa mort et en avait horreur. »

Ainsi, les flammes où périt Jeanne d'Arc n'étaient pas encore éteintes, que déjà l'histoire et la postérité commençaient de lui rendre justice; elles prononçaient le premier mot de l'immortel plaidoyer dont notre temps présent écrit une si belle page et que les siècles à venir achèveront, tant au nom de la religion qu'au nom de la patrie.

Du même coup, les juges et les bourreaux étaient marqués d'un signe qui ne s'effacera plus : « le peuple les maudissait et en avait horreur. »

Unissons-nous au « peuple » dans ce juste jugement qu'il a porté sur eux. Ne recherchons, pour essayer de les défendre, ni les distinctions ingénieuses, ni les vaines subtilités. Laissons-les tels que les a faits la mort de leur victime. « Je meurs par vous », leur disait-elle. Que « par elle » vive et demeure la lourde et juste sentence dont le mot vengeur les a frappés. Nous servirons ainsi la foi, le patriotisme et cette justice immanente par laquelle Dieu habite au milieu de nous et qui a dans notre âme une naturelle et vivace racine.

Mais puisqu'ils étaient Français et que tous nous avons, fils de la France, à rougir de leur mémoire, je demande qu'un jour prochain leurs noms soient rayés de l'histoire de la Patrie et que l'oubli couvre de son voile ce qu'ils furent et ce qu'ils ont fait.

Oui, oublions-les! Souvenons-nous de Jeanne seulement, de sa vie et de sa mort.

De sa vie, pour bien entendre à quelles sources l'Héroïne en a puisé la haute vertu, la noblesse et la fécondité; pour imiter, chacun dans notre sphère, non pas tant l'éclat qui la marque et pour lequel la plupart d'entre nous ne sont pas faits, que le courage, l'inébranlable constance et la parfaite abnégation dont elle fut jalouse jusques au bûcher. Souvenons-nous en, pour aimer la Patrie et nos concitoyens de la manière dont elle a aimé et servi la France et ses frères. Que son exemple soit l'école de notre patriotisme.

Souvenons-nous de sa mort, pour la pleurer, comme une des plus grandes iniquités dont l'univers ait été le témoin. Que l'ardeur de notre culte national et la grandeur de notre amour pour cette sublime enfant dépassent la haine de ceux qui l'ont fait mourir!

Que le souvenir de cette iniquité demeure devant nos yeux, pour nous mettre en garde contre l'entraînement des passions mauvaises, semblable à ces signaux qui dans les montagnes marquent les ruines qu'il faut éviter, ou à ceux qui dans l'Océan indiquent les écueils et rappellent les naufrages fameux. Que les grands surtout entendent cette leçon!

LE SUPPLICE DE JEANNE D'ARC
D'après une eau-forte de BIDA, extraite de *Jeanne d'Arc*, par MICHELET. (*Hachette et Cie, éditeurs.*)

Souvenons-nous, non seulement avec une immense pitié pour la victime, mais avec une sorte de remords; car tous nous avons eu quelque ancêtre au pied du bûcher de Jeanne. Rois, seigneurs, chefs d'armée, évêques et prêtres, magistrats, gens de lettres et de sciences, peuple et bourgeoisie, tous nous avons à déplorer cette tache nationale, car tous parmi nos pères ont laissé mourir celle qui nous a sauvés.

Confondons-nous en de communs regrets, au lieu de nous jeter mutuellement au visage, comme une injure, le nom de notre commune victime.

Mais soyons fiers aussi du souvenir des grandeurs de Jeanne, de sa haute vertu, de sa piété, de son grand courage, de son génie et de sa bonté.

Devant son image et à l'évocation de son souvenir, soyons unis et faisons trêve aux querelles qui nous divisent.

Que, sous son regard doux et fort, nos luttes sociales, religieuses ou politiques s'apaisent au moins pour un jour chaque année, puis que peu à peu cette paix s'étende et que nos blessures se ferment, par le fait de cette fille pieuse, vaillante et douce, qui « ne vit jamais couler le sang de France sans que les cheveux lui dressissent sur la tête ». Que cette sœur aînée de la grande famille française réunisse les frères qui l'aiment et qu'appartenant à tous, elle pacifie tout le monde.

Quand on lui demanda pourquoi elle avait déposé son armure sur l'autel de saint Denis après le siège de Paris : « Par dévotion, dit-elle, comme c'est accoutumé parmi les hommes d'armes quand ils sont blessés,... parce que c'est le Cri de France ».

Que son nom soit comme un cri de ralliement, si l'ennemi revenait; mais qu'il soit surtout pour nous comme un appel de concorde et de pacification.

Que devant l'étranger dans la guerre, qu'entre nous dans la paix, le nom de Jeanne soit désormais le « Cri de France ».

« ET TOUJOURS, JUSQU'A CE QU'ELLE TRESPASSA, ELLE CRIA : « JÉSUS! »

D'après la médaille de ROTY.

TABLES

Des Matières et des Gravures.

GRAVURES HORS TEXTE

GRAVURES DANS LE TEXTE

AVANT-PROPOS

I

DOMREMY

LES PARENTS DE JEANNE ET SA MAISON — SON ENFANCE — SES VOIX

II

VAUCOULEURS

PREMIER VOYAGE DE JEANNE — JEANNE ET BAUDRICOURT
SECOND VOYAGE — DURAND LAXART

III

CHINON ET POITIERS

ARRIVÉE A CHINON — LES ENNEMIS DE JEANNE ET SES AMIS
LES PREMIERS JUGES DE JEANNE

IV

TOURS ET BLOIS

TOURS — LA MAISON MILITAIRE DE JEANNE D'ARC
BLOIS — RÉFORME DE L'ARMÉE

V

ORLÉANS ET REIMS

DÉLIVRANCE D'ORLÉANS — SUR LA ROUTE DE REIMS
LE SACRE DU ROI CHARLES VII

VI

DEVANT PARIS

GÉNIE ET PATRIOTISME EN JEANNE D'ARC
A SAINT-DENIS SOUS PARIS

VII

SAINT-DENIS ET COMPIÈGNE

DÉCOURAGEMENT DE QUELQUES CHEFS
LES ARMES DE JEANNE D'ARC

VIII

DE BEAULIEU A DIEPPE

LES DOULOUREUSES ÉTAPES DE LA CAPTIVITÉ DE JEANNE LA PUCELLE

IX

ROUEN

JEANNE EN PRISON — SON PROCÈS

X

LE SUPPLICE DE JEANNE

LE CIMETIÈRE SAINT-OUEN ET LA PLACE DU VIEUX-MARCHÉ

TABLE DES MATIÈRES

PARIS

IMPRIMERIE GÉNÉRALE LAHURE

9, RUE DE FLEURUS, 9

Lightning Source UK Ltd.
Milton Keynes UK
UKHW02f1207270718
326381UK00011B/603/P

9 780282 441661